JN071825

# 疾駆する馬上の龍樹

## 空という理と思考の理

槻木 裕

法藏館

# はじめに

　その素晴らしさについて褒める対象はさまざまであると同様に、褒め方にもいろいろある。ある思想を解説する者は批評者でもあるから、対象である思想をより的確に捉え、よりうまく褒めようとする。それは多くの場合、隣の解釈者の褒めことばを大いに気にしてのことだ。龍樹（ナーガールジュナ）の考えを整理しようとする本書の場合も、隣の解説者の褒めことばが気になって——が漠然とした一つの執筆動機である。

　その評はしばしば「龍樹—中観派は矛盾律を破ってみせた。ことばを離れ、西洋の論理を超えた」と讃え、「真実の姿をことばで言い表わすとすれば、有でも無でも、非有でも非無でもない。これが真如であると龍樹は観た」と続く。——「これで解説したことになるのかな、褒めたことになるのかな？」とこれまで何度も思ってきた。

　「ことばを超える」と言いながら、こうして結構堂々とことばで述べるのはどこか変だろう。そのおかしさは「絵にも描けない美しさ」と讃えながら、それをサラサラと絵に描いてみせるのに等しい。あるいはその素晴らしさを広く周囲に伝えるのに、ことばを使うしかないとすれば、ことばを侮って低く見るのも変な話である。この「おかしさ」は「語れぬものを語ろうとする」際に必ず出くわす問題であるが、本書では早速に日常言語学派（オックスフォード学派）の言語行為論に言及する。けれどもやはり一番の問題は「矛盾律を破ってみせた」であり、「有でも無でもない」という持ってまわった独特の言い方であろう。

　本書の主たるテーマは龍樹の『中頌』をことばの使用を日常とする私たち普通人がいかに解するか？であって、『中頌』を著わすにせよ、それを後代の者が解説するにせよ、介さざるをえない「ことば」をどう位置づけるか？である。考察一では、私たちの思考が主述形式のことばを基本とする営為であると述べ、「主語—述語」文という相関的な概念的思惟に基づいている限り、それが概念実在論であろうと唯名論であろうと、アリストテレス流の存在論—有自性論に立脚しているのであって、龍樹の無自性論とは相容れない旨を明らかにした。それで、当初は「有でも無でもない」などは「三諦円融」の伝統のもと、ヘーゲル風の観念論亜流の口振りをまねた常套句にすぎず、これに関わる限りで"道草"程度に論理法則の問題に触れるにとどめ、代わりに現代哲学の成果を随所で活用すれば、それで中観解釈に相当の新風が期待できると楽観していたのである。しかし書き直しを繰り返すうちに、新しいとばかり思っていた「言語行為の適用」が"維摩の一黙"や"不立文字"の形で親しまれてきた伝統の焼き直しだと痛感せざるをえなくなった。それゆえ論理則の遵守と侵犯の問題は"道草"程度で済ませられる生半可な問題ではなく、「解釈を開始する一歩目からこの問題と向き合う必要がある」とあらためてまたも座り直したわけである。

　何度かの書き直しに伴い、龍樹に対する筆者のイメージは相当に変わった。従来は瞑想の境地に沈潜するイメージしかなかったが、これに"馬で疾駆する龍樹"が重なって、今のところ何とも落ち着かないイメージの取り合わせである。この場合、瞑想の境はことばを離れるという従来のイメージそのままであるが、馬上にあるとはことばに乗って戦いながら駆け抜けることである。強烈に論敵の矛盾を指摘してなぎ倒すほどに疾駆するには、騎乗術も巧みにことば・思考なる馬を駆らねばならない。騎乗が下手だと、ことばによる思考に付随する

説得力のある論理性に欠け、傍目からする一貫性にも欠けることになる。

　それで、もしこの疾駆を「破邪顕正」でもじるなら、相手の矛盾を糺す（＝正す）のだから、破邪によって顕正されるのは、それを段階的に究めるのに時間と努力を要する勝義の空の境地であるよりもまず先に、「矛盾律を遵守すべきことの正当性」を追認し再顕示することであって、これこそが破邪と顕正の表裏一体性を表わすことにおいて、よりふさわしいという見方も成立しうるのではないか。つまり、戦いながら馬を駆ける基本的な乗馬術に反しているのに、"私は上手に乗馬し戦っている"と思っている相手に対して、ことばなる馬を駆ける（ことばで思考を進める）には、少なくとも論理則という当たり前の思考規準（騎乗法）に則らなければならないと示すこと——これが「破邪という顕正」なる語が発する第一メッセージだ、と解すわけである。

　もちろんこれだけのことなら、「破邪顕正」のことば遊びにすぎない。だが、破邪によってほの見える悟道たる勝義の境地には奥行きがあり、これを段階的に体得するにはその後の個人的努力、即ち時間を要するとなると、破邪することと裏腹に直接的に顕正されるのは、まずは矛盾律などの論理則の正しさであって、龍樹は相手の思考上の矛盾を指弾して論理則の正当性をあらためて示した——と解した方がより無理がないとすれば、「矛盾律を破ってみせた」や排中律破りめいた「有るのでもない、無いのでもない」が相当にいい加減な"賞讃"かもしれぬ、と少しは肌で感じてもらえるのではないだろうか。

　さあ、そうなると、問題はむしろ私どもである。というのも、ことばによる日常的な思考全般を司る論理法則の遵守に挺身した戦士を褒め讃えるに、まともな讃辞は「〈矛盾律などの論理則を破る輩〉を打ち破った」でなければならないのに、「矛盾律を破ってみせた」と、

何を皮肉な "讃辞" を発しているのか！と呆れてしまうからである。しかもである——これから本論において、「諸概念を分別し、主述文にすることによって思考を営むことは無自性観と相容れず、その意味で矛盾している」と——要するに「矛盾律を破る輩」と龍樹が破邪しようとした「輩」の内に確実に "私ども" が入っていると——示そうとしているというのに、この "私ども" は「主義が相当に異なり、決して "味方の将" とは言えない馬上の龍樹」に何を手放しで歓呼のエールを送っているのか!? と、呆気にとられるしかないのである。まさしくこの "私ども" は馬上を日常とし、分別的なことばで思考することを専らとしていながら、その最低限の矜持（きょうじ）さえもないほどに己れの矛盾に鈍感であり、これでいやしくも「騎乗（思考）できている」と言えるのかどうか——これが大変に怪しい。

　ともあれ、矛盾律などを逸脱しない論理的に一貫した解釈——広くは論理性を伴うことばによる思考——に関して、上述のような「有でも無でもない」なる常套句を "讃辞" のつもりで発し、この "讃辞" でもって仏教理解はこと足れりと済ませてしまうのには大いに疑問であって、論理性も含めて日常的にことばで思考せざるをえない者の矜持と主体性保持のためにも、「龍樹の無自性観・破壊力に富むきつめの縁起観をもっと批判的な視点から議論してみてもいいはずだ」ということを本書の主張の柱にする。

　そういう意味で本書は試論的な比較哲学の書であり、まだまだ未開拓な比較分野への誘い（いざな）も兼ねる。それで、本書を読んでいただきたい方は中観仏教の解釈に教養面から関心を寄せる人ばかりでなく、現代の仏教者として己れの社会文化活動の実践形態を主体的に探ろうとする方も十分に含まれる。というのも「有でも無でもない」を "どっちつかず" と捉え、「"どっちつかず" が "中" である」という件（くだん）の中観解釈が、「為すか為さざるべきか、賛成か反対か」の態度を決めるに

際してのブレーキ役を果たしていることはほぼ間違いないからである。これについては本願寺派総合研究所の所長であった丘山新氏とともに、根深いこの種の"理解"が実践運動への参加を消極的にさせる要因になっているのでは？と憂えた経緯がある。(その丘山氏は昨2022年急逝された。) だからこそまた、悟達の境地がいくらことばを超えているとはいえ、そのことを理解するに際して論理的・説得的であろうと図る私どもの思考、即ち、ことばに基づく思考をあまりに過小評価してはならないのである。

　筆者はやがて仏教学に戻ろうと思いつつ、分析的な言語哲学に再び魅せられ、漠然とした感のある「比較思想研究」を便利な肩書きに利用してきた。それゆえ本書のさまざまな発想も用語も「ミックス」でしかなく、それぞれの専門家からすれば不十分と思われる点が多々あると思う。けれども筆者が一番心配することは、特に言語哲学にあまり馴染みのない方に対して、専門用語のある程度の使用はやむをえないとしても、共通する問題の糸口に関する説明を十分になしえただろうか？ということである。そういう心配があると思った事項はできるだけ註で補足説明を加え（全体の１／４にもなった）、それを段落の切れ目に配して、本文の通りとの両立を図った。しかし両分野にとって最も重要な問題意識を簡潔に説明する力があるわけではないから、その方面に馴染みの薄い方には分かりにくく、はたまた専門家にはもの足りない「虻蜂とらず」の状態になってしまったのではないか？と、その点が一番気にかかる。これはしかし「比較」を名のる者の宿命なのかもしれない。

　唯識研究と比べると中観仏教は体系的な教義・概念の習得をそれほど求めないゆえに、筆者のような者でも比較哲学的な関心を維持することができたと思うが、特に桂紹隆先生に感謝申し上げたい。先生は

私の「転向」後も変わらず気にかけて下さり、今回も仏教学の立場から筆者の原稿の問題点を指摘し、さまざまな点でご教示を下さった。先生の長年の導きと励ましがあり、また、筆者が初めに論点と見定めていた諸事項に関するおおよその位置情報を今回の遣り取りの中で仕入れえたからこそ——とりわけ論理則の問題を中心に据えるべきとの助言をいただいたからこそ本書があると思うと、なおさらである。談笑がてら哲学に向き合わせて下さった土屋純一先生を交えた学生時代の研究室風景も懐かしい。試読し感想を寄せて下さった亀山純生兄にも感謝する。また、コロナ禍で大変な時にややこしい原稿の編集と出版に携わって下さった法藏館の大山靖子氏にも感謝したい。

# 目　次

# 疾駆する馬上の龍樹

## ——空という理と思考の理——

## 考察一．主述形式の思考と無自性の原則

### 1．「語れぬ」ものを「語る」齟齬

　ナーガールジュナ（後150〜250年頃、以下「龍樹」）は般若経典に現われた空思想を『根本中頌』その他の著作によって基礎づけたと言われる。しかし、その基礎づけ方は私どもにとり決して分かりやすいものでない。しかるに近年、三枝充悳『中論──縁起・空・中の思想』（上・中・下）（第三文明社、レグルス文庫、1984）や本多恵『チャンドラキールティ　中論註和訳』（国書刊行会、1988）などが出され、つい最近では桂紹隆・五島清隆両氏によって『龍樹『根本中頌』を読む』（春秋社、2016）が刊行されるなど、着実に研究状況が変わってきている。このうち桂・五島著には『根本中頌』（以下、『中頌』）の全訳に続いて「解説編」が載せられており、『中頌』の全体が俯瞰しやすくなったばかりでなく、筆者のように途中で比較思想に転じた者にとっても現在の研究状況のおおよその進展具合が感じとれるように構成されている。

　それでもやはり中観派を理解することはむずかしい。その理由は文献学的理由などさまざまであるが、思想解釈上のむずかしさが一番である。なかでも解説にあたる解釈者が、龍樹本人が「本来、ことばでは語れない」とするものを、皮肉にも「ことばで理解させようとする」のであるから、この齟齬にいかなる態度で臨むか？──まずこれが解釈の妥当性を云々する以前の面倒な問題として浮上してくる。

　小論もこの齟齬含みの事態の同じ轍を踏む。ただ、「空の境地がことばでは語れないことを、できるだけ明快にことばで語る、示す」こ

とが重要な課題であるとはっきりと意識して臨んでみようと思う。つまり、「空がことばにはなじまないことを十分に意識して、その理由をできるだけ明瞭にことばで述べてみたい」のである。それで、早速に桂・五島氏の著から実際に偈頌(げじゅ)を引用して、今ほど述べた齟齬を確かめてみることから始める。

　〔真実は〕**他に依って知られることなく、寂静であり、諸々の言語的多元性（戯論）によって実体視して語られることなく、概念的思惟を離れ、多義でない。これが**〔諸法の〕**真実（＝空性）の特徴である**(1)。(18.9、傍線などは筆者、以下同じ)
　　（１）以下、偈の場合は、番号で示し、桂・五島著の頁数を示さない。

　小論で言う「ことば」とは、現に発声されたり記されたりしたことばのみならず、私どもの内的な思考を司るものでもあると押さえることがこの際大切である。「プラパンチャ（戯論(けろん)）」を「言語的多元性」と訳された梶山雄一先生もそれを引き継がれた桂氏も、「戯論」が、表出されたことばによる思考の相互発信・受信を司るにとどまらず、認知・推理などとして多様な形態をとる「概念的思惟」を全般的に司っていることを強調したいがゆえに、この訳語を選ばれたのであろう。『中頌』にはまた、ことばとの——したがって、多様な思考形態との——訣別を示す偈もある。

　〔……帰敬偈にあるように、仏陀は言語的多元性の寂滅した吉祥たる涅槃に導く縁起を説かれたが、その〕**言語的多元性（戯論）の寂滅した吉祥とは、一切の認識が寂滅していることである。**〔その意味では〕**仏陀は、どこにおいても、誰に対しても、いかなる法も**

**説かれたことはないのである**。(25.24)

　ここでは「仏はいかなる縁起の法も本当は説かなかった」とさえされている。そうすると、もしこれが龍樹の本意なら⑴、彼は「思考全般を戯論━戯思考と見なしている」のだから、空思想を検討するにあたり、私どもとしては「思考全般とことば＝概念的思惟を同一視する」ことが果たして正当か？から考えてみる必要がある。

　　（１）しかし第二十四章や第二十六章では「四聖諦」や「十二支縁
　　起」などのことば・概念が肯定的に説かれており、「本当は説かなかっ
　　た」とする龍樹の立場と食い違うと直観的には思える。小論でもやが
　　てこの問題を検討するが、これはやはり解釈上の大きな問題である。
　　しかしここでは、これをことばや概念に対する龍樹の基本姿勢に若干
　　の振幅があったことの現われと捉え、このような振幅が見られるのは、
　　一つの思想にあっては、ある意味で当然のことと当面はしておく。

　しかるに現代においてもまだまだその正体が知れないのが「思考」である。脳科学や心理学のみならず、AIに見られる近年の思考科学の展開には目をみはるものがあって、私のような素人には「多様な思考をことばと同一視できるか？」という問いは荷が重すぎるのであるが、しかし先の偈からすれば、龍樹は思考全般を"戯的なことば"の発現と見なして、これを全面的に否定していると十分に考えられる。それで「ことばの生命は意味である」との視点から、思考との関わりにおいてしばしば話題になる心象（イメージ）の問題から入る。

　思考にはことばのみならず心象も伴う。しかしイメージでは細かな思考内容をカバーしきれない。むしろことばを得てこそ、イメージも細かに分かれて展開していくと考えるべきである。例えば赤ん坊はことばを喋れないが、考えていないわけではないし、その思考はことばを習得することによって一段と複雑なものへと成長するのである。ま

た、私たちが普通に「考えている」と言うとき、その思考内容が明確なことばになっているわけでは必ずしもないが、「思考がまとまらない」とは、明確なことばとして形をとっていないということと考えられよう。だから、「漠然と疑問を感ずる」というのも、重要な思考形態、あるいは思考の重要なプロセスと見なしうる。その疑問が明確なことばの形をとって外に発されようと、当人が気づかずに内にわだかまったままであろうと、これに関係なく、疑問を抱くことはことばで思考を進める上で重要である。疑問に限らず、感嘆などにおいても、模索するのはやはり的確なことばなのである。このようなことは俳句の一つもひねった体験があれば、十分に思い当たることである(1)。

加えて、心内のイメージはもちろんのこと、心内のみで営まれるいわゆる「内的思考」はあくまで私秘的な段階にとどまるに対して、ことばは格段に表出性に富み、公共性を備えている。社会的な約束ごとであることばを習得して周囲とコミュニケーションを交わし、意思疎通の成功と失敗を重ねてこそ、思考は多様に・重層的に展開していく。複雑化した思考に心象が伴っているかどうかは保証の限りでないし、また思考に明確なことばが付随しているとも限らないが、科学言語や人工言語もことばの中に含まれるから、"理論的、緻密な"と言いえる思考にことばが関与していない事態などは考えにくい。それゆえ、思考や認識・認知・推理という人間の営みとことばとはやはり切り離しがたく結びついている——と見なしていいと思われる(2)。

ところが、かくなる意味で「龍樹の偈頌を理解しよう」とする私どもの試みもことばによる思考の一形態であるが、つれなくも龍樹はこういう意思(＜思考)も「戯論」の名のもとに否定しさるのである。だが、私どもだって、かくもつれない龍樹に対して言い返したい——「龍樹師よ、あなたはことばで空や涅槃を理解しようなんて無駄で、無意味だと言うが、あなただってこれらの偈頌をことばでもって述べ

ているではないですか」――と。けれども、このようなことばの使用
に関するパラドックス性の指弾に対して、多分に龍樹は「これがパラ
ドックスにならないことは、ことばの働き・機能に関して言語行為論
（speech-act theory）なる議論(3)を現代の知識として持っているお前
たちこそ分かっていることではないか」と切り返してくるであろう。

（1）ことばと意味、イメージの関係のみならず、今後も触れる言
語哲学の諸論点について基本的な問題意識から分かりやすく解説した
書として青山拓央『分析哲学講義』（筑摩書房、ちくま新書、2012）。

（2）拙著『他力を誤解するなかれ――ことばと念仏者の主体性』（探
究社、2018）〔以下、『他力を』と略記〕の「WⅡ.3.ことばと思考」（36
～40頁）でもこのことに言及した。

（3）言語行為論はオースティンによって提唱された。J. オースティ
ン、坂本百大訳『言語と行為』（大修館書店、1979）。オースティン、
ライル、ストローソン、サールなどに代表される日常言語学派（オッ
クスフォード学派）については多くの邦訳、入門書的な解説書がある。

## 1―1．言語行為論による打開策

ことばが物や事態を記述する（describe）機能を持つことは周知の
ことだが、あることばを発することがある行為を行うことになるとい
う機能も併せ持つことは意外と認識されていない。ことばを発するこ
とによって為される行為を「言語行為」と言う（これはまさしく仏教
で言う「語の為し業、語業＝口業」である）が、それは例えばこうで
ある――授業中に生徒が騒がしかったとしよう。そこで先生が「黙り
なさい！」、または「静かに！」と大声で一喝したとする。私語が飛
び交う騒がしい事態に対してさらに音声を発したのだから、この事態
はパラドキシカルに映ろう。「静かに！」はその場の状態を記述して
いるのではない。だが、この音声は、私語を慎むようにことばによっ
て命令し、その場の雰囲気を規定する（prescribe）行為を遂行して

8

いると解することができるから、逆説性は随分と和らぐはずである（。これに対し、「私がこれから発することば「静かに！」を除いて、皆さん、静かに！」と先生が言う場合も、一応は逆説性を免れるが、語業の迫力は弱まる）。

　先の龍樹の偈頌も、「ことばの非成立をことばによって説示・教示している」からと言って、これを直ちにパラドックスと切り捨てるのは短慮に過ぎるであろう。まさしく龍樹は「教示する、立論する、戯論でしかないことに注意を促す」という言語行為を遂行しているのであって、この偈頌は専ら記述の機能に携わっているわけではないのである。次の偈は龍樹がこの言語行為の事実に気づいていたことを示しているように思われる。

　　**言語活動（言説）に依らずして、究極的なもの（勝義）は説示されない。究極的なものを理解せずして、涅槃は証得されない。**(24.10)

　あるいはまた、龍樹の作とされる『廻諍論（論争遮止の書）』の一節には、

　　**わたくしのこのことばも、他によって生じてきたものであるために本体をもたないけれども、ものに本体のないことを証明するはたらきをするのである**(1)。

とあって、「証明する」という行為の遂行のためにことばを使用しうることが明言されており、これに「勝義と世俗」の二諦論を重ねると、龍樹は相当にはっきりと言語行為的な機能を意識していたのではないかと思われる。

　けれども、これはこれ――、ことばにはそれを発することによる行為遂行の働きもあるということを龍樹が"分別的に"気づいていたとしても(2)、涅槃や縁起の境の体現は「ことばで語られることなく、

概念的思惟（＝分別的思考）を離れている」とする中観派の立場と、認知・思考・意思表出にあってはことばが決定的な役割を果たしていることを事実追認的に強調する私どもの立場とでは天と地ほどの違いがあるのであり、相変わらず分別の此岸にとどまらざるをえない私どもにとっては体得に根ざす瞑想の境地――空の境地の実際的な内実がほとんど何も分からないことに変わりはない。それゆえ「煩悩即菩提、主客未分」などと、まさしくことばでこの種のお決まりの分別判断を下して〝無分別の境〟を讃えても、周囲も実感が湧かぬ顔、かく讃える当人もまるで実感が伴わず、他人事でしかない。

　それだから、例えば真宗において「人間の何たるかを知ることによって仏の誓願の意味が分かり、その意味がいくばくか分かることによって自分の姿にさらに思い至る」とするのとちょうど同じように、空の対極にある日常的な概念的思惟、分別的思考の何たるかをもっと着実に知るという方途・方策をとろうと思う。つまり、せっかく中観派の説示に触れながら、それが否定の対象とする分別的思考とはいかなる営みか？を併行的に認識しようとしないから、空によって私どもの日常的な思考の営みのどの点がどのように否定されたのかが不明瞭になり、彼岸との境界線の在処さえもが過度にぼやけたままになるのでは？と考えるのである。私たちが通常の思考を具体的にどう営んでいるのか――ことばが思考にどのように喰いこんで、切り離しがたい役割を果たしているか――に思いが至らず、不分明のままでは、龍樹の議論の否定範囲も空思想の意義も曖昧なままに終わってしまおう。

　（1）『大乗仏典』（世界の名著2、中央公論社、1967）246頁、梶山雄一訳。なお、『廻諍論』のこの箇所の指摘は桂氏による。参考までに、当該部分は桂・五島著（282頁）には、「この、私の言葉も、依存して生じているものだから、〔それ自体は〕自性を持ってはいないが、諸々のものが自性を持たないことを証明するものとして、機能するの

10

である」とある。

　（2）小論22、34頁で原則Δ（デルタ）を提示するが、その言語行為性を龍樹
は理論の形ではっきり意識していない。これは思想史的に当然だろう。
言語行為一般については本「考察一．4」で追加説明をする。


## 2．分析・総合における概念的思惟と有自性論

　中観を学びつつ、その反面で私どもの日常的現実である"戯論"生
活にも省察を加えていくに当たり、言語的多元性の根底を成す「概念
的思惟」、「分別・分別的思考（vikalpa）」について考える。この「分
別的思考」を小論ではまた「分析的思考」とも随意に言い換える。言
うまでもないことだが、「分析する」は「総合する」と相関すること
ばである。分析とは基本的に「要素に分解する、ばらす」ことである
と見なしてよく、総合とはいったんばらした諸々の要素を再度くっつ
けて「全体的に・一体的に考える」ことである。分析の仕方もさまざ
まであり、それに伴って総合の仕方もさまざまであるが、両者が相俟（あいま）っ
て私どもの思考が営まれると見なしてよいのであって、例えばいま目
前に「ある一つの因果現象」が展開していると考えてみよう。しかし
ながらもうすでに注意すべきことは、私どもの視野に映じているのは
この「一つの現象」だけではないはずだということであり、そういう
ことからすれば、私どもは自分の全体的視野の一部を切り取って「あ
る一つの現象」と既に分別し、認識の焦点として定め、しかもそれを
ほかならぬ「因果現象」と特徴づけて分別しているのが事実である。
この現象をことばで記述すると次のようであったとする。

　〔1〕あの人はハサミを使って紙を切っている。

　〔2〕私は見た——あの人がハサミを使って紙を切っているのを。
　　（英文方式）

　〔2〕も同じく因果現象の記述であるには違いないが、〔1〕とは異

なり（＝分別されて）、「認識する」という一段と特徴的な"一つの"現象を述べている。二つとも総合文であることは「この犬」ならぬ「あの人」、「布」ならぬ「紙」、「破る」ではない「切る、見る」などが既に分別の所産であって、これらを「主語―述語」形式を中心に据えた文法・統語論的なある仕方で配置してでき上がることからして、両方とも「総合した」と了解される。

　ここで注意を喚起したい論点が幾つかある。まず重要なことは「あれはハサミである」「それは切るという動きである」などの述語部分が、主語となっている事物の広い意味での「性質」、特徴的な状態を記述しているということである。けれども、これと併行して強調したいことは普通の人間における分別、分析的思考、そしてこれと相関する「総合する」ことの根深さであって、これらは人間の思考における本能的な営みであると言っても過言でない。だからこそ〔1〕や〔2〕のように分別的要素を組み合わせて個々の事物を「一つの現象」に組み立て、しかも思考のコミュニケーションが可能なように明示的な総合文に仕立てたのである。しかし他人とのコミュニケーションを図るためにのみ公共的な文法に則った文にしたわけではない。言語学者チョムスキー（1928～　）流に言えば、人間なら共有する「思考の文法」のようなものがあり、それに則って言語化してはじめて（――これが事象として心内にとどまろうとも）目前の現象を「一つの現象」として「自分自身で認知・理解する」ということが成立すると考えていいのだろう(1)。

　しかるに「思考の文法」と言っても、私どもは何も AI に跨る思考様態全般を扱おうというのでなく、人間の多様な思考形態を考えるに際して、従来は「観念（idea）」を直接的な検討対象にしてきたけれども、これに代えて「主語―述語」に代表される、公共性の高いことばを分析対象にしようというのである。だから「鋭いハサミ」も「まっ

12

すぐに切る」も、「そのハサミは鋭い」「その切り方はまっすぐだ」の
ように、形容詞や副詞の使用もやはり主語—述語形を基本とする分別
に依っていると強調したいのであって、その意味で推理も疑問も感情
の発露も、これらを観念の関係としてでなく、主述的な分別判断を根
幹に置く思考の複合的営為と見なし、この方向から思考分析に挑もう
というのである(2)。

　（1）文とは「思考内容≒表わしたい意味を自他に理解させる」機
能を第一とすると考えるなら、それが発された状況や脈絡などは省略
されても不思議はない。これが典型的に見られるのは「ハサミ！」な
る一語文で、特有の状況や脈絡、あるいは「持ってきて！」なる明確
な要求なども略されている。

　（2）仏教ならば「主—述」よりも「dharmin—dharma」が適切か
もしれないが、比較するという論考の目的上、主述形式の思考を支え
るのは「実体—性質」なる存在論と見た方が、より一般的と考えて、
「主—述」概念を優先的に使う。これが継時的因果関係を軽んずるも
のでないことは後述。


## 2—1．相関的な主述文と「自性」

　そこで、主語を「S（subject）」→主語が表示するものをS、述語を
「P（predicate）」→述語が（漠然とした形であれ）表わすものをPと
表記するなら、主語—述語の区別はその語が表わす存在物の "思考に
おける位置づけ" の違いを反映していると考えていいだろう。そして、
この位置づけ方の違いを構造的に支えるのがアリストテレス哲学に典
型的に見られる「実体（基体）—性質」の存在論的な区別であって、

　〔3〕それは赤いハサミである。（≒それはハサミであり、そ（の
　　　ハサミ）は赤い。）

で、これを述べるなら、「実体（基体）」とは「それ」、あるいは「そ
のハサミ」なる個別的な指示物である。述語「ハサミ（である）」は

個別的な実体である「そのハサミ」と重なるゆえに少し微妙で、「ハサミ」については「赤い」ほどには抵抗なく肯けぬかもしれないが、これを、「それ」を基体と見なした場合の広い意味での「性質」と見る方が、議論の一律性を保つ上でも妥当だろう。それで、この線でいけば、基 体（ヒュポケイメノン）とはそれが有するすべての性質がそこに帰属・付着している実体であり、かつまた、色などの性質は、それが別の色であっても、その基体が「それ」であることに何ら変わりがないという意味で、諸性質とは“脱着可能”な付随物にすぎないことになる。すると、基体それ自体は本来は何の性質も持たないのっぺらぼうの実体だということになるが(1)、しかしそうなると、例えば「それ」の赤さが濃い場合、「赤い」という性質にもさまざまな程度の違い、要するに（「それ」なる基体からすれば「性質の性質」と定義される）様態（モード）に違いがあっても、それが赤いことに変わりはないから、「赤い」という性質もまた実質的には一種の「実体」（＝「それの赤いこと」もそのすべての様態が欠如した一種ののっぺらぼう）でありうることになる。つまり、例えば「その赤さはよく目立つ」のように、「その赤さ」もまた、個別的な「そのハサミ」と同様に、実体的な主語になりうるのだから、「赤い」なる性質は一般性（generality）・普遍（universal）たることを併せ持つ存在物だということになる。

　「実体（基体）―性質」の分別に基づくこのような発想と展開はヴァイシェーシカ学派の「実体、属性、運動、普遍、特殊、内属」という六 句義（パダールタ）（カテゴリー・範疇）の存在論にも共通する。というのも、この範疇論にあってはこれらの句義自体が「実在物」なる普遍（概念）の内の「特殊（な普遍）」にほかならず、また、あるカテゴリーに属す「特殊」な個物はもとより、個々の「特殊」な概念も時には主語に、したがって時には「実質的な実体」となりうるという局面がどうしても出てくるが、このような他のカテゴリーとの面倒な重複現象が生じ

14

てしまうのは、思考がその時その時の主述的相関関係に基づくからだと考えられる。つまり、存在物がその時々の思考においてどう位置づけられるかによって、それが主語になるか述語になるかが決まってくるわけである。この場合、「内属」を「(…は) 〜である」という繋辞<sup>けいじ</sup>の表示物に相当する（ところの個別、または一般）と見なし、その上で（あらためて）一般化・普遍化と特殊化・個別化とに着目すれば、「個物 (particulars、individuals) —普遍」という現代にも通用する相関的なカテゴリーだけが浮上する。

| 主語（個別実体／特殊）—　　述語（属性・運動／普遍） | 主語（個別性質／特殊）—　　述語（属性／普遍） |
|---|---|
| そ（のハサミ）は　　　　赤い | その（特有の）赤さは　よく目立つ |
| それは　　　スルッと落下した | その落下は　　一瞬の出来事だった |

　だから、表に簡略に示したように属すべきカテゴリーの重複現象や不定性という問題点も含めて、人間の主述思考の形をとって現われる主述的相関関係が基本・拠り所となって、よくも悪くもこの範疇論的存在論が展開する——と言えるわけである。

　このような思考の展開は仏教の一部も共有するところであって、例えば部派仏教にあっては主述文に対して、述語の表示物を「dharma（法、性質・特徴)」<sup>ダルマ</sup>、主語のそれを「dharmin (有法、諸性質・特徴<sup>ダルミン</sup>を有するもの)」という具合に概括するようになるが、これに見られるように、相関する対語を用いてその相関関係を端的に表わすことにより、ＳとＰの相関性がいっそうはっきりと打ち出されてくる。さらには部派がＳとＰなる存在物を「自性 (svabhāva)」<sup>スヴァバーヴァ</sup>という一語で語り、主述の表示物は各々ともに「自性を、即ち、実体性を有す」と見なすに至っては、主述の相関的な分析—総合性がいっそう明確となる。

　そうすると、有部に代表される部派仏教は自性の存在を認めるという点で有自性論であることになるが、これに部派特有の因果的無常観である刹那滅論を重ねるとき、その存在論をどう評価するかが問題となる⑵。その際、刹那滅という因果性は主に継時的関係であって、因果関係を構成する個々の項は必ずしも同時的でなく、その生起の順は時間的に"不可逆的"という意味で、「相関的とは言えない」という意見も出てくるかもしれない。しかるに、確かに因果の時間的順序は不可逆的という意味では相互的な相関関係にないとしても、「xはyの因である」「yはxの果である」という曲がりなりにも主述文の形をとる有自性分別論に――その限りで（継時性も考慮に入れた）相関性に立脚していることに違いはないのである。ともあれ、「自性」についてもっと押さえておく必要がある。

　（1）「金属製である」等は目前の「それ、そのもの」に帰属する特徴・性質として「属性」や「様態」と言われる。「属性」とは、それを欠くと「それ」が「それ」でなくなってしまう本質的性質、「様態」とはそれを欠いても「それでなくなる」まではいかない偶有性のことだとされるが、この違いにそんなに神経質になることはない。ともあれ「それ」なる実体の性質の一切を消去したとき、「それ」も「あれ」の区別もない質料しか残らないことになるが、ただ、そうなると、「それ」の個別性、単独性もなくなるわけで、これがこの種の存在論の面倒な点の一つである。

　（2）刹那滅論は事物の縁起的変化―無常観を極端化した論だから、実体―有自性論とは相性が悪いはずなのに有部はこれを両立させている。これが可能なのはいろいろなからくりが仕掛けてあるからで、まず普遍たる概念を「衆同分（generality）」というカテゴリー・自性として認めつつも、その詳細については"頬かむり"する。その他の理論的操作については「3―1」でも述べる。


「自性（svabhāva＝self-being）」を桂氏は「固有の性質」と訳して

おられる（桂・五島、6頁）。理解・解釈しようとする側としてはこの訳語で十分であって、広く応用もきくと思う。小論では場合に応じて「固有性、独自性、独自存在、独立存在」などの語も使うが、これらの語の意味に多少のズレがあるとしても、その中核を担うのはやはり「固有の性質」である。このことは「自相（svalakṣaṇa＝self（own）-property/-quality）、物それ自身（svātman＝thing in itself、thing as such）」なる語についても言えることである。なるほど「ハサミであること」は「そのハサミ」だけが有する固有性ではなく、別のハサミも有する共通の性質であるが、しかし「あの人」なる個物はこの「ハサミ」なる性質を持っていないという意味で「ハサミたること」は「そ（のハサミ）、こ（のハサミ）」などのハサミだけが有する「固有の性質」なのである。それで、アリストテレス流の「実体（基体）―性質（特徴）」の相関性を念頭に置き、この辺りをもう少し検討してみる。

〔４〕あれは<u>人である</u>。

　棒線部が「あれ」の「固有の性質」である。あるいは破線部を含めた述語部分で主部の自性を述べていると見てもいい。名詞「bhāva(being)」の基である動詞「bhū」は英語の「be」に相当し、三人称単数形「bhavati」は主語たるものの固有性を、あるいは当の実体が述語たるものの集合(クラス)に包摂されることを示す際に用いられる。この間の事情は、この述語部分をぐっと絞り込んだ同一性言明、つまり主語と述語の表示対象が同一である言明、

〔５〕<u>あの人は山川次郎という名の男である</u>。

についてもあてはまる。つまり「同一」と言っても、それは述語が主語を「包摂する」仕方が特殊な場合であるにすぎないのである。このことは〔５〕を述語論理的に言い換えれば直ちに了解される。即ち〔５〕は、

＝〔６〕あれは<u>人</u>であり、かつ、そのあれは<u>山川次郎という名の男</u>

　**である。**

なる連言文と外延的に同値（equivalent）であり、「山川次郎」が固
有名である限り、〔6〕の後文の棒線で標した「固有の性質」こそが
「あの人」しか持っていない特有の個性であって、「あの人の自性」に
ふさわしい。

　だが、「固有の性質P」とは、先ほど述べたように同種の個物 $s_1$、$s_2$、
$s_3$、…がともに有する共通性であっても許されるのであって、P は「P
とは別の Q（＝他の固有性＝他性（parabhāva＝other being））でな
い」という意味で、P が「独自の固有性」であることに間違いはない
のである。したがって「あの人」なる山川次郎は、別の人間である龍
樹と「人間」なる自性を同じくするとしても、『中頌』の原作者」な
る自性は有していない。つまり「自性—他性」、「独自性—共通性（同
一性質、一般性）」は対語的・相関的な分別概念であって、思考のあ
る脈絡では「同じ自性を持つもの」が、別の脈絡では「他性を持つ」
ことが十分にありうるわけで、この点、述語論理の適用可能性に問題
はまったくない。

　思考観点の転換によって「自性と他性を入れ替える」ことは、ペア
やトリオを成すことばを操る私どもの日常茶飯事のことでもある。例
えば「左右、長短」「上中下、過去・現在・未来」なる分別的なこと
ばを私どもはさほど気にすることもなく使う。身体の向きに従って
「右」が決まるのであり、ある時に「右に在る」という「自性」が身
体の向きによって「左に在る」に代わって何ら不思議はない。「短い」
も同様で、かなり長いものでも、比較対象によっては「短い」とされ
うる。それゆえ「固有性」と言っても、多くの個物が共有する一般性
も「固有の共通性、自性」でありえ、その使用はかなり随意であるわ
けである。

### 2—2. 唯名論的傾向は安全弁でない

　小論が、「自性」が広い意味での「性質、属性」でありうること、即ち「自性」とは「それ自体（svātman）」という意味で主語となる基体的実体であるのみならず、述語が表わすPなる「固有の性質」でもありうることにこだわるのは、もちろん龍樹の無自性論という存在論を理解しようとするからであるが、例えば〔5〕の主語である「あの人」がそれ自体で自性を有する基体（実体）でありつつも、〔6〕のように言い換えたとき、「人」は「あれ」なる個物の固有の性質を述べて（＝述定して）いるのだから、存在論的な観点からすれば、「属性としての「人」が実在すると本当に考えるべきなのか？」をどうしても問わざるをえなくなるのである。言うまでもなく、この問題は西洋哲学では概念実在論と唯名論の対立点として現代にも引き継がれている論点である。それでこの問題を実感するのに、実在論（realism）と唯名論（nominalism）の論争の詳細を知らなければならないということは必ずしもないのであって、ある述定文「SはPである」が「SはPなる固有性を持つ」→「SにPがある」というPの存在文に容易に読み換えることができ、（Sのみならず）自性Pが存在するか否か？が問題になると了解できれば、それで十分であろう(1)。

　しかるに、この「属性や性質が客観的な存在として実在するか？」という問題に対して、無常観、ひいては無自性論に肩入れしがちな日本の仏教者の多くは、「属性や性質などは各々の心が（主観的に）作り出した観念的なものにすぎない」と割りと簡単に片づけようとする傾向があると思われる。だが、これが主述文の成立、即ち日常的な概念的思考の成立に直結した問題であることを思い起こせばなおのこと、「観念的に構想されたにすぎない」で簡単に済ませてしまうことができるというものではないのである。例えば、

　〔7〕そのハサミは赤い＝それはハサミであり、かつ、そのそれは

**赤い**（≒〔3〕）。

について、「それ」が客観的に「ハサミ」に分類される、即ち「ハサミ」という客観的な性質を有することにさほど異議をはさむことはしないのだが、「赤い」という主観の介在を大幅に許す性質となると俄<sub></sub>かに問題視して、態度を唯名論的に急変させるような場合も珍しくない。その理由は？と言うと、「その赤さはそのハサミに特有の赤さなのであり、個別的な赤さが視線の先・外界にあるのは認めるが、"赤さ"という（曖昧な）普遍が外界に存在すると認めたくない」、「そのハサミの赤さは濃く、メタリックな赤さである。赤さもさまざまである。その意味で"赤さそのもの"などというものは私の"心の中にあるもの、心が主観的に抽象して作り出したもの"にすぎず、心の外に客観的に実在するとは言えないのではないか」と──こんなところがその理由ということになるであろうか。

　しかるにこのような唯名性の強い考えに対する幾つかの基本的な疑問を呈しておくと、まず、述定部が分類概念である場合とそうでない場合とをそんなにきれいに区別できるのか、区別しなければならないのか？が疑問である。〔7〕は「そのハサミは赤い物の集合（クラス）に属す」に、即ち客観的な包摂関係・分類を述べる文に簡単に置換可能であり、また、このようなことは〔1〕「あの人は紙を…」において動詞「切っている」が述部のメインとなっている場合でも同様で、運動とは一般にその動きや振舞いの主体の短時間の特徴・状態を述べているのだから、広い意味での性質に関する分類・包摂判断と見なすことができるのであって、その限りでやはり客観的な主述的思考に与っていると見なしていいわけである。

　次に、そのハサミに特有の赤さが視線の先、即ち心の外にあるのは認めるけれども、赤さとは抽象されたもので、それゆえ「心の中にある」と言うのだが、この「心の中に」とはどういうことなのだろうか？

──残念なことに、「赤さが心の中のどこに、どのようなあり方で在るのか？」が具体的にはさっぱり分からないというのが大きな難点である⑵。それに、「心が抽象する」のであれどうするのであれ、個別的な赤さが視線の先に存在することを認めるのなら、見えている多くの個別的な赤さの間に「赤い」と述定するに足る自性的な赤さが"心の外＝外界"に客観的な共通性・一般性として存在すると見なしていいはずであろう。即ち、「ハサミ」（この概念がどのように"心内で抽象"されてでき上がるかに先立って、あるいはこの語の意味（≒語の使用法）がどのように習得されるかに関係なく）が、「それ」の客観的な自性・固有性を述定していると考えられるのと同様に、少なくとも個々人の"心の外"に──ハサミのあるその位置に──「赤」と言うに足る一般的固有性が客観的に存在しているからこそ、それを認識した心が「〜は赤い」という分別判断を下すと考えた方が分かりやすく、また、このような客観的な共通性・自性の存在こそが、この認識判断が真であることを保証すると──便宜的であるにせよ何にせよこう見なした方が話がスムースになると考えられるのである⑶。

　（1）この問題を先のヴァイシェーシカの存在論で言うと、主述思考という観点からして残して然るべき「個物・特殊─普遍」なる範疇につき、「述語になりうる"特殊"は普遍・概念でありうるから、その実在が大いに怪しい」とさらに厳しく篩（ふるい）にかける気でこの問題を考えても十分である。

　（2）「心の中に」を問題としうることについては本「考察一．3─3─1」（43〜44頁）で述べた。それで、あらためて「個物─普遍」の相関的カテゴリーで言うと、個物に先立って普遍が在ると考えれば普遍実在論だが、個物に即して普遍が在るとすれば唯名論的である。しかし唯名論にも強弱・程度があり、述語・ことばとして何か（例えば意味）を表わしていると考えるなら、個物でない普遍などは存在しないとはなかなか言えまい。要するに二論の間に明確な境界線は引け

ないのである。

　（3）こう考える理由はことば（の内包的な意味）の間主観的な公共性・社会性に基づく。これゆえに思考に対して公共的な述語論理の適用が可能になる。この間主観的な内包的な普遍——例えば「赤さ」についてメートル原器のような具体物を求めるのは過剰な要求であり、外界の諸事物間に共通性があるなら、その共通性も個々人の心の外に在ると考えられるという意味で "便宜的" と言う。中観は唯識と異なり、「不可思議で過剰な能力・働き」を日常的な心に求めない。


　以上のような論点において、日常的な思考の仕方にことさらに反して、仏教の肩を持とうと唯名論や観念論に変にひいきしても仕方があるまい。確かに例えば「心頭滅却すれば、火もまた涼し」において、「涼しい」などの判断には「赤い」と同様に主観性が入るのはやむをえないが、火はやはり客観的に数百度もの性質を持つ。そもそも「これは火である」「ここは心頭である」と「これ、ここ」を客観的に（涼しい顔で）述定して分別しておいて、何が「当人の思い次第」であろう。それで、中途半端な態度でこの論点に臨むと、龍樹のラディカルな自性否定論の狙うところが却って捉えにくくなるのでは？と逆に懸念する。だからこの際、言明〔3〕〜〔7〕はもちろん、〔1〕も〔2〕も龍樹の目からすれば、すべて主部Sの自性を記述している文であり、（Sそれ自身はもとより）Sを特徴づけている述定部Pもその自性であると捉えることが肝要だと思われる。

　付言すると、概念実在論と唯名論の二つの存在論の間にそんなに明快な境界線が引けるわけではない。概念・意味の実在を言うのが前者だが、「円である四角」なる矛盾した概念の実在を認めることは実在論といえどもさすがにないであろう。また「兎の角（角のある兎）」のような、現実的に存在しないだけであって、論理的、生物学的に有りえないわけではない概念についても、その実在を認めることには躊

22

踏すると思われる。しかし概念の実在性にシビアな唯名論にしてから
が、現代の唯名論ならば、「兎の角」の内包（connotation）はことば
が有する意味（meaning）としてその確たる存在を認めないとしても、
外延である集合（クラス）については空集合として曲がりなりにも存在すると認
めるのが普通である。したがって、唯名論的傾向が強いと言われるク
ワイン（1908～2000）の哲学にしたところで、集合（なる一種の普遍）(1)
は認めているのであり、それゆえ主述文の形をとる分析—総合判断を
クワインは何ら否定しないという点で、彼の哲学は間違いなく有自性
論に属す。

　　（1）集合は集合を構成する元（メンバー）と同じリアリティをもって考えられ
　るわけではない。さらに、語句の内包的意味と集合という外延の関係
　について、例えば「赤い」という語の意味が理解できていないと、「赤
　いもの」の集合を考えることができないであろう。他方、「赤いもの」
　が（相当に）はっきりした集合を形成しないと、「赤い」の意味が明
　確化しない。このように内包と外延とは密接な相関性を有すのであっ
　て、簡単に一方の存在を否定できるというものではない。

## 3.「相関的なものは無自性」が原則

　小論では概念的思考に対する龍樹の否定的議論を、無意味化・破壊
の度合いの観点から幾つかの段階に分けるが、必要とあらば、それを
さらに分けて論述するつもりである(1)。本節以下「考察二」の末尾
まではこのうちのもっともラディカルな段階（註(1)の「Ⅰ—ⅰ」段
階）を中心にして考えてみる。それで、無自性論を正当化する議論の
核心は相関性に置かれているというのが小論の主張の眼目であるが、
この脈絡において「相関的に関係するものは無自性である」との中観
派の原則をとりあえず示しておく。

　**原則Δ（デルタ）：他に依存して、それが存在する（「～である」）ようでは、**
　**それは"独立存在＝自性"とは言えない、言わせない。**

　この原則は、複数の概念が相関していると一般的に見なされている事態に対して、例えばＳとＰを相関させる主述判断の成立に対して否定的に働く。したがって複数の自性を総合させるあらゆる思考の成立を根本から脅かす次の偈が非常に重要だということになる。

　**しかし、特徴を持たないものは、決してどこにも存在しない。特徴を持たないものが存在しない以上、特徴は〔何かを特徴づけるという、その本領を発揮するために〕どこへ行けばよいのか。**(5.2)
　**そして、特徴が適用されない限り、特徴づけられるものはあり得ない。しかし、特徴づけられるものがあり得ないなら、特徴づけるものも不可能である。**(5.4)

　この偈中の「特徴」とは述部Ｐのことであり、「特徴づけられるもの」とは広くＳのことだと解していい。したがってこれらは主述判断の成立の余地、即ち主述概念それぞれの表示物は独自の自性であるとの有自性論の主張、及びその自性の分立を前提して、二つの自性の相関性を主述の形で繋ごうとする相関的な判断・概念的思惟の成立可能性を根本から否定し、「すべてが戯論である」との弾劾の中心に位置すると見なしていいわけである。

　（1）表は簡単な段階分け。詳細は「考察三．1」（209頁）を参照。

| 「Ⅰ─i」段階 | 「仏はいかなる法も本当はことばで説かなかった」に基づく。ことば・分別的思考の全否定。小論が中観の理解に際して採るべきと思う基本的立場。 |
|---|---|
| 「Ⅰ─ii」段階 | 「空、無意味」などのことばは認める段階で、「Ⅰ─i」が若干不徹底だと思える段階。 |
| 「Ⅱ」段階 | 十二支縁起など「相関的自性、相対的自性」を認めているのでは？と疑われうる段階。 |
| 「Ⅲ」段階 | 自性や自性分別を容認する。容認の程度に従ってさらに唯名論と概念実在論に分けられる。 |

### 3―1. 利那滅という有自性論

　アリストテレス流の「実体（基体）―性質」なる存在論は、それが哲学的には概念実在論の形をとろうが唯名論の形をとろうが、具体的な個々の実在物はもっと微細な分子・原子などの諸要素から構成されているとする物理的な原子論（アトミズム）と両立すると考えるのが、近代以降ではもはや当然視されている。古代インドではヴァイシェーシカ学派がこの両立論の典型で、「実体、性質、運動」等のカテゴリー（属・類の分類概念）と原子論との両立のさせ方は桂・五島氏の解説書122頁辺りにその概要が述べられている通りである。では、無常観を採り、唯名論的傾向も併せ持つ仏教においてはどうか？ということになるが、「利那滅」を説く部派においても――「五蘊、十二処」など仏教は元来が分解することと親和性が高いとはいえ――ある意味で不思議なことに原子論と"うまく（？）"両立させている。

　もとより利那滅論は「無常」を弁証しようとする理論である。それは大体二段階で弁証される。第一段階は「ハサミ」「人」や「～を切る（こと）、～を見る（こと）」などの事物を諸々の（自性を有す）構成要素（ダルマ）から成る合成事物と見なし、第二段階でこれらの構成要素を利那単位で細断して、これらの要素がさまざまな「因縁―結果」の関係を結んで変化していくと考えていくのである。このような分析―総合の仕方に従えば、例えば「人間」は「五蘊」なる五つの構成要素の合成物に過ぎず、しかもこの合成物が利那に生滅しながらも持続していくのだから、一連の事物は言わば二重に合成されていると見なすことになり(1)、微細な元素（的現象、極微（アヌ））さえも利那滅で継時的な事象と見ることになる。

　だが、このような無常観はあまりにも単純ではあるまいか。つまり、ここまで時間を細断しても、緻密化を装っているだけで、これでもって無常を基礎づけようとする発想そのものは単純で、これでは（利那

滅にのみ目を奪われてしまい、）継続する一連の現象と見なすべき認
識現象のみならず物理的な因果現象さえ満足に捉えられなくなる恐れ
がある(2)。それよりもそもそも、なぜ一利那——一説には 1 ／75秒
——なのか、なぜ 1 ／10秒や 1 ／100秒ごとに生滅すると考えてはダ
メなのか？、利那に「生、住、異、滅」の四つの過程を経ると言うの
なら、なぜ四利那ごとに変化すると考えてはダメなのか？と素朴に問
いたいところである(3)。

　それに、因果関係の一般的な分析・究明は現代の科学哲学でもむず
かしいテーマであって、インドの後代の学派仏教に至って、「煙があ
れば火がある（と推論できる、推論知を得る）」という因果現象に対
して、「煙」概念と「火」概念との一般的な包摂・遍充関係が成立す
るかどうかというレベルには達したものの、「なにゆえ燃焼現象が物
理因果的に火と煙を伴うか」という更なる探求行動には至らなかった
ようである。現象を利那で分断するという型枠にはまった態度の踏襲
に満足してしまったことが、因果現象を一連の大づかみの流れとして
捉えることの妨げとなったのかもしれない。（何と何の間に因果性が
あるかについて的確な "帰納法的考察" を行うことは現代でもむずか
しい。まして前科学的な時代、因果の項の目星のつけ方が不確かだか
ら、帰納的推論はもっと不確かになる。考察二.〔付論〕(199頁) 参照）

　しかるに龍樹の目からして有部などの部派仏教の最大の問題点は、
既に示唆したごとく、主述形式の文を何ら否定しなかったこと、即ち
思考を構成することばの基本的あり方に何ら批判を加えることなく、
主述思考をそのまま踏襲してしまったという点である。これを

　〔3〕それはハサミである。

という主述文で見てみると、主語である「それ」を四元素の聚集物と
見なし(4)、さらにそれを利那に生滅する個別的元素の継続的集積体
と考えるとしても、「それ」は、

26

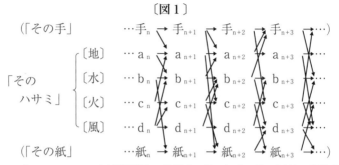

〔図1〕

* 「ₙ、ₙ₊₁、ₙ₊₂、…」は刹那時の推移を、「→」はハサミ以外の事物とも因果関係を結ぶ個別的元素の個別的作用を表わす。

    また、「$a_n \rightarrow$」は「$a_{1 \cdot n} \rightarrow$」や「$a_{2 \, n} \rightarrow$」等のさらに微小なダルマの複合体と見なしても、それで十分である。これらも各々に自性を有する。

なる物質に属する諸ダルマの継時的因果の合成的集積体なのであるから、結局のところ、〔3〕なる主述文が、

〔3〕＝〔3′〕 **それは「図1」で図示される「…$a_n \rightarrow$…、…$d_{n+3} \rightarrow$…」なる刹那滅の継時的な因果集合体であり** (一)、かつ、**そのそれ（ら）は赤いハサミ（を仮設的に形成しているの）である** (二)。

という、大きくは二つの主述文の連言に分解されると言っているにすぎないのである。そうすると、このように細かに分析されて同値の文として述べられ（＝考えられ）ようと、あるいはこのハサミの一部、即ち一刹那の構成要素に焦点を当てて、

〔3″〕 **$b_n$ は（ある刹那 n においてそのハサミを構成する要素的）物質である。**

と刹那・部分的に述べられようと、これらが分析―総合的な主述文であることに変わりはない。確かに〔3′〕の第一文の記号の連鎖はもちろん、〔3″〕の「$b_n$」も微細すぎて日常の大まかなことばや概念では表わしにくい。しかし龍樹は記号で表わされたこれらが本質的に「(記

号という分別な)ことばを離れていない」ことを問題視するのであって、そのことは主述が「それ」だろうが「…$a_n$→…、…$b_n$→$b_{n+1}$→…、…$c_n$→…」なる因果の連鎖体だろうが、利那の一片「$b_n$」だろうが、同じなのである。しかも有部自身が通常の主述的な存在論に沿って、これらの記号の表示物もすべて「それぞれに自性を有す」と認め、これを大っぴらに主張するのだから、無自性論を是とする龍樹がこのような相関的な主述思考を——つまりは「相関性のもとにある有自性論」を——認めるわけがないのである。この場合、部派が「私どもは無常観にことのほか忠実であり、事物の構成要素を利那滅と見なしている」(5)と弁明しても、構成要素が個々に固有性を持つ自性であり、「$b_n$」はもちろん、これに固有の運動（＜性質）である因果作用も、実質的には実体的な主語として、例えば「「→$_{bn}$」は次利那「$n+1$」の二つの果に働きかける作用である」のように個性的に述定されうるのだから、概念的な主述思考の対象であって、これらの個々の因果作用の記述も有自性論に立つことは否定しようがないのである。

（1）「事物は一定時間持続する」という漠然たる信念を背負って対象を認識するのが通常である。もし変化を「一利那ごとの変化と見なす」というのならば、この方が私どもにとっては「特殊な無常理論という色眼鏡」をかけて認識することである。なお、有部の考えについては櫻部建・上山春平『仏教の思想、存在の分析〈アビダルマ〉』（角川書店、1969年）が分かりやすい。

（2）例えば新型コロナウィルスの感染と発病、重篤度の因果関係は今後とも帰納的に調べるしかなく、元来が大づかみの因果関係に対して諸事象をただコマ切れにすればいいというものでない。

（3）後述(54〜55頁)のごとく、この過程各々を要因（ダルマ）と見ると、これにさらに四過程を当てて無限後退に陥る。これは「ある法は生（ダルマ、住）なる法を一因として生ず（ジャーティ スティッティ、住す）」という具合に或る法の生滅変化の因を相関的な諸々の他に求めるゆえの問題であるとも言えるが、大

きくは「ある法の生滅変化は他の諸法に依って起こる」と、相関的な主述形で分別するから出てくる問題だと言える。

（4）有部は四元素を「堅さ、湿潤性、熱性、流動性」なる属性だと説明してガチガチの実体論になることを避けるのだが、刹那の構成要素自体が各々異なる属性（≒自性）を有する個物である。

（5）刹那に生滅するのは $b_n$、$b_{n+1}$…等の個々の単体的な基体でなく、「→」で示したそれらの因果作用である。だが、これらの作用も個々で自体であるから問題化する。これについては後述（53〜55頁）。また、$b_n$ が現前しているとき、$b_{n+1}$、$b_{n+2}$等の生起順まで決まっているなら完全に決定論だが、（自性を持つ）個々の作用の生起順まで決まっているのか、そこのところは不明。

## 3―2．意業の遮断と修道

そうすると、私どもの内外（ないげ）の思考が主述文を形とする有自性論に立脚した営為である限り、無自性論とはこのような（アリストテレス流の哲学を含めた）概念的思惟（プラパンチャ）の一切を拒否する企てなのだから、少なくともそれは主述文の成立を否定することになるわけである。小論が分別的な主述文の考察にこだわる理由はまさしくここにあるのだが、これについては"絶言絶慮の境地"に向けた修行の必然性を説く次の偈と内容的にぴったり符合する。

**業と煩悩とが消滅することにより解脱がある。業と煩悩とは概念的思惟より生じる。諸々の概念的思惟は、言語的多元性（戯論）より生じる。しかし、言語的多元性は空性において滅する。**(18.5)

「業」とは行為、または振舞い（行動）のことである。学生のとき「業とは行為、及びその結果」と教わったが、要するに善悪、あるいは善悪いずれでもない行為を行えば、それには善因楽果、悪因苦果を

基本とする結果がいつか必ず出るとされるのであって、必ず出るとされる業果を含めて「業」という概念を理解せよ、ということだったのだろう。名詞「karman」の元の動詞は英語の "make（造る、働きかける）" に相当し、したがって「為すこと」一般が「業」である。ただ、現代の感覚から言えば、「行為」に「意図的行為」ばかりでなく「無意図的行為」を含めても「業」の意味領域をカバーし切れておらず、「振舞い」をも「為すこと」の内に加えて理解せねばなるまい。

　「手を挙げる」と「手が挙がる」とはどう違うかと問いかけたのは後期ウィトゲンシュタイン（1889〜1951）だったが、この問題を考えるに、第一感の常識的な答え方は、その身体的振舞いに意図（＜心）が介在しているか否かを目のつけどころと定めて、前者を行為（action）、後者を振舞い（行動、behavior）と区別できるとする答え方である。しかし例えば、何気ない（——そんなことを意図していなかった＝無意図的な）行為・振舞いが周囲の人を大いに傷つけたという結果を生み出すこともある。このようなとき、他人を傷つける意図は当人にはなかったわけであるが、そういう結果を "造った、因となった" のだから、これは当人の業——無意図的な "行為" と見なされ、当人が行為責任を負うべきものであろう。それで、このように無意図的行為も業の中に含めるべきとなれば、意図の有無に関して中立的な振舞いもすべて業であると見ていいのである。

　この業を仏教では意業・身業・口業（語業）に分けるが、いま述べた意図（intention）は「意（＜心）の振舞い」に相当し、意の動き・働きを欠く場合でも「身の振舞い、語による振舞い」がそれぞれ別々にありうるわけである。しかるに何と言っても、意業、例えばある煩悩（＜心）が起こって、それが身業、語業を結果として生じる場合がとりわけ注目されるのであって、なるほど当人が一連の業を行う主体なのではあるが、「当人」とは五蘊から成るこれらの諸業の継時的集

合体にほかならないのだから、五蘊が織りなす業の連続体が当人に成る、成っていく——と考える方が、より仏教的なわけである。

　つまりこの場合、「当人が主体・主語となってその業を行う」と言うよりはむしろ、五蘊の継続体・連続体がその当人であり、むしろそれが当人に成っていくことに注目しなければならない。「無我」とは、普通なら主語であるところの「あの人」が消えて、その個人を構成する存在物の多数の基礎要素〔ダルマ〕が織り成す一連の業が主語の座を占めるということにほかならないから、このように人間を諸業（を構成する要素）に分解して認識していく観方を、"自分"という「そう認識している」主体にも及ぼし、"自分"もまた意業をはじめとする諸業の集合的主体だと見なさざるをえないわけで、かくなる"自分"の認識という振舞いにおいても本来的には「無我」のはずなのである。かくして〔２〕のように「あの人が…であるのを私は見た」という認知作用の全般に関する分析—総合判断から、即ち分別的思考から、「あの人が」はもちろん、「私は」という主語も消すこと、消えることが仮構物の（再）分解という点で無我を説く仏教の一般的見解であることになる。

　「〜が…である」が複数の自性に関する分析—総合判断であって、そのように「判断する、認知する」が（意）業であり、普通の人間においてはこれが抜去しがたい営為であること、つまりはこれが人間の思考における本能的な業・振舞いであることは本「考察一．２」（11頁）でも述べた。まさしく「思う、考える」という本能的な業を脱却しがたいからこそ、人間は主述の総合的認識に基づいて諸事物を評価し、特定の事物に欲望を抱き、執着するという煩悩なる業を造り続け、それから離れられないわけである（つまり、このことは、たとえ理屈の上で「私」が諸物・諸業の集積体だと→無我だといくら了解しても、その集合体が煩悩なる業を生成し続けることに変化なし、ということ

である）。だからこそ、仏陀への途は煩悩の全面的遮断というただならぬ過程を経ねばならないことを踏まえて、先の偈は「業（と煩悩）の消滅」を言い、この分別的思考＝概念的思惟（戯論、戯思考）からの脱却が解脱であることを宣する。この場合、解脱は自己の業の単なる意志的なコントロール・制御で達成されるものではない。「制御する」もまた自己の業である限り、それは楽苦・無記のいずれかの業果を必ずいつかは出現させ、これらの業果がまた新たな業を生んでいくのだから、このサイクルが止むことはないのである。この経巡り（サンサーラ）を断ち切るには業の完全消滅(1)、とりわけ“主述分別に基づいて判断する・執着する”に代表される概念的思惟、即ち意業を絶つ以外に彼岸への道は開けてこないわけである。

　　（１）桂・五島著の195頁には「煩悩・無明に縁る業の完全停止」と傍線部のように限定してある。だから、「完全停止」と言っても、成道後の利他業などの清浄な行為の停止は含まない。


　それで、存在論の問題に戻るが、有自性論内の実在論と唯名論の対立という、日頃は縁のなさそうな問題も、そんなに日常とかけ離れているわけでもないのである。例えば私どもが何かを主語にして語るとき、一般にその或るＳの存在（は自明とまではまったく言えないが、その存在）を少なくとも話者は前提している──と言えるであろうことを指摘しておきたい(1)。例えば〔５〕における「あの人」も〔７〕における「そのハサミ」もその場に実際に存在していると前提されているだろうし、「あの人魚は美人であった」と言うなら、話者は“（あの）人魚”の存在を前提して、相手にそう語っているはずである。あるいはいま述べたように「私」を主語として語るとき、この“私”を「存在しない私（無我）」であると、他人はおろか自分にも納得させるには、メナンドロス（ミリンダ）王や「cogito, ergo sum（我思う、

故に我あり）」のデカルト（1596～1650）をも納得させるに足る相当な
理屈をこねなければならない（——こねきる自信があるだろうか？
しかも「その自信が私にはある」という思い、つまり思考から、当の
"私"を追放して消し切る自信も含めての話である）。

　それで、「諸々の業や業果」という、集積的ではあれ分別的な諸概
念を実際上は使い続けざるをえず、「「私」という概念も含めて概念使
用の継続はやはり問題だな」と実感できれば、唯名論的傾向にともす
れば安心しがちな仏教者でも概念実在論を他人事と看過するわけにも
いくまい。実際、多項主義者（pluralist）であって、一時は普遍実在
論の傾向の強かった B. ラッセルが「本当に存在すると言える（論理
的）個物」をたずねて唯名論に強く傾斜し(2)、クワインもこれに同
調したが(3)、西洋哲学者の中では実在論をとる人の方が多いのが現
実であり、「唯名論が正しい」と安直に思うべきではない。それに既
述のように唯名論も主述分別を認めるという意味でそもそもが有自性
論なのであり、無自性論には遥かに遠く及ばない。

　　（1）ここでは存在否定言明は除いて考えておく。存在否定文の問
　題は重要で、述語論理学の創始者の一人であるラッセルの存在論的な
　問いの出発点となった。例えば「人魚は存在しない」において、この
　文は有意味だが、存在しないはずの人魚がどうして存在するものであ
　るかのように主語になりうるのか？という問題である。つまり「非存
　在とされるものが何らかの意味で在るとされるとは？」という疑問で
　あって、この問題は「考察二．1―1」（104頁註（5））にも関わる。

　　（2）ラッセルの「論理的原子論」では「私」は「これ、あれ」と
　並んで論理的個物を表わす指示語とされる。最近ではこの問題がこの
　形では登場せず、「自己同定」の問題の形で論じられる。

　　（3）クワインのテーゼとは「存在するものとは話題になっている
　領域で変項となりうるもの」だが、これは「話題に応じて存在物が決
　まる」ことを言っているものと思われる。それで、このテーゼを、例

えば"話題になっている物語世界、歴史の世界、宗教的世界などに応じて決まる"という具合に解することができ、柔軟そうに見えるのだが、クワインはやはり唯名論的傾向が強く、物理主義者であって、文が構成する人間の知識・信念のシステム系（概念機構）が指示する（refer to）世界を基本的に科学が対象とする自然に置き、唯名論にふさわしく、この世界に基本的に存在する物（＝個物、individuals）のレベルに最終的な照準を合わせるべきだと考えているようである。

## 3—3．原則 Δ と自性・他性の相関性

あらためて注目すべきは、有自性論に対する龍樹の批判が、諸特徴が脱着可能なものにすぎぬなら「自性」を持つ基体がのっぺらぼう化するゆえに実体一般が不可知となるということに基づくのでなく、複数の自性実体の相関性を漠然と衝いた批判だという点である。即ち、批判の鉾先が「特徴づけられるもの—特徴づけるもの」——「基体（実体）—特徴」という「自他、因果」などの対概念も共有する相関性に向けられ、「対応している相関的ないかなる関係も不成立」という線に沿った批判だと診断されるのであって、むしろ素っ気ない批判とさえ映る。いずれにせよ私どもがこの際留意すべきは、「恒常な実体の存在などは疑わしいから」という現代人が同調しがちな経験論的懐疑論の立場から龍樹が批判を行っているわけではないことである。ともあれ前掲の「5.2、5.4」偈（23頁）が「アナートマン（無実体）論」を正統に引き継いだ偈と見なしうるのは確かであって、「基体—属性、様態」という相関的分別の不成立は、これ以降も仏教の中心的な主要哲理となっていく。

主述の相関性に代表される、ことばによる思考が垣間見せる不定性、その意味での不審点(1)を龍樹は鋭敏に嗅ぎとる。しかも「あれっ、どこがおかしいの？」とこちらがもたもたやっているうちに分別—総

合的思考の無意味化を瞬時にやってのけるわけである。その無意味化のプロセスをスローモーション化してみると、——まず龍樹は「自性」に「独立存在、単独存在」の意味をも込めるが、このとき「独立、単独」なることばに、喩えて言うと私どもが「独立国家」と言う際よりも遥かに強い意味を込める。当の原則を再掲する。

**原則Δ（デルタ）：他に依存して、それが存在する（「～である」）ようでは、それは"独立存在＝自性"とは言えない、言わせない。**

それで、藪から棒の言い方で恐縮だが、この原則は客観的な事実を映しているというよりも、むしろ要請なのである。だから、これを「自性」ということばの使用に関する要求だと見なすとしたら、その方がむしろ正解に近いであろう(2)。この場合、「客観的事実の記述であるよりも、要請」という原則Δの含むところは大きい。というのは、仮にこの要請をいったん受け容れるならば、例えば、相互に依存しなければやっていけない国際関係において「自性を持つ」という意味での「独立国家」は多分に一つもないことになるからである。仮に、そんな独立国家や無人島生活者（単独者）が事実的に存在するとしても、そういう事実の指摘はこの原則Δの前ではまともな反論にはならない。なぜなら、そのような国や人が、もしも自性を有すものとして、諸々の他（因縁）に何らかの意味で依存して存在すると考えるとすれば、この原則に基づいて、「それは自性を持つ（"国、人"である）とは言えない・言ってはならない、認めない」と龍樹は要求しているに実質的に等しいからである。問題はこの棒線部の「依存性」をどのように解するか？である。

（1）この不定性、不審点は我々の思考の柔軟性とも見なしうる。「2―1」13～14頁で述べたように、「実体―性質」等の存在物の違いがその時々の「思考における主述という位置づけ」の違いでしかなく、また、不可逆的な継時的因果関係は相関的ではないのに、相変わらず

「因である、果である」なる主述的な分別思考が、因果関係を形成する個々物について言えるゆえに相関性を有す。相関性についてはさらに38頁註（1）、「非対称的関係」については63～64頁註（2）を参照。

（2）とはいえ、これは「自性」ということばの使用法を龍樹が勝手に要求・捏造したというのではない。「自性」を「独自存在、独立存在」の意味で「dravya（実在的な単体）」などに適用するのはインド仏教に広く見られることで、龍樹が「自性」の用法を勝手に決めたというのではない。

「15. 1」偈には「自性が他の因縁によって生じるとするのは不合理」とあり、「15. 2」偈では「自性は他者に依存するものではない」と言う。この場合「因って」でも「依存して、縁って」でも「観待して、相待して、相関して」でも何でもいいのであるが、要するに「自性とは他に縁ってあるもの、あるようになるものではない」と言っているわけである。「あるようになる」とは「15. 1」偈の「他の因縁によって生じる」も当然に含む。それで、仏教は森羅万象を縁起でもって捉えようとするのだから、この際この「縁ってあるもの、あるようになるもの」の適用範囲を大きく広げることが許されている、あるいはむしろ、そのように観ていくことが求められているとさえ言っていいと思われる。

そうすると、主語・述語の表示物が互いに思考の構成単位として、あるいはそれ以前に思考が向きあう対象的な事象として「縁ってあるもの」らしいことは前掲の「5. 2、5. 4」偈（23頁）で見たところであり、また、こういう主述関係のみならず、例えば芽が地表に出ていれば土中に種があると"分かる、推測できる"という具合に、その知が生ずること自体が縁起（の過程の結果）にほかならないのだから、そういう認識知や推測知という結果も「縁ってある（ようになったもの）」の中に入れて全然おかしいことはないのである。

36

　ここでまず注意すべきことは、いま述べた「認識知」や「推測知」は実証的な経験によってその真偽が確かめられるもの（＝経験的知識）だけに限られるのではなく、言ってみれば、そのことばの使用約束（≒ことばの意味）に基づいて或るもの・ことを認識・推測するような、そんな知（論理的知識、分析的知識(1)、言語ゲーム的な概念枠に基づく知）もその領域内に含まれているということなのである。簡単な例として「この子は迷子だ」で考えてみると、この子供はどこの子か、名前も全然分からないのだが、どこかに「親がいる、いた」のは確実である。あるいは、「北」がどの方向かがいったん決まるならば、その反対方向を日本語で「南」と言うにせよ何と言うにせよ、ともかくも反対方向が日本語の概念で言う「南」なのであり、「東西」もまた（磁石盤コンパスで一々確かめずとも）推して確実に知ることができるわけである。

　　（１）真偽の確定に観察などの実際の経験を必要とせず、ことばの
　　意味を分析するだけで真偽が決まるので、「分析的知識」とも言う。
　　あるいは、考えるだけで真偽が決まるので「理性的真理」とも伝統的
　　に言われてきた。言語ゲームの概念枠については後述。


　推測に"縁って（考えられて）ある"ようになった知でしかないのに、これらは何ゆえに"確実"か？と言えば、それは「親―子」「東西南北」ということばの使用約束に基づくわけで、これから龍樹が問題にしようとする「自―他」なる相関的な対概念もまさしくその使用約束・意味に基づいて対を成している。この場合「自ら、自身、自分」が（漠然とではあれ）概念＜思考(1)として生まれつつあるのならば、「自らでないもの」という形で「他」も同時に概念的に生じつつあることであろう。この「〜でないもの」を「他人」と言うか「他のもの」と言うか、それは後の言語学習によって学ぶことである(2)。

　　（１）小論での記号「＜」を便宜的に「広くは」の意味で用いる。

例えば「概念＜思考」では、あることが「概念」について言えるが、広く「思考」全般についても言えることを簡略に示すために使う。反対に「＞」は「狭くは」の意味で使用する。即ち、文章の流れとして前項について論じたが、そのことは前項をより絞った後項についても言えることを簡略に示す記号として使用する。

　（2）現代の論理学では否定「〜でない」を一番基本的な論理語と見なす。現実にも「自らでない、非自」なる概念の方が「他」なることばよりも容易に習得されるであろう。なお、論理的知識については「考察三．3—1」にまとめて述べたが、これに準ずるものについては適宜触れる。


　このような語の使用法＝意味の相関関係に縁って在る論理的な推量知については今後も適宜触れることにするが、このように"推していく"などの行為（意業）の果を含めて、龍樹の偈は「他に縁って（考えられて）あるようなものは自性ではない、自性を持たない」と言っているのだと拡大的に解していくことができるのであって、このとき、原則Δをはっきりと意識してこの思考過程をたどっていくならば、いま述べたことがなおいっそう明らかとなることであろう。それで、既にタネ明かしをしたも同然であるけれども、早い話、龍樹はここでは既に「他に縁ってあるもの、ありうるもの」の中に「広い意味で論理的な相関関係にあるもの、理屈の上から相関的に在ると考えうるもの」も含ませているのである——この点は小論の以下の論述において極めて重要なポイントとなる——。

　どういうことかをもう少し述べると、他国との人的交流や経済交流が本当にまったくない"独立国家"である"そんな国"が事実的にあるとしても、他国（私どもの自国を含めた諸々の他国）が存在することに縁って「その（独自の）国である」のだから、「その国は自性を持つとは言えない、言わせない」と言うことが可能になった、という

38

ことなのである。だから「縁ってあるもの」に「論理的な相関性に縁ってあるもの」をも含ませた意味は極めて大きい(1)。この流れでもって、

**ものに固有の性質（自性）がなければ、他者の性質（他性）がどうしてあるだろうか。なぜならば、他のものに固有の性質（自性）が「他者の性質（他性）」と呼ばれるからである。**(15.3)

と言う。「縁ってあるもの」の適用範囲を物理的・時間的な因果関係に限定せず、論理的に相関する他なるものをも自性を持つとは認めないという具合にその適用範囲を拡大するのだから(2)、そう了解した上で、この偈の言わんとするところを考えてみると、その否定範囲が当初の理解よりも格段に広がっていることが実感できるであろう。例えば――いま、この世界に唯一なる神、絶対神が事実いるのではないかと信じてもいい、一神教に入信してもいいと思っている人がいるとする。加えて、何かしらでその人が「自性」なることばの使用原則Δに同意したとする。そうすると、この世界に或る自性存在（唯一の絶対神）が事実的に存在すると考えようとしても、それが「他（なる被造物＞当の本人）」と対置され、相関（観待）する限りにおいて、そのようなもの、即ちその「唯一、絶対」なる"自性、またはそれを持つ者"は非成立だと龍樹は言うのである(3)。そして"縁ってあるような自性"が（論理相関的に）認められないのなら、「唯一の創造者」なる自性と観待する「諸々の被造物」という自性（――「唯一の創造者」の他性）も非成立だと言っているのが、この偈である(4)。

　（１）筆者はここでは「縁って在らしめているもの」、即ち「因縁」なる語を果に対して時間的に先行するような（、そして現代人が「因果現象」と言うときのような時間的に先行する）物理的原因・条件に限定して既に使ってはいない。もっと広く「左・右（＝非左）」のよ

うな論理的な関係を既に含ませているわけである。つまり「"左"が
あって "非—左" がありえ、"左" がなければ "非—左" もない」。で
は、龍樹は縁起の中に論理的相関関係（<同時的相互関係）を含める
ように「縁起」概念を勝手に拡大したのだろうか？——そうとは言え
ないと思う。というのは、まずこれは伝統的な縁起の定式「これあれ
ば、かれあり。これなければ、かれなし」に十分に適う。次に桂・五
島著の解説（135頁）にもあるように、部派において「因縁」は細か
に分類され、しかも個別的構成要素は刹那滅だというのだから、私ど
もからすれば傍らに同時に存在するだけにしか見えない、つまり何の
因果関係もないように見える二つのもの（壺と皿）の間にも物理的な
因縁—果の関係があるとの考えがあったわけである。このような「刹
那滅で、ほとんど同時的な因果関係」が、「壺と非—壺」という "縁っ
てある" 同時的な論理的関係とそんなに隔絶しているとは言えないで
あろう。また、部派批判者としての龍樹が部派の因果論を「同時的因
果関係も含む」と解したとしても、彼の意識からすれば「部派の理屈
に乗って、ほんのちょっとその理屈の足を伸ばした」ぐらいのことで
しかなかったのではないかと思う。

　さらに、部派批判者としての龍樹の「過去・現在・未来」なる三時
の分別の否定（『中頌』第十九章）は有名だが、三時の別が非成立な
対象空間で「同時的（因縁—果）関係を認めたのか否か」と現代人が
論じても、そもそも龍樹がこの議論の意義を認めるかどうか？　何だ
か一笑に付されるような気がしてならない。また、そういう意味で文
献学的にも「龍樹は同時的因果を認めたか否か」の議論に『中頌』内
で決着をつける必要はなく、その後のインドにおける論証学の発展や
現代の視点からの批判的吟味の余地を残しておいてもいいと思う。要
するに「縁って（考えられて）あるもの—あらしめるもの」の図式で
推していった龍樹の否定的議論の中に、日常的なことばの意味に "縁っ
て（推されて）在る知"、あるいは現代の私たちが言う「論理的相関
関係<同時的関係」が（結果的に）入ってしまったのであって、龍樹
自身は物理的・時間的因果現象を跳び越えたという大ごと意識はない
と思えるのである。

　付言すると、万有引力の考えからすれば、「壺と皿は互いの重力で相互に関係している＝物理的因果関係がある」のであって、部派の考えが妙なところで支持されたかに見える。しかるに龍樹は「これは壺（＜皿にあらざる物）である」と自性分別（主述分別＜戯思考）しようとした時点で、「壺」（＜「非―皿」）なる分別の「縁ってある」ことに基づいて（――そうなると事象分別のすべてにこれが波及することになる）それらを自性存在としては断固として認めないのである。刹那にさまざまに交叉する因果関係を枚挙しようとする部派よりも、龍樹の考えの方が主張がストレート（＝論理的）で分かりやすく、哲学的魅力で遥かに勝っていると私は思う。

　（2）「ものとこと」、及び統語論の観点からして、概念であることば（の使用）に、そして縁起の定式に論理性が伴うことに関しては「考察二．〔付論〕」の200〜202頁でもう少し詳しく述べる。

　（3）ここで言う「この世界」も、（思考の上のみのことにせよ＝論理的に）「あの世界（＜他）」に依存して考えられるものであるなら、「縁って、考えられてある」のだから、自性存在としては成立しない。つまり、「この世界は」という具合に考えること自体が成立しない。

　（4）ここで注意しておいてもらいたいことを前註（1）に続き述べるならば、これは絶対神やアートマンを実際に観察してその恒常性を否定しているのでなく、「他に観待して（考えられて）ある」ということに基づいて否定していることである。「「神が事実いる」と確かめられないから、絶対などの諸属性を持った神など存在しない、疑わしい」ではなくて、「「縁って（考えられて）あるもの」に自性を賦与すること自体を認めない」と言っているのである。これは宣告であり、私どもに同調を求めているのであって、いわゆる「アートマンや神の非存在の（実）証明」ではない。

## 3―3―1．相関性の電撃的拡張とその余波

　ちょうどいい機会なので、「戯思考」を論じているいま、論理性の問題と絡めて二、三の概念枠の事例に言及し、これが龍樹の考えの理

解の上で極めて重要であることを示しておきたい。それで、ここで言う「概念の枠（conceptual framework）」とは、「左」ならば「左でない（＝右である）」、「北」が決まれば「南と東西」の方向が決まるというような複数のことばがかかわる枠組みのことである。ペアやトリオを成す論理的な相関概念がこの枠の中に収まることはいうまでもないことだが、純粋に論理的な関係ばかりでなく経験的に立ち上げられた"諸概念から成る枠組み"も、この「相関するもの」の中に入れて考えてもいいのである。だから、この場合、先に若干触れた"言語ゲーム的な相関性"で十分である。

　「言語ゲーム」とは後期ウィトゲンシュタインが指摘したことであるが、要するに私たち人間がことば・概念に関する幾つもの枠組みの中で互いにやり取りしながら生活しているそのさまを、あたかも相互がルールに基づくゲームに参加しているかのようであるとしてウィトゲンシュタインがかく名づけたのであって、そんなに理解しづらいものではない。桂・五島著にも西洋哲学の黒崎宏氏の著からの引用と紹介がなされているので(1)、それを要約し、説明のために新たな事例を付け加える。

　例えば「屋根」は「家」を構成する部分であり、「家」があってはじめて「屋根」は屋根たりうる。この場合、家ができ上がる時間的順番から言えば屋根や部屋などの部分が先に姿を現わすのであろうが、「家」という全体的な概念枠からすれば、屋根や部屋を欠いた家などは想像しにくく、したがって「家」という概念は屋根や床の概念と切り離しがたく結びついており、その意味でこれらと意味的に相関していると言っていいわけである。

　なるほど（災害時に見られるように）「屋根のない家」が考えられない、ありえないわけではないから、その相関性は、「屋上」があれば「屋下」もあるはずという純粋に論理的な相関性とは少し具合が違

うかもしれない。しかし言語ゲームというのは、ごく一般的な語の使用約束（意味）に基づくと言ってもいいので、「屋根のある家、部屋を持つ家」を、「家」ということばの使い方を含むゲームという約束ごとに基づく一種の論理性によって連想することは、ある意味で自然なことである。あるいはもっと広く、「（一軒の）家」から「家でない周囲の建築物や立ち木、公共空間」などを思い浮かべても許されるであろう。それらも「家」にとっては「他」である。それで、「自性が不成立なら他性も不成立」とは、「家」なる概念が不成立なら、こんな具合に「家」にとって「他」である諸概念「屋根、部屋、…、道路、庭」なども成立しないと推していっていいということなのである。

　あるいは、この言語ゲーム、すべての人が同じゲームに一様の強さで参加しているというものではなくて、例えば真宗徒ならば「阿弥陀仏」と聞けば「凡夫、…、他なる仏の慈悲、誓願の力」と連想が働くであろうが、真宗に不馴れな人はそんな連想はしにくいということを付加しておけば、この「ゲーム」とは如何なるものかの理解を促すことになるであろう。この場合、もしも真宗その他の社会集団の教説や習慣をその集団内の約束的な言語ゲームと見なすならば、その約束に不案内の人たちがあることを連想できない、しにくいという現象の説明は容易である。また、先に述べた「業」について、それには必ず「業果」が付随するとされているとしたが、インドの人は私たちよりも業果の付随性を強くとる文化環境の中で生きていたと見なせばいいわけで、これもまた言語ゲーム的な概念の枠組みにおける特定のことばの間の相関関係によるとしていいであろう。ともあれ、もしも「家、凡夫、業、主語」などが、このように「他と相関している」という意味で分別的な戯思考にすぎないなら、その場合、他なる「屋根、公共空間、…、仏、業果、述語」も分別的な概念的思惟・戯論になるということが肝心なことである。

　さらに余談めくが、概念枠とその相関性を肌で実感してもらうために、いささか唐突に思われる事例に触れておくと、──例えば「心は三次元の延長体だ」と真面目な顔で言われれば、非延長性を心の本質と見なす考えがまだ一般的である現代にあっても(2)、「それ、本当にそう思っているのかい？」と誰だって疑義を呈することだろう。けれども「心の中で（in my mind）」が現代語・ことばの枠組みとして成り立っているのであれば、「心の上っ面だけで」や「心の奥底」も成立すると認めざるをえないであろう(3)。この場合「心の底」や「心の裏側」、及びこのように表現される何らかの心の状態があると推測する、その推測知（憶断）も含めて、これらが「他（＝"心を空間化した概念枠"）に縁って考えられてあるもの」の中に含まれるのは最前述べた通りである。だが、これらが当の戯論・戯思考だと断じられる可能性が大いにあるとすればどうであろうか。

　というのも、「心の奥底のさらにどこか？」と、より詳細な場所の特定を求められると、本人もそれ以上は答えられないからである。──自分の心なら、自分が一番親しく、一番見知っている（＜観察・実感している）はずであるにもかかわらず──こうなのである。あるいはまた、心の延長性を当たり前と見なしているかのように「君のことを心に刻む」は"通用する"として、その刻む空間を「心の右隅、左手前の奥」とさらに特定しようとするなら、いくら何でもそんなことは意味を成さぬと抗弁するであろう。しかるに、ここで言いたいことは、心の延長性を認めるかのような口振り──使用している一連のことばの概念枠（概念系）の理屈から言えば、このような「右隅、左手前」なる或る心のあり場所・あり方に関するこじつけ半分の言い方（推しての思考）も、「心に関する諸々の一連のことばに縁って考えられて在るもの」の中に含まれていても何も不思議はないはずなのであり、"推していく"という行為（業）に縁って結果する推量的な"知

見"であるはずなのである。

　なぜ"はず"か？と言えば、心なるものを日常語では「三次元の延長体」であるかのごとく喩えているからであって、「心の中、上っ面、奥底」が成立するのならば、それがいくら喩えにすぎないと思ってはみても、物理的空間において「右上から10cm、左隅から１m」が成立するのと同じように、心の中のどこかをもっと詳細に特定することばも成立していておかしいことは全然ないはずだ、と言いたいのである。したがってまた、「熱き情熱」ならば体温何度で、「心が広い」なら何畳の広さなのかが、日常の心的言語の中にあっても不思議はないはずである。というのは、心をあたかも延長体である物であるかのように見なす概念枠、したがって、それに依存した実に多くのことばを私どもは先々の世代から単に継承したにとどまらず、「頭に来る、プッツンする」など、明らかに"物に喩えられた心"に基づいた新語さえ造り出しているからである。この造り出し方は論理的だとは決して言えないが、しかし、一定の概念枠から「引き出す（deduce）、引き出される」という意味で、「〜に縁って」であることは間違いない。

　こういうことは仏教において中観派と双璧をなす唯識の中心的見解、及びその理解の仕方に直ちに響いてくるであろう。というのは、いま私どもは経験的に形成される「言語ゲーム的な概念枠」を考え、「論理的な相関関係に縁って」を広く捉えようとしているのだが、その場合、龍樹の念頭にある「縁ってあるもの」、つまりは「自性があるとは言えないもの」の領域の中に心・識に関する危なっかしい概念枠（に縁るもの）も十分に入ってくると考えられるからである。つまり「心の内奥」に関する知見・概念"が、主述文の成立以前の問題として"まともな、ちゃんとした自性があると考えられる知見・概念"と言えないとすれば、同様にして「心に潜在する識」(4)も「それ自身がまさしく戯的な概念枠に縁って（考えられて）あるもの」にすぎな

いことになってしまおう。それで、もしも唯識の中心的教説が、自性
を欠くことにおいて通常の主述判断以前のものでしかない戯の概念枠
（戯思考）に基づくとすれば、龍樹の否定の及ぶ範囲は「如来蔵（仏
性）」や「功徳を積む」等の諸概念で中心部を飾る後代の大乗教にも
広汎に及ぶであろう（。その意味で「八宗の祖」とは反対の呼称もあ
りうると改めて見直してみるのも悪いことではない）(5)。

　ともあれこの事例で示したかったことは、私どもの心的な日常言語
が特に戯論に染まっていると十分に疑いうることである。それで、や
や雑駁なことになったが、以上のことをまとめてみると、ここで言う
論理的・演繹的であるとは、実際の観察などの経験に頼らず、使うこ
とばの意味を頼りに（＝に縁って）推していくことだから、このよう
な推量的な知という結果的知見・見解も、やはり「他に縁って（考え
られて）あるもの」なのであること(6)、そしてこのことはまた、推
察・推量の結果（認識、思考）を因縁として生じる業（煩悩や執着）
や業果にも当てはまり、これらも多様な戯思考の発現の仕方と見なす
しかない──と一括りにすることができるということなのである。

　　（1）ただし五島氏が注意しておられるように（251頁）黒崎氏は「A
　とBには各々に相対的自性が存在し、AとBとが相互に依存しあう
　ことが縁起」と解されている。桂・五島両氏はこの種の「相互依存の
　関係」を縁起と見る解釈には反対で、小論もこの反対の立場に与する。
　龍樹の本来の立場はもっとラディカルで、AとBが別々に相対的自
　性という"控えめな自性"を有すとさえ認めないと思う。この論点に
　は「8.12」偈が大いにかかわるが、それは「考察三」冒頭で論述。

　　（2）心と物質を対立する二元と見なし、物質の本質を延長性、精
　神・心の本質を「思うこと一般、非延長性」と見なすのが、いわゆる
　十七世紀以降のデカルト的な心身二元論である。それ以前は心に何ら
　かの延長性を認めていた（魂、気という流体、心臓中の空所にあるアー
　トマン）ように思われ、それが「心の中、奥」という独特の概念系と

して現在も残っているのであろう。この種のことは、ことばが公共的なものでありながら、戯思考にすぎない概念系に依る語業によって社会的に通用するイメージ（思考＜意業）が形成されることの好事例であるかもしれない。

（3）この種の日常的な「心＜精神」の存在やそのあり方に関することばは現代人にとって興味深い問題を含んでいる。心身二元論と因果的行為論に関しては拙著『他力を』81頁以下で述べたが、「縁ってあらしめているもの─縁ってあるもの」なる関係が論理的関係か物理的関係か？が関与するというのであれば、38〜40頁の註（1）、及び「考察二.〔付論〕」（200〜201頁）参照。

（4）唯識学派も「すべての事象は依他起性である」と中観派に倣うかのように言う。しかし私がもし中観派の一員だったら、「潜在識」や「アーラヤ（貯蔵場所）識」と喩えた時点で、この派は心・識に関する既成の危なかっしい概念系に縁って（→依他して）中心的教説を展開しているのだから、その意味で学派の根幹が"戯思考・戯論"にまみれているのでは？と批判したいところである。

（5）真宗では「自力─他力」、「仏─自己」が中心的な分別的相関概念である。しかるに無分別の境への憧れを先祖返りのように「無心の念仏、絶対他力」などの形で強調しすぎると、「凡夫は分別から離れられない」という教義と軋轢を起こしがちである。本書は今生では分別的相関性から脱却不能という立場を徹底した方がいいとの立場をとる。その意味で私は、無我論よりも世俗的な社会的人間（person）であることを強調したいのであり、現代のプドガラ論者だと自認する。

（6）本節では無自性論の批判の対象に、概念としてアーラヤ識やマナ識を説く唯識学派も批判対象に入りうることを匂わせたつもりである。潜在的であれ何であれ、心内の或る状態を概念的に説くのならば、それは有自性論だと見なされるのであり、主述思考における相関的な概念になると見ていいのであって、龍樹の批判対象の範囲内に入る。加えて、普遍の存在の認否に見られるように、そもそもが「心・識（なる概念的存在）」が"手軽な魔法の小箱"でもあるかのように、抽象作用やアポーハなどの複雑な機能や働きをこれに負わせる心理主

義的傾向には要注意である。いくらブラックボックス内のこととはい
え、唯識学派は有自性論の経量部を踏み台にして事物を概念的に思惟
することを容認しているように思え、観念論的な戯論臭が漂う。


## ３─３─２．有無も変化も不成立

　前述「自性、他性の共倒れの事態」は急膨張し、「存在するもの一
般の不成立」なる帰結に変貌する。なぜなら自性（svabhāva）と他
性（parabhāva）の（無数の）対で「bhāva＝存在」のすべてなのだ
から、「存在するもの＝有」一般が不成立となるしかないのである。


　　**さらに、固有の性質（自性）と他者の性質（他性）とがなければ、
どうして存在するもの（有）があるだろうか。なぜならば、固有の
性質（自性）と他者の性質（他性）とがあってはじめて、存在する
もの（有）は成立するからである。**(15.4)


　それでかくのごとくであれば、次に、「有」と相関する「無」もま
た不成立となり、さらには「有と無が不成立なら変化も不成立」なる
結論に至っても何ら文句は言えぬが、このあまりの急転直下の論理展
開を、鈍足なりに追尾するために我らなりの次のような理窟を挟んで
フォローしても許されるであろう。──「SはPである」が「SにP
がある」に置換され、自性Pの存在言明に変身することは既に述べ
た。だがこうだとなると、少し鋭敏な人なら、「Pである」が不成立
なら、これと論理的に相関する（＝縁ってある）ところのこの否定「P
で（が）ない」も不成立なこと(1)、あるいは「自性─他性」に照ら
して相対する「not-P」の不成立にも話が及ぶと気づくであろう。そ
して「Pで（が）ない」であれ「not-Pで（が）ない」であれ、これ
らは"有"と相関する"無"と深く関わり、「常ならず、変化する」

とは「～であるもの（＜有）が～でないもの（＜無）になり、異なったものになる」ことにほかならないのだから、変化さえも不成立なこと——これはつまり「諸因縁によって事物は因果的に変化する」を支持するどころか、否定しかねないわけで、実際、次の二偈は実にあっさりと無も変化も否定している。

　　もしも存在するもの（有）が成立しないならば、存在しないもの（無）は決して成立しない。なぜならば、人々は、存在するもの（有）が変化した状態を「存在しないもの（無）」と呼ぶからである。(15.5)
　　もし何かが本性として存在する（有）ならば、それが存在しないこと（無）は起こり得ないだろう。なぜならば、〔ものに本来備わっている〕本性が別の状態に変化することは決してあり得ないからである。(15.8)

　この辺り、無常とは一切の事物が変化することだという普通の感覚からすると、変化を否定するなんて、そうすんなりと首肯できることではない。だが無自性であるとは、まずは「P」という分別的概念が不成立で、それゆえに「Pである」なる述定が不成立であること、即ち「「Pである」ことはない」(2)こと、それゆえにまた多分に「Pでない」こと、及び、Pなる自性が成立しないのだから、Pの対立的自性（＝他性）である「not-P」なる否定的概念も成立せず、したがってまた、多分に「「not-Pである」ことはない」等と推していかざるをえないわけである。つまり、相関性に基づく無自性論に拠る限り、「有{あ}と無{な}の不成立→変化の不成立」へとなだれ込む論理の運びから、どうにも逃れることができないように思われるのである。
　しかるに、この一連の“論理”において注目すべきもう一つの論点は、ある自性——ある分別的概念——という言わば“もの”の不成立

が、「(Sは) Pである、Pでない」という述定 (predication) ——即ち主述の結合関係という "こと (事態・事象)" の不成立へと飛び火していることである。一見しただけでは、"もの" から "こと" へのこのような移り行きは何でもないことのように思えるかもしれないが、やはり見逃すことのできない論点であろう(3)。まず第一に「変化する」とは "こと (event、happening)" に部類分けされて然るべき事象であって、そういう「事象の不成立」へと議論が一挙に飛び火・急拡大しているのはやはり注目すべきことであろう。けれども議論をそこへ移す前に、変化とは、少なくとも或るものが異なった自性を持つものに成ること (事象・事態) なのだから、「(同一) 異」という概念が "論理的に" 成立しないとする龍樹の議論をまず追ってみる。

　　(1) ここに「考察二．1」冒頭で言及する「Pでもなく、Pでないのでもない」という排中律破りと見える言明が顔を出すのだが、ここでは素通りする。後であらためて取り上げる。

　　(2) これが「考察二．2−1」で述べる「非定立的な否定」で、後々も注意を要する否定である。なお、変化<無常と無自性論の関係について、龍樹は「事物が無常だから無自性」としているわけではなく、原則Δに基づいて無自性としていることに今後とも注意のこと。

　　(3)「有・無」は「自・他」と同列の相関的概念であるように思えるが、「何かが存在する、しない」ということからすれば、「概念」という "もの"（即ち、或る対象が有する「自体性＝自性」というもの）と見なすのでなく、"こと" の色合いが強いと考えるべきである。存在性 (being) を性質と見なすのは西洋哲学でも伝統的なことで、これに基づき神の存在証明を行ったのは十二世紀のアンセルムスであった（。カントは存在を性質と見なせないとしてこの証明を否定した）。実際、現代の述語論理学において「存在量化」などに見られるように「存在」を特別扱いするのは、これが「存在性」という性質とは見なしえない基本的な "こと" であるからである。

　　この機会を捉え、小論における若干のことばの使用約束や注意を記

す。もちろんこれは解説上の使い分けであって、龍樹当人の与り知らぬことである。（小論では概ね小文字「p、q」を任意の事象の表記に、大文字「A、…P、…」を概念の表記に当てる。）

▼「もの（物）」……これを表わすのは語、語句。主語（主部）や述語（述部）が表わすそれぞれの自性は"もの"である。（自性に対応する各々の分別的概念は"もの"だが、語、語句に不可分に密着する内包としての意味（meaning）であり、語（句）そのものと見なしていい。）

▼「こと（事象、事態）」……これを表わすのが文（主述文、言明、判断、命題）であり、主述それぞれの自性の結合関係は「こと」に入る。参考までに述べるなら、「事実」とは、漠然とした「事象、事態」のうち、言明内容が真であるとの含みを持つ「こと」について常用される。このことは日本語でも英語"fact"でも当てはまるが、裏を返せば、「事象、事態」は、例えば未来のことなど、今のところその存在が疑わしく、「あの空華は赤い」のように一部幻に通じており、また現時点で真偽が不明である「こと」にも適用可能な語だということにほかならない。

▼「もの」と「こと」に跨るときは「事物」という曖昧な語を使う。

## 3―4．同一律という思考の原則

『中頌』が分別的思考を全面的に無意味化する仕方は、「自他」から「自・他性の有無の否定→有無に関する思考全般の否定」という筋道が唯一というわけではない。これは既に本考察「2―1」以降で「主述という相関的な事象判断の不成立」ということからたどってきたルートでもあって、行きつく先は「分別的思考の完全な無意味化」で同じだが、そこに至るスローモーション化された筋道は途中で分かれたり、また重複したりするルートをたどっても構わないのである。このことは『中頌』が第一章から着実に理解を積み重ねていかなければならないという類いの論書ではなくて、別のルートをたどっても、結

局は相関的概念—概念的思惟の全面的寂滅を方向づけることを示して
いると思われる。そこで、「異同」という、やや違ったスローモーショ
ン・ルートからたどってみる。

　前出（10頁）の〔1〕「あの人はハサミを使って紙を切っている」
→「あのAはBをCしてDをEする」から検討を始めるが、この
言明は各項（各存在）の分類の相異によってこのような思考文として
述べられたのであった。そうすると、各々の項の自性の異なりに基づ
いて「A、B、…」と、「分類、分別」されているのである。
　ここでは、当初は些細なことにしか思えない次のことに注意を喚起
しておきたい。——ここに相異性（「A≠B、A≠C、…」）が前提され
ているのは明らかだが、同様に「同一性」も深く関わっていること、
即ち「A＝A、B＝B、…」なる同一律（pならばp）も関わっている
ことにも留意したい。というのは、少なくとも思考を進める上で同一
性や同一律がしっかりと前提されていなければ、「A」なる或る項（自
性）に或る個別者を——例えば「山川次郎はA（人）である、龍樹
も（同じ）Aである」という具合に帰属させること自体が頼りない
営みになってしまうし、また議論の際に同じ主題を論じているという
そもそもの前提も崩れてしまうからである。
　このようなある種の不動性、固定性を分類概念・分析的諸概念に予
め読み込む・前提するという思考(1)の仕方が、プラトンのイデア、
アリストテレスの形相、そして中世以来の概念実在論となり、インド
ではヴァイシェーシカ学派の句義実在論という形をとったのだとあら
ためて確認しておきたい。そしてこの同一性なる要請的前提は部派
仏教の教説にも及び、有部は「五蘊、十二処、十八界」を交叉させて
再構築した「五位七十五法」などの諸法のさまざまな概念系の関係性
の議論に精力を注いだ。そうすると既述のように、私どもとしては無

常観を旨とするはずの部派仏教が分類概念の議論に熱を上げるあまり、外教的としか見えない普遍実在論に実質的にコミットしていたのでは？と思わざるをえないが、しかし、これを裏から言えば、それくらいに分別・分類概念には、少なくとも同一律・同一性に基づく固定性、安定性が前提的に要請されているということなのだろう(2)。

（1）文は意味を持ち、文を構成する語句もそれに応じて意味を持つ。けれども語句の意味は文の意味からは相対的に独立しているとも考えられる（『考察二．2−1」(124〜125頁)でもう少し述べる)。「語句の意味とはその使用法である」というのがフレーゲ（1848〜1925）以来の考えであるが、「それが表示する事物が語句の意味」という従来からの考えも根強い。後者の考えに従うと、語句の表示物が意味で、表示物が客観的な概念であれば、概念が不動性、固定性を持つと考えることになる。つまり、このような意味の存在を認めるか否かが実在論を採るか否かを分ける指標になるわけである。

ところが、この種の概念—意味論とまったく異なり、ことばの意味をその使用法と見なすフレーゲ流の見解のメリットは、使用法とは基本的にはそのことばに関する社会的な約束によって決まることなのだから、存在論の問題にあまりコミットする必要がないことにある。この立場に立てば、ことばの意味とは約束ごとであるから、意味の客観性（≒間主観性)、及び安定性を説明できるし、意味なる存在の非実体性を言うことが比較的に容易になる。また、「暗黙の約束、漠然とした約束」という面もあるので、意味（ことば）の変遷などの事態も容易に説明可能である。

（2）こう述べると、無常を説く仏教の本来の姿は同一性や同一律を否定することにあると思うかもしれないが、これが多分に誤解であることについては最終的には「考察三．3−1」、228〜229頁。

因みに有部の、法の「三世実有」論はこの普遍問題と直接的な関係はない。「過去・現在・未来に存在し続ける」と彼らが言うのは、「人間」や「ハサミ」、「切られつつある紙」を構成する個別的にして微細

な要素的存在(ダルマ)――これらも各々の自性を有す(1)――であって、これが未来時にも既に存在していて、時間的位相が現在時に至ると現前し、現在時点が移ると過去へと転位(落謝)する、と彼らは言うのである。この場合の「存在し続ける」の主語は概念としての普遍（universal）ではない。しかし、何故こんな概念実在論と紛れんばかりの実有説を立てたのか？――その理由として、有部は「個別の要素的存在は「有るものは有る」という同一律の論理に従うのが理であって、「有るものが無いようになる、無いものが有るようになる」は論理違反だ」と考えたようなのである(2)。

　　（1）刹那滅の個別的構成要素 $s_1$ が「自体（svātman）＝自性」であることについては27頁。

　　（2）拙著『現代の無我論――古典仏教と哲学』（晃洋書房、2003）、52頁、60〜62頁。小論26頁の「図1」で言うと、現在時が n のとき、次刹那以後の $b_{n+1}$、$b_{n+2}$ 等のドラヴィアは以前から既に存在し、現刹那以前の過去の $b_{n-1}$ 等も滅せずにそのまま存在し続ける。

　比較思想の面から見ると、そういえば古代ギリシアのパルメニデス（前六世紀）も同じような論理を駆使していたと思い起こされて興味深いのだが、しかし有部に「それなら現在時と過去・未来時の違いは何によるのか」と問うと、「現在時とは要素的ダルマが因や縁として現に作用している時点、過去時とは作用し終わった状態、未来時とは作用しようと待機している状態」と答える（小論26頁の図で現在時というカーソルが n から順次右へ移行することを確認のこと）。一応「ふーん」と納得したいところだが、「過去のことを思い返す」とき、過去時のダルマがその想起を引き起こす原因として現にいま作用していると考えるとすれば、時相の混乱を来たすことになるだろう。つまり、もしそうだとすると、それはもはや「昨日の／二日前の過去時のダルマ」とは言えなくなってしまうのである。また、業を考える際、

今のこの苦難の原因は何かと考えるに、「過去の業が因として現に作用して、業果が今まさに現在化している」と考えて悪くもないはずなのだが、このときも「過去の業」が「過去化していて、もう作用などしない」とは言えなくなってしまう。

このような問題に対する有部の処し方は"説明のための説明"とも評されかねない様相をしばしば呈し、煩瑣になりがちである。例えば想起を含む認識現象に対しては、その因果を「所縁縁—増上果」、因果応報の苦楽については「異熟因—異熟果」などと細分化して説明するという塩梅だが、いま述べたように「過去のダルマが因として現在化する」としては時相の混乱を招くから、途中の時間的な穴埋めのために「因果の順次の相続」を、出た結果に都合よく合わせて——言わば後付けの説明として案出するという具合である。あるいはまた、ある果を生じさせる諸々の先行因とは別に「生」なる特別の因を加えるという念の入れ方をするのだが、この「生」を生じさせる因を「生—生」としては無限後退に陥るから、生じさせられる果である当のダルマ自体がこの「生」の因となる!?と——有部の時間的な因果関係の基本である継時性を無視・軽視して堂々とこれを"正論化"したりする(1)。けれどもこうした"後付け気味の理論的な説明"が、因果関係を大摑みで相当に漠然たる関係と見なすのが大勢の現代の見方からすると(2)、「微細な諸々の構成要素は刹那滅」を金科玉条の命題に祭り上げ、この下で「どう転ぼうと、当の現象の因果的説明はちゃんとつく。何が不足だ」と言わんばかりなのである。それゆえ「個別的なその場限りの説明を捻出し、既成の教義をやたらと大仰に、煩雑にすることが有部の"得意技"だった」と言えるのかもしれない(3)。

しかるにこんな「異熟因果」や「過去事の想起」、「生滅」等の特定の現象に関する糾弾や究明よりも、個別の要素的ダルマの本体にはパルメニデスばりの「有るものは有る」という論理を適用し(故に本体

は三世にわたり実有）、本体の作用——これらも個々の因縁作用（＜<sup>カーリトラ</sup>運動）として各々が自性であり、固有の自性を有すはず——の生滅に関しては「無いものが有るようになる、有るものが無いようになる」を適用する（故に、現象としては利那滅）というのでは、あまりにも恣意的でチグハグである。恐らくこの適用論理の不統一が"生滅変化の主張と両立可能な三世実有論"なる奇っ怪な教説の急所であろう。

　かく三世実有論は教義としては"変"で、経量部と同じく利那滅なる無常観をとるだけでよかったと思える。しかし、この教説を切り捨てても、分類概念にまつわる普遍問題に関する有部の基本姿勢は疑惑の的<sub>まと</sub>であり続ける。これに関する私見は「有部は普遍概念の実在問題に多分に気づいていた（←「衆同分<sup>サバァーガ</sup>」というダルマ）(4)のに、頬かむりしていた」である。（このツケは姉妹学派の経量部に引き継がれ、「アポーハ」論など、私どもから見れば凡々たる「普遍—抽象・捨象」論と幾らも違わない論の案出にいそしませることになる。）

　　（1）梶山雄一（上山共著『仏教の思想3、空の論理〈中観〉』角川書店、1969）。余談だが、筆者はこの無限後退につき、「西洋論理とは別の有部、広くは仏教の論理」とする発表に驚いたことがある。「（有部という）仏教独特の論理だから無限後退との論難は不適切」と言いたかったのだろうが、「東西の異なり」を恣意的に適用すると、「考察二」の論理則破りと同様、比較哲学の基盤など何も成立しはしない。

　　（2）日常でも因果関係を、「油断がコロナの蔓延を招いた」や「昨日のことを思い出すと楽しい」など、大摑みの事象関係と見なす（小論199〜200頁）。これに対して「直前の因縁にしか作用を認めない」と有部は言うのだろうが、そもそもこの種の制約がアド・ホックなのである。アド・ホックな"因果的"説明はその一般性の欠如のゆえに類似事象に関する予知力に欠ける。ことに「異熟因—果」につき、いつどんな形で果が顕われるのか？——法則らしいものは何もなく、「運命」だの「宿世」だの、大まかな形でなら、どうとでも説明すると

いうのがそのアド・ホック性を典型的に物語る。

（3）時間の穴埋めのために経量、唯識はもっと明確に「種子—潜在識」を言う。だが、かくなる識の案出自体が「間に合わせ」で、心に面倒な問題の解決を押しつける過度の心理主義は要警戒である。

（4）「衆同分」とは、ともに分け持つ共通性、一般性（generality）のことで、個物によって分有されるイデア、普遍に通じ、内包的な概念（≒意味）だと見てもいい。

## 3—4—1.「異同」からの重複ルート

さて、本考察3節以来の課題は、徹底の度合いで分けたうちで「最もラディカル」と見なしうる部分を検討することである。それで、遅ればせながら断っておかねばならないのは、「ラディカル」とは「龍樹師の説示は正しいかもしれませんが、「正しい≒正統（聖道である）」と「あなたに従います、実行できます」とは別です。(そして"別"とする私の直観をゆっくり考えて、後ほどことばで示したいと思います)」との含みからである。

初期仏教の教説の核は言うまでもなく縁起観であって、諸事物の無常を説くことであった。釈迦は諸々の構成要素を五蘊などに分類し、諸々の因果・縁起関係を説いたのであるが、龍樹が説示しようとしたのは、まさしくこれらの「因—果」をはじめとする分別概念や分類概念の非成立の境であり、無自性で、どんな主述的・概念的な思考も成立しないこと、及び、ことば・思考に伴う論理性（今後述べることからすると矛盾律などの論理則）も勝義としては不用・不必要なこと（ただし、「不要」は「正しくない、不成立」とはまったく違う）である。すると、中観派は外教や部派仏教のみならず初期仏教の、少なくともことばによる教説をすべて否定したことになる（本考察「1」で引用の「25.24」偈）のだから、普通の人間、現代の仏教徒からして、「ラディカル」と評すのである。

　「自他」に続いて、ここでは「異―同」なる"自性―分別"を検討
するが、まさに「異と同」が成立すると考えるがゆえに、「自・他」「因・
果」、「異なるものへの変化」が成立すると言えるのであろう。そして、
これらの分別が「成立する」とする限りにおいて、「これらは自性を
持つ」はずなのである。ところが、龍樹はこれらの分別の基底にある
「異―同」なる分別も鎧膠<sub></sub>もなく否定する。

　　あるもの（甲）に依存（観待）して、別のもの（乙）は「別なも
　の」であり、甲がなければ、乙は「別なもの」ではない。しかるに、
　甲〔あるいは乙〕に依存（観待）して、乙〔あるいは甲〕がある以
　上、両者が異なることはない。(14.5)

　「別なもの」であれ「別のもの」であれ、要するにこれは「甲と乙
とは別である」なる特定の述語が表示している特定の自性である。し
かるに、この自性（「別であること、異なること」）は、甲や乙（なる
自性の存在）に依存して成立するのであるから、先述の原則Δ<sub>デルタ</sub>に基づ
いて自性の資格を剝奪される。つまり、甲や乙との間の関係が自性を
欠くこと――即ち、「甲と乙とは異なる。甲は乙と異なる」という、
述語が表示する（関係という）自性は「存在しない。自性を持ったも
のとして述語になりえない」わけである。だから、

　　もしも甲と乙とが異なるなら、甲がなくても、乙は「別なもの」
　であるはずだ。〔しかし、〕）甲〔あるいは乙〕がなければ、乙〔あ
　るいは甲〕は「別なもの」として存在しない。したがって、別異性
　というものは存在しない。(14.6)

と述べるのである。この「甲、乙」は「A、B、C、…」の任意の複

数項に容易に読み換えできる。したがってこの偈も、これらの事物の間の関係として前提されているはずの「別異性」が非成立であると説示しているのであって、これは依存性・相関性という議論の流れからして十分に了解できる。要するに、この偈の結論も「別異性（という自性）はない」である。ところが、続く「14.7」のa句に至ると、一瞬とまどうかもしれない（筆者もその一人である）。

　　**「別なもの」に別異性は知られない** (a)。**「別ならざるもの」に別異性は知られない。さらに別異性が現に知られないとき、「別なもの」も「同じもの」も存在しない。**(14.7)

　しかしながら、とまどいの一方で、a句の傍線部のみに注目してみると、「～に別異性は知られない」とは、「～に別異性はない」、または「～に別異性があると認められない」の言い換えであるから、a句は「任意の二項には別異性はない」と述べているだけであって、前偈「14.6」の結論を繰り返しているにすぎない。このことはまた、一般的に「あるもの・ことが知られない」とは「それが存在しない」を意味すると解説書にもある（桂・五島、7頁）ことからしても裏打ちされる。ロシアの諺に「真っ暗闇で黒猫を探すことは、特に黒猫がいない場合は難しい」とあるそうだが、この場合ぴったり当てはまる。
　しかるに、以上は傍線部にのみ着目して、前の偈の結論をそのまま受けただけの、言わば"流れ作業のように機械的に出しただけの結論"でしかなくて、とまどいを覚えるのは、波線部と傍線部をくっつけたときであろう。つまり、a句の鍵括弧を外して素読みしたときに現われる「別なものに別異性はない」、あるいはこれを少し変形した「別なものは別異でない」→「別なものは別なものでない」で考えてみると、これに肯くことには大いにとまどいを覚えてしまうのである。

——この破線部は主語を繰り返しているにすぎないのに、それを否定し、非成立とするとは——こんな同一律を侵すようなことはとても容認できない。なるほど括弧を外して素読みし、いささか変形させたとはいえ、a句と同義と思える言明「別なものは別なもの—でない」に肯かなければならないとは！——というわけである。

　同一律は矛盾律や排中律などと並んで、「思考が思考である」ための——半世紀前ならば或る哲学流派では「事象・思考の事実法則」とさえされていた——遵守すべき論理法則である(1)。ところが「仏教の聖人・龍樹にあってこそ、矛盾律や同一律などの思考の論理を侵しえた、西洋的な思考を超え（た思考の道を開きえ）た」と語られたりする。だが、これが果たして龍樹に対する讃辞になるのだろうか。私にはこれが龍樹を賞讃する言とはとても思えない。なるほどこの言い草はナショナリズムに似た仏教びいきの情感をくすぐりはするが、この種の言は結局のところ「中観の“思考”なんてわけが分からず、支離滅裂だ」なる悪口と隣り合わせであると思え、仏教に対する侮蔑を正当化する理由にもなるのでは？と思ったりする。もっと言うなら、「龍樹は論理則を破ってみせた」と“解説”するなどは、それに賞讃の意を込めているならなおのこと、解説者が「解説する」ことを自ら放棄したに等しいとさえ思うのである。

　思考がまともな思考と言えるためには、西洋も東洋もないはずで、同一律や矛盾律をはじめとする論理は守られていなければならない。それが守られず、「滅茶苦茶でいい」では、何が「考えること」に値しようか！（——思考の最終段階であれ、どの段階であれ、滅茶苦茶でいいなら、何かを発言したり、レポートをしたためる際に、筋をできるだけ通し辻褄を合わせようと、あるいはこれで他人に矛盾なく理解されるのか？と、誰が苦労などしようか。——そんな苦労には何の

意味もないことになる。だからこそ、本考察冒頭で「煩悩即菩提、主客未分」などの「対極にある日常的な概念的思惟、分別的思考の何たるかをもっと着実に知るという方途・方策をとろう」（9頁）として、かくのごとく格闘しているのである。)

（1）考えているうちに矛盾状態に陥る場合が事実ある。しかるに事実的に矛盾に陥った思考は、一応"思考した"内に入るかもしれぬが、「しっかりとよく考えた思考」の内には本来的に入らない。帰謬法は、そういう矛盾に導いた"思考"を放棄して、別様にまた考え始めなければならないことを命ずる。だから論理則は「思考の事実的な法則」というよりもむしろ「律」の性格が強いのだから、「これを侵してはならない。侵せば、まともに考えたことにならぬ、違ったように考え直せ」と、その遵守を求めているのである。――「これではにっちもさっちも行かない、ダメだ」と直観的に思ったら、人は"矛盾に陥った"と意識せずとも、別様に考える途を模索する。その模索も、明確に意識せずとも、何らかの理に従って模索するはずである。「しっかりとよく考える」とはどんな条件を満たした思考であるのかはむずかしい課題だが、途中で矛盾に逢着してそのままにしたり、考えることを放棄したりするのでは、少なくともその条件を満たしているとは言いがたい。ときに論理則は「形式論理」と言われ、この「形式性」を"実質"にいささかも関与しないものであるかのごとく軽んじる風潮があるが、後述のようにそんなに単純な話ではない。

## 3―4―2.「異なる」という一様性

矛盾律の認否などに関するこの類いの尽きぬ話は後でまとめて考える（「考察二. 2―2」（134頁）以下）ことにして当の論点に立ち戻る。同一律（「P＝P」、「pならばp」）は矛盾律などの他の論理則の陰に隠れていてあまり目立たない。だが、これはやはり重要な論理則であって、なるほど鈴木大拙は「即非の論理」をあたかも"東洋思想の真髄"であるかのごとく論じたが[1]、大拙に肯かねばならない必要

などなく、同一律が東西共通の思考上の原則として保持できるのであ
れば、これを守る方が明らかに普遍的で、分かりやすく、遥かに善い
のである。それで、先述の状態を打開するヒントはまさに「同一律」、
「同一性」から与えられ、さらには前節から考察してきた「自・他」
も助け舟を出してくれると思う（。しかしながら、普通、この種の事
態に直面したとき、心得るべきことは、「龍樹はそんなに錯綜極まり
なきこと、辻褄の合わぬことを述べているはずがない」ということで
あり、辻褄が合わないといったんは思っても、とりあえずは彼の言を
信頼し受け容れて、己れの解し方を吟味する機会とするのが一般的な
心得であろう――語り手に対する信頼仮説については「考察二．２―
２」～「２―３」（144頁）などで取り上げる）。それで、a 句の再掲文：

〔8〕「別なもの」に別異性（＝別なること）はない。

における波線部「別なもの」に着目すると、これはこれ自体で一つの
自性であるのであった。「"別なもの"という一つの自性」とは、対極
の「"同じもの（one and the same）"という自性」と対峙する（～に
依って概念的に成立する）ことによって「一つ」なのではあるが、例
えば「甲、乙、…、Ａ、Ｂ、…」において「Ａと乙は異なる」「甲とＢ
は異なる」…と言うときの"「異なり」の異なり具合が相当に違って
いる"としても、やはり「（他と）異なる（＝be different from）」と
いう自性を持つことにおいて、一様（同じ、as〜as、be like、be simi-
lar）であるという点で、「一つの（自性）」と言うのであろう。

　実はこの辺り、論点が細かくなるが、「甲は乙と異なる」とは二つ
の項が関係することにほかならぬゆえに、「関係」とは、「普通の性質」
と違い、被関係項たる「甲」、「乙」の外に"第三項である関係"が存
在すると考えるべき特別のものか否か――という多項主義者と一元論
者の、あるいは外的関係論と内的関係論との論争があった箇所である。
それは二十世紀初頭だから、そんなに昔というわけでもない。前者を

代表するのが若きラッセルであって、ラッセル（1872〜1970）は当時のブリティッシュ・ヘーゲリアンの重鎮であったブラッドリー（1846〜1924）に果敢に挑んだ(2)。けれども、大まかに「関係も性質の一種」と見なし、ごく当たり前に考えるなら、ＡとＢの異なり方は甲と乙の異なり方と「異なる」であろう。例えばＡとＢは形に関して異なり、甲と乙は材質について異なるのであって、その異なり方はさまざまに異なる。しかし異なり方がいくら異なろうとも、対極の「同じ」なる自性との対照において、「異なる」という「一つの共通性→自性」について「一様（→同じ）」なのである(3)。何のことはない、「固有性」は同種の物の「共通性」でありうるから、「別なもの」も「共通の固有性」でありうるわけである。それゆえ〔8〕は、

〔9〕「別なもの」という自性に別異性（＝別なること）はない。

＝〔10〕「別なもの」という自性は（、一様である限り、一つの共通性として）別異性（＝別なること）はない。

と述べているまでのことであって、同一律を破る、破らない云々の議論に直接的な関係はないのである(4)。この辺りで龍樹の念頭にあるのは「ＡとＢは同じである」、あるいは「ＡとＢは別異である」なる判断の、二つの項「Ａ」「Ｂ」に関する述語の表示する対象"同じ（である）"も"別異（である）"も自性としてはその存在を認められないこと(5)、したがって「二項が同じである、別異である」なる判断も成立しないと示すことが彼の直接的な狙いである。〔8〕はこれを示そうとする過程において、自性に関する同一性や同一律の成立を当然視している相手の、その意表を衝く効果を狙っての言明であって、同一律の破棄や遵守などを直接的な主題にしているのではない。

　もう少し率直に言えば、「ＡはＢと異なる」において、主語が「Ａ」であれ「Ａ、Ｂ」であれ、対論者はこれを複数の自性の外的な相関関係を述べている主述文と見るわけだが、「自性」を独立実体と見なす

にせよ相対的自性にすぎぬと見なすにせよ、それらを相関的な主述関
係文で述べること自体を原則Δは許さない。しかるに相手がこの原則
に反して、「AはBと異なる」などの相関文の形で概念思考するがゆ
えに、「原則破りに対する返し技」で応えたのがこのa句である。問
題はこの返し技も「反則めいて見える」ことであろう(6)。

　しかるに龍樹からすれば、「同一性」と対峙・相関する「別異性」
という自性も、「いかなる自性も成立しない、存在しない」なる彼の
基本原則に変更を施さねばならない理由にまったくならないこと──
それどころか、むしろ原則Δの恰好の餌食にしかならないと小ばかに
しているふうであって、それゆえ〔8〕は、「やはり有自性だ。そう
でないと"別異である"という判断が成り立たない」と粘る相手への
"(この章での)とどめのひと刺し"と見なした方が当たっているであ
ろう(7)。古代の論争の場とは真剣勝負なだけに、得てしてこのよう
に情け容赦もないものになるのだろうと思う。

　（1）鈴木大拙「日本的霊性」（『清沢満之・鈴木大拙』（日本の名著
43、中央公論社、1971）、422頁）。「即非の論理」とは「AがAだと
いうのは、AがAでない、ゆえに、AはAである」こととされる。
しかしこれが同一律を否定する「論理則」であるなら、後述する（154
頁の註（4）、及び162頁）ようにいかなる断定もできなくなる。また
定方晟『空と無我──仏教の言語観』（講談社現代新書、1990、73〜
77頁）に同一律破りの"賞讃"が述べられているが、こんな具合に賛
同してしまって大丈夫なのかと思う。つまり、同一律破り（の賞讃）
にもかかわらず、氏はこの前後の脈絡で「金剛般若経、公孫龍、空、
同一律」などとしっかりと主題を同定されているわけで、このように
よく同定できるものだと、少し感心してしまう。

　（2）土屋純一「ブラッドリーとラッスル──いわゆる「内的関係
の学説」をめぐって──」、『金沢大学法文学部論集』哲学篇27、1980。
拙稿「F. H. ブラッドリーの一元論的実在論と比較哲学」、『金沢学院

大学紀要』文学編４、2006、同「一元論的実在論のもとでの判断論
──分岐点としてのF. H. ブラッドリーの哲学──」、『北陸宗教文化』
19、2007。要するに、「AはBと異なる」の傍線部を「A」の述語と
見なさず、「異なる」を「関係」と見なすとき、これが両項の外に独
立の第三項として存在するのか、またはAかBかの内に存するのか
どうかが論争点である。前者の「第三項としての関係の存在」を主張
する立場を採れば、A、Bとこの"第三の実体である外的関係"との
間に、また"新たな外的関係"を考えねばならず、これでは無数の外
的関係を認めなければならなくなると見たブラッドリーは外的関係の
実在性を否定し、"関係"とは唯一実在の"内"にしか考えられない
（＝独立の実在物ではない）、しかもそういう内的関係は「仮象」であ
り、最終的にはAもBも仮象であるとの一元論を採った。（龍樹の幻
影視（≒仮象視）と若干似ており、比較哲学としては興味深い）。こ
れに対してラッセルは「AはBより大きい」とき、この傍線部の関
係は、A、Bの二項の順を変えると非成立であること、即ちこの関係
は同じく二項間の関係でありながら、「〜と…は同じ、異なる」とい
う関係とは別種の"非対称的な関係"であることを指摘し、関係一般
が被関係項A、Bに内属するとは言えず、"被関係項の外に関係が存
在する"と論じて（──継時的な具体的因果も外的関係である）、内
的関係論に対抗した。

　（３）既にお気づきと思うが、「同じ（である）」という日本語に関
しても面倒であり、煩雑でさえある。英語で見ても同様で"be the same
as, be equal, be like, be similar, be identical"などの各々が微妙なニュ
アンスを持つ（。因みに「同一律」は"principle of identity（同一性
という原則）"）。このうちの"identical"に関し、物や概念の同一性、
同定（identification）の問題の一端は次註（５）を参照。「人間の自己
同一性、自己の同定（self-identification）」に関しては拙著『他力を』
181〜185頁、『現代の無我論』第五章。

　（４）それなら結局「別なものは別なもの」という同一律を龍樹は
侵したのではないか？という疑問が消えぬかもしれぬが、そう解しな
い方が善いことを本文で述べたつもり（ただしトートロジーをめぐり

“勇み足”があることについては「考察三.3―1」）である。訳者の桂氏は「別なもの」と括弧をつけ、これが同一律を侵すものでないとの注意を促されている。論理則は最優先で守られるべきで、むしろ我々の思考・解釈をこれに合わせるべきことについては138頁以下。

（5）前掲「14.7」に「「別なもの」も「同じもの」も存在しない」とあるのを確認のこと。なお、「AとBは同一である」なる同一性言明に関して、「AはBと別異であるから、「A」「B」のように別々のことばで語られているはずである。かような前提からして“別々”と見なされているものが（単に“同類”というのではなく、）“同一（A is identical with B）”とは、それこそパラドックスではないか？」という疑問が浮かぶだろう。この疑問は言語哲学的に見てまったく正当なものであり、数理哲学者であり述語論理学の開拓者の一人であったG.フレーゲによって、話題となることなく答えられた。そのときの事例文は「明けの明星（A）は宵の明星（B）である」であって、フレーゲの解決方針は、「A」なる概念・ことばと「B」なる概念・ことばとは指示物（Bedeutung、referent）を同じくする（――だから「同一」）が、意味（＝ことばの用法）は異なる、というものであった。彼はことば全般について「指示と意味の区別」を適用し、文の指示するものは「真・偽」という真理値、文が意味するものは「客観的命題（proposition）」と見なして、二十世紀の論理実証主義・分析哲学によるいっそうの探究に強い影響を与えた。

（6）原則Δを厳密に保持する勝義の立場からすれば、a句そのものが「反則めいた返し技」である。ただしこうだとすると、勝義の立場からして「反則めいて」否定されるべき俗諦の範囲は論理的思考と不可分なことばで述べられている『中頌』の全体に及ぶことになるが、これこそが本書の「理」に関わるメインテーマである。同一律に関しては「考察三」の226頁以下でまた取り上げる。

（7）しかし読解の進め方としては、先述のようにここでもやはり“流れ作業のように結論を機械的に受けて出す”だけの方が早い理解・エコ思考となり、大概の場合、得策であることは間違いない。留意すべきは「流れ作業、機械的に受ける」ことであって、これは「論理的

66

に推す」ことであり、その論理性はことばと不可分なのだから俗諦の全域に及ぶ問題になる。前註も参照。


## 3—5．結合の不成立・事象の不成立

かくして、「自—他」、「異—同」という各々の自性を有するはずの区分が、(「区分」とされているにもかかわらず、各々) 相互にもたれ合いながら (＝相互に依存しながら) 成立する"自性"でしかない、即ち「自性」の名に値しないもの・ことだと理解するに至るが、ここに至れば、それぞれのことば・概念が担うはずの意味の独自性がすべて剥落・融解して、思考分別はみな「虚仮・無意味な分別」となるしかないだろう(1)。しかも、かくなる分別的思考の無意味化の火の手はどこからでも上がりうると見ていいのである。ここで私どもは、龍樹が「浄—不浄」→「涅槃—煩悩」、「仏・菩薩・凡夫の別」などの区分が無意味だとの般若経典の主旨を形を変えて説示したのだということをあらためて認識・実感し直した方がいいであろう。それは凄まじい伝染性と破壊性を随所で発揮する。手近なところでいえば、先の「14.7」偈 (58頁) に続いて、次のようにある。


　　**あるものがその同じものと結合することも、互いに異なる二つのものが結合することも不合理である。**〔結合だけでなく、〕現に結合されつつあるもの、既に結合されたもの、**結合者は知られない。**
(14.8)


「異—同」「自—他」が成立しないならば、「五蘊・十二処」などの別も成立しない。それどころか「これあれば、かれあり」という縁起の定式の「これ—かれ」も相互の別を前提しているとなれば、この定式もせいぜいが"仮の言明"と見なす以外に認められる余地がないと

なるかもしれないのである(2)。したがってもちろん有部の「六因・
四縁・五果」の別にもこのことが適用されるのだが、この偈の傍線部
の通りであれば、「諸々の因縁が結合して、さまざまの果を生じさせ
る」ことが、つまりは「結合」という"関係"一般が「不合理なこと」
になる。また、「因―果」の別が「種と芽、業と業果」のように結果
が出るのに時間が関わる"物理的因果関係"のみならず、「左右、硬
軟」のような論理的な相関概念がその非成立の領域に入ってしまって
も、何もおかしいことはない。「硬」が成立しておれば、それに依っ
て「非―硬」、即ち「軟」も分別として既に成立しているはずだし、「硬」
がなければ「軟」もない。五蘊の結合体とされる「人間」は言うに及
ばずであって、「心・精神と身体・物質の結合」と見なす心身二元論
も、世界はいろいろな元素的現象（原子・素粒子）から構成されると
する多元論も非成立であろう。二元論を含めた多項主義（pluralism）
はそれらの項の「相関関係、結合のさま」を説明しなければ成り立た
ないからである。といって、これは一元論（monism）にコミットす
ることを示唆しないのであって（――というのは「一」は「多、異」
を論理的に観待するから）、「いかなる主義主張も自らの立場としない」
とは（これだけ無自性性を主張しているのだから、相当に差っ引いて
考えなければならぬとしても）龍樹の有名な言である(3)。

　同様にして、『中頌』の第一章「四縁の考察」以下の類別や「浄―
不浄、火と燃料」などのペアの相関的対概念、「過去・現在・未来の
三時、生・住・滅の三相」などの相関的にトリオを成す諸概念を考察
している各章は、もはや個別的に詳細な検討を加えなくても、これら
が分別されて思考される前に、また、これらの間の何らかの結合・構
成（総合）、即ち関係性が自性として前提されている限りにおいて、
既に無意味とされていることが分かる。かくして或る概念（自性）に
論理的に対立する否定的概念（他性）のみならず、多元論や心身二元

論のように半分物理的で半分論理的な相関的諸概念の結合関係が"こと"であり、これらの結合状態の解体・変遷も"こと"であるなら、「14.8」偈はこういう"結合的なこと・事象"の不成立を宣しているのだと広く解しうるであろう。

　さらにまた、どのような結合関係・事象も不成立なのだから、これは本考察「2−1」で述べた主語「S」と述語「P」を結びつける形で述べられる分析─総合判断のすべてが不成立なことの確認・念押しの議論となる。この場合、まずもってSとPのそれぞれに自性が存在し、それからこれら複数の項がやおら結合したり結合を解いたりするさまを心・識が映し取ることが判断という形を取るのだとすれば、そもそもその判断が対象とする事象的世界において複数の自性が「結合したり解いたりする」ことなどありえないことだと言っているわけである。さらに、この結合的な相関性を描出する判断なるものの真偽は事象との対応性（correspondence）によって決まる（真理対応説）としたら、それは事象中の自性間の結合関係に依存しているのだから、原則Δの前では、そのような相関的判断はことごとく無自性だということになるであろう。即ち"判断する"という営みは、判断対象である諸事象における自性間の結合が非成立である上に、その真偽が対象的事象に相関するという点からしても、思考判断のすべてが戯論にしかならないわけである。

　（1）このように記すと、空の境地を体得した修行者の目に映ずる絶慮の風景を想像しなければならないと思うだろうが、自分の頭に虫や案山子の頭を移植したときに見えるであろう風景、感覚されるであろう世界が多分にこの"無意味で無分別の世界"に近いと思えば、想像も楽？である。

　（2）「自─他」や「異─同」と同じく、「此─彼」なる対の各々が相対的な自性を有すればともかく、「相対的自性など"自性"に値し

ない」と見るならば、こうなってしまう。これについては、

〔**第2偈**（『中頌』、1.2偈≒当体の因縁の中に当体の自性はない）**で示したように、ものに固有の性質はないが、〕固有の性質を持たないものに存在性は認められない。だから、「これ有るとき、かれ有り」という、この〔増上縁（あるものの生成を妨げないという漠然とした縁）を定義する〕言明はありえない。**（1. 10）

を参照。なお、この「相対的自性」に関する論点で龍樹に振幅があったらしいことについては、考察三.「1」を参照。

（3）『ヴィグラハ・ヴヤーヴァルタニー（廻諍論）』第29～30偈。因みに西田幾多郎はブラッドリーやボーサンケトの影響もあって、多項主義を離れて汎神論的一元論を選んだ。普通人は漠然と多項主義を採っていると思う。小論で原則Δを明示したのは、多項主義（＝多元論）、一元論のいずれであろうと、そんな存在論の別は当面の議論に関係はなく、「君は原則Δを受け容れられますか」の問いの答え方こそが分水嶺であることを、はっきりと意識してもらうためである。筆者は「解釈・理解のための原則としては認めるが、事実的にも能力的にも受け容れられない」と答え、はっきり自覚して多項主義を採る（。筆者は真宗者であり、分別論者であるから）。そういう視点からすると、西田や大拙の影響下のブッディストたちが（どう見ても当人たちは分別論者なのに）妙に一元論に憧れ、多項主義を凡庸としか見なさない風潮が強いのが気になる。普通に考えれば、仏教は初期仏教においても多仏思想においても多項主義的であるしかないのであって、"戯（ケ、化、怪）の一元論"と言うしかない。「19. 4」偈には「上・中・下、一・二・多数など〔互いに相対的な三概念を扱う〕場合も、まったく同じ」とあり、「一元論」の「一」も同様に相関的なのであって、「一」にも自性はないのだから、凡庸さにおいて多項主義と等しく、「多項主義より深遠である」わけがない。それで、龍樹の存在論を敢えて言うと、何？」という問いに対しては、「いかにしても有自性性を免れえないことば一般を忌避した"無自性論"」と言うよりないが、言表不能性の強調によって無自性論が存在論の一つだということを希薄化させたのではないかと──計算して故意に希薄化したというのではな

いと考えるのだが——思われる。けれども龍樹には、私どもを含む相手に対して己れの立ち位置をぼかす韜晦趣味があったとも思えるのであり、その一部が別の議論（本書187頁）にも見られると思う。ともあれ、彼の存在論を“無の存在論”などとカムフラージュと虚勢を兼ねて“解説してみせる”のは論外で、こんな“解説”には「むむ（無無）っ！」と唸り返す方がベターである。彼が強調したかったことは名状できない縁起のさまとそれを体得的に知ることであって、それがことばに馴染まないことだったであろう。

　既に「3─3─2」（47〜48頁）において「有─無（存在と非存在）」という相関的分別が無意味化してしまうことを述べた。このことは、「自他」なる対概念が、そして「異同」なる対概念が非成立であることからも十分に覗うことができる。しかるに、小論では「自他」なる対概念が成立しないゆえに「有無」なる対概念も非成立であるかのように論述を進めたが、もしそう思われるとすれば、それは若干の誤解であると、ここで強調的に述べておきたい。つまり、「自他」や「異同」なる対概念の不成立ゆえに「有無」が不成立だと考えるとすれば、それは不十分な理解・受けとめ方ではないか——原則Δ（22頁、34頁）が否定する相関性にもっと直接的に基づく議論が可能であり、そしてまた、その方が龍樹の「最もラディカルな立場」に適うのではないか——ということなのである。

　要はやはり無自性性にある。そして［7］「そのハサミは赤い」等の「SはPである」に代表されるすべての思考判断における“自性”に関して、「その種のものに「自性」なることばは当てはめられない、適用すべきではない」と求める原則Δこそが議論の要であると思われる。その意味で「無自性たること」とは「自性はないと考えよ」という要求であり、これを言い換えるなら、一種の要請と見なしうる原則Δこそが無自性論のすべてであると言えよう。少しばかり復習をしな

がら、この辺りをなぞってみる。

　判断・思考に対する無自性論、あるいは無自性観(1)の破壊性とは、この議論が「恒常不変の自性の存在を否定した」と言うだけに終わってはむしろ中途半端なのであって、その破壊性が「SはPである」という分別—総合判断において「（これはSである。そのSは）Pである」と言えなくしてしまう事態に直面させることにある。ある意味、これが小論で言う破壊性のすべてであって、眼目でもある。というのは、「「SはPである」のすべてが非成立」という場合、この場合の「P」は任意の述語でいいのだから、（先の傍線部中の"S"であってもいいのと同じように）"not-P（＝Pの他性）"を自性とする言明判断も、非成立のものの中に既に入っているからである。つまり、『中頌』第十五章「15.3」偈（本「考察一．3—3」、38頁）で"not-P"が「Pの他性」とあらためて明示され定義される前に、"not-P"が「（任意の）Sの自性である」ことがもう既に成立していないのである。——「いかなるものも「自性」の名に値しない、させない」というのが原則Δの言うところであった。あるいはまた、そういう観点からΔの「原則」たる所以、ひいては無常観の「観」たる所以、無自性論の「論」たる所以を見つめ直していいのではないだろうか。

　『中頌』には、例えば現代の物理学者が「原子も数十億年で崩壊し、恒常とは言えない」というのと同じ仮説・経験的実証のレベルで、「永遠不滅のものなどはこの世界には見受けられないから、絶対の唯一神やアートマンなどの存在は疑わしい」とする類いの偈は（多分に）見当たらない。龍樹のみならず古典に名を連ねる仏教者に現代の科学者なみの科学的な仮説レベルの実証性を求めても、それは無理である。彼らの持つ「自性など存在しない」との確信の出所は縁起観や無常観に拠る。即ち、「諸々のものは無常であるはず」なのである。龍樹の場合もこのことは同様で、この拠り所の核心に相関性に着目する縁起

観、即ち原則Δが位置する。そして私どもが「SはPである」なる思考が成立するやに思えるときに、「(Sや) Pは分別に縁っているのであるから、「自性」ということばは当てがうな、不適当だ」と——、言ってみれば"私どもに同意・同調することを要求している"のである。Pなる自性を長年つぶさに観察して、「これは百年はまったく変化しなかったが、次の百年は不変性は保証されない。だから「恒常不変の自性」に値しない」と述べているわけではない。

あるいは龍樹は、「もしもあなたが原則Δに同調するなら、「自性」なる分別を前提する「自他」や「異同」、「複数項の結合関係」は——したがって一切の事象は成立しないと推していかねばならない」と論理性に基づいて言っているのである。それだから小論の流れとしては、結合関係や変化という事態の不成立や主述的な事象一般の不成立という具合に議論を展開したが、議論自体は「自性が成立しない、概念が成立しないことを縁起と見なせ!」との要請を基点として、そこから一挙に破壊性を伝播させていると見ていいであろう(2)。 したがって、無自性論なる要請の眼目は、「SはPである」なる一切の分別的判断、一切の思考が非成立と説示すること (→「概念的思惟」の寂滅) にあると変わらずに見なしうる。

かくして『中頌』の「最もラディカルな立場」にあっては、分別的思考の非成立の説示の核に無自性論、即ち原則Δが要請としてあることがあらためて確認されるのだが、この無自性観とは、通常生活にあっては複数の自性の相関関係と見なすはずの事象を、そういう芯を欠いていると見るのだから、「~である (有)」とも「~でない (無)」とも"摑みどころがない"という意味で、後述するように"幻影"と似通う面がある(3)。しかし、無自性観とは「無自性と見なせ——分かりました、その観方に同意します」ということなのだから、「命令—同意」なる言語行為に連動させる方が理解のための本筋であろう。

（1）厳しく言えば、「(無自性)論」というよりも「観」の方が適切だと思われる。というのも「論」と言うに足る"証明"がなく、本考察「1」の「25.24」偈に代表されるように、無分別の境地を体得的に知ることの決定的重要性が説示されているだけとも見えるからである。しかし、そうではあるが、小論では以下でも幅広く、漠然とした「無自性論」ということばも使うことにする。

（2）現代の哲学にあっては"もの"と"こと"——概念と事象・事態——との一応の区別を念頭に置いておくことが重要である。"もの"と"こと"に関しては既に本考察「3─3─2」末尾の註（3）(49〜50頁)で一通りの使用約束を述べたが、さらに付け加えておくと、「概念」と「事象・事態」の間を取り持つのが「文関数（命題関数、sentential function、propositional function)」で、例えば「x は y より P である」（=「〜は…より P である」）がそれである。この「x、y」は変項（variable）であって、任意の個物を入れることができるという意味で「変項」である。空所に具体的な個物を入れれば、この「x は y より P である」が文になるわけで、フレーゲはこれを"不飽和な文"とも呼んだ。それゆえ、「(x は y より) P である」の「P」が従来的な言い方に従うならば「概念」なのだが、小論では、文関数にも通じるように「述定（predication)」ということばも使う。文関数については「考察二．付論」(195〜196頁)でも触れる。

（3）後述のように「有とも無ともつかない幻影」の比喩が私どもの理解を促進させる効果は大きい。『中頌』第二十二章「如来の考察」では仏さえもが空で、その有無さえ明確に言えぬこと、その意味では仏も"幻影化されている"。しかし幻影化だけに頼る理解は危険であるとも述べる (120〜121、156頁)。

## 4．間奏曲──言語行為という「遠見の角」

小論は「龍樹の『中頌』に日常的な立場からしても分かるような解釈を与える」ことをめざしている。しかし「日常の立場からして分かる解釈」であるためには、明確なことば遣いを心がけることもさるこ

とながら、「論理的に無理なく思考を進めなければ、思考の移り行き
に関して理解・納得が得られない」のだから、「龍樹は論理則を随意
に破った、その遵守・侵犯に無頓着であった」との"賞讃的な解釈"
には冷淡に対応し、反対に「矛盾律破りなどを許したら、いかに拙い
ことになるか」に共鳴してもらわねばならないのである。ところがこれ
これが仏教解釈の現状に鑑みると、かなりの難物であって、「「論理則破
りが龍樹が馴染んだ空境の証」なる"賞讃"は歪んだ中観解釈の積年
の澱（おり）にすぎない」と共感してもらうには相当に根底部分から掘り返す
必要がある。しかるにその説得のために小論側で準備すべきは『中頌』
が指摘する矛盾＝「不合理」の、その典型例を明示してみせることで
なければならないけれども、そのためには「主述的な思考」や「概念
実在論、唯名論、有自性」などの存在論に関わるかなり生硬な哲学的
概念を用い続けるしかないのである。

　ともあれ、このような諸概念の使用を含め、広い意味で日常的な立
場からでも分かる解釈の準備を整えようとして、その結果、論点が広
がってしまった。時に雲を摑むような議論が連続することに呆れてお
られる方も多いのではないかと恐れている。続く「考察二」でさらに
論点が広がり、複雑になると告知すれば、恨めしくさえ思われること
だろう。そこで、次の考察に移る前の「間奏曲」として、これらの論
点の繋ぎ役である「言語行為」について理解を深めてもらえれば、と
思う。「言語行為」は比較的に理解しやすい上に、今後の論旨の展開
のためにもいっそうの理解が求められる。まず言語行為の観点から眺
めると、原則Δが行為選択の問題としてより身近に感じられ、これが
小論の結論部分に盤上でにらみをきかす「遠見（とおみ）の角（かく）」として働くこと
を予告して、解説の拙さを少しでも補おうと思う。

## 4－1．言語行為と事実証明の苦役の軽減

　「縁って在るようになる相関的なものに自性はないと考えよ」という要請が原則Δであった。騒がしい教室で「静かに！」との言を発することが言語行為であるように、この言は無自性とされる事実世界を記述しているというよりも、まさしく「〜と考えよ、〜と見なせ」と要請していると見た方がいい。だから例えば誰かが近くの人に「危ない！」と声を発するのが当の言語行為である。この言は危険な状況を記述、あるいは当の発声者の状況認識のさま（心的事実）を記述しているのみならず、相手に「危険の切迫を知らせる、警告を発する」という言語行為をも遂行していると解される。「こんにちは」は、相手の今日のご機嫌を伺うというよりも、挨拶するという習慣的行為の一環をなす言語行為であって、何かを記述・報告しているのではない。（一方、玄関先での「こんにちは」は「ご在宅ですか？」などの問いを発するという言語行為である）。

　あるいは「南無阿弥陀仏、…」と称名することも一例となるのであって、この称名行為は当人のその時の心的状態の記述・報告であるのみならず、「私はこれからも阿弥陀仏を仰ぎます」という決意の表明にもなっていると捉えることも可能である。称名し合掌するという行為を行うことは、本「考察一．3－3－1」で触れたように、浄土教という或る社会的"言語ゲーム"が通用する集団に参加し、「教え、教義」という教団内の約束ごとをさらに身につけようとの意思表示を、即ち一つの言語行為を行うことにほかならないだろう。

　さらに「人として平等である」なる言明で示すと、各人が別々の個性を持って異なるのも事実であるとき、「平等である」を単なる記述文と取って、それで終わりにすることはできまい。この「である」の背後には「同等の権利・自由の観点からして平等と見なすべきである」――「はい、私もそう思いますから、そう見なすことに同意しま

す」という提言と同調、及び同調維持の決意——要するに複数の言語行為の同時的な遂行が交錯した状態で隠れていると思われる。実際、こう見なした方が、「平等である」なる言明の約束的な（≒契約的な）性格を捉えるのに有効であろう。

　いま、記述と言語行為の二つの機能(1)の比重の具合に焦点を絞るとすると、「こんにちは」なる発話は挨拶するという言語行為の遂行にほとんど100%当てられていると見なしうるが、「平等である」という言明は明らかに記述機能と言語行為機能を重複して果たしている。だが、重複の程度に程度差があるにせよ、「平等である」の場合、顔つきや性格が異なる別人同士が「イコール≒同等である」ことを事実的に実証しなければならないという、面倒な（実）証明の負担は（なくなるとまでは言えないかもしれないが）大幅に軽減されるのではあるまいか？　当人たちの社会的貢献度やその期待度にいかなる事実差があろうとも、投票の際には各自が同じ一票の権利を持つという約束の下で投票するのが"平等である社会"なのである。この約束が（見なしで）交わされている社会では、構成員であるＡ氏とＢ嬢とＣ君と…が「イコールである」ことを経験的に証明してみせる必要などほとんど皆無に近い。経験的な事実面からすれば「代替不能だから同じでない」ことの方が実感されやすいとしても、その集団では「イコールである」のである。念のためにいえば、波線部の「平等であると約束を交わす」、「その約束を交わした者同士と見なす」等は言語行為、または言語行為が絡む行為である。

　これとまったく同じかどうかはそれほど自信がないが、浄土真宗の教義という言語ゲームに参加したからには、「客観的に見て阿弥陀仏は存在するか？」との事実的な存在に関する問いはそれほど重要でなくなる。確かに、阿弥陀仏が約束的な存在でしかないか、それともそれ以上の存在か？に関しては別次元の議論が必要だろう(2)。けれど

も、ある要請に同意することを決断した時点で、何らかの存在やそれ
が「（記述の事実として）〜である」⑶ことを実証しなければならな
いという負担・苦役は大幅に軽減されると見込まれる。

　このことを、まず「無常と見なせ。――はい、私もそう見なすべき
だと思いますから、その見方に同調します」なる無常観に適用すると、
無常観なる要請とこれに同調するという言語行為の遂行を選んだ人た
ちは「恒常不変なものなど何もない」を事実的に真なる命題として実
証しなければならないという、経験科学の立場からすれば重い苦役と
しか言いようのない負担を大幅に軽減される――それどころか、この
苦役から実質的に免れえた、負担はなくなった――と、こう考えても
不思議はないのである。

　実際、私などは例えば無常観にコミットすることによって、「一神
教の言う永遠不滅の神はいない」が客観的事実かどうか、その探査・
探究に従事しなければならないという切羽つまった必要などないと楽
観しているし、恒常不変なものなど今のところ実証されていないとの
先端科学者のレポートに満足しているのであって、このレポート内容
を詳細に検討するために、それが基づくところの最先端の科学理論を
掌中に収めなければならないなどとは考えていない。私のみならず、
「一切を無常と見ましょう――はい、そうすることに同意します。文
句ありません」が多くの仏教徒の無常“観”の実態だろうと思う⑷。

　　（１）記述する機能を果たすことも言語行為の一つなのだが、ここ
では記述機能とその他の機能を対照的に捉えておく。
　　（２）ある法体系を有する社会に参加を表明したとしても、その法
のすべてに従わなければならないということはない。ある法（＝約束）
を修正したり撤廃した方が、その社会の例えば幸福の増進に役立つと
見込まれるのであれば、その現行法に異を唱えることができる。仏の
存在のあり方に関する多くの約束ごとについても、教団の構成員であ

り続けながら問題にすることができる。

　（3）「遥か昔に成仏した仏である」「無限の光持てる仏である」などは実証が困難であろう。これらは教団内の約束ごとである。

　（4）無常観と無自性観の関係について「3─3─2」辺りからの論述をまとめれば、龍樹は事物が無常、変化するから無自性としてはいないことに注意。表現上や思考上は「事物の変化」は成立しない。無常観には日常感覚でも共感しうるが、縁起的相関性→無自性論を採るには、唯名論を超えて瞑想の境を勝義とする覚悟が必要である。

　これとほぼ同じことが原則Δなる要請に、即ち「相関するものは無自性だと見なすべし」についても言えると思う。しかしながら無常観と原則Δとでは、私という人間に関する或る重大な一点において異なりがある。それはどんな点かと言うに、無常観なる要請に対して私は同意・同調するけれども、原則Δに対しては「能力面や現実的実際面からして、同調することができない」ゆえに「同調しない」という点においてである。

　既に述べたように、「仏が存在すると見なせ」という真宗徒の要請や「平等と見なせ」なる民主主義の要請に私は同意している。しかし一般に、ある要請に対しては「同意しない」と受け容れを拒むことを選択できるのである。私は「唯一神が世界を創造したと考えよ」という要請を拒否し、無常観を選んだ。どちらかを選んで、その立場に立つと宣することは、基本的には当人に裁量が委ねられている言語行為的な選択の問題──主体的問題なのだから⑴、原則Δなる要請に応じない選択をする場合も十分にありうるわけである。

　しかるに、この求めに応じない場合に二通りある。即ち（ア）「私はそうは見なさない、自性が有ると考えるぞ」と反抗的な決意表明をする（、つまり決然と有自性論を選択する）場合と、（イ）「無自性と見なせるものなら、「3─2」で述べたように煩悩の遮断へと道が開

けるのだろうが、それを実行することは意思的、能力的にとても自分には不可能である。だから私はこの要請に応じ（られ）ない」と断る場合との二通りがあるわけである。そこで、筆者は自身の選択のあり方について、どう見ても（イ）を選ぶしかないとの主張が小論全体を流れる通奏低音であって、これが私に龍樹に対する関心を鈍く光る地下水脈のごとくに懐かせ続けさせている張本人なのである。

　（イ）を選ぶしかない筆者にも開かれているのが法然―親鸞が伝えた凡夫のための浄土教の途であるが、私の場合、殊勝らしくこう自覚するだけでは治まらず、相当にお節介なのであって、（ウ）「原則Δに、即ち、概念的思惟を全面的に放棄する無自性論に大賛成、同調します！」と宣した人、つまり自分の能力・甲斐性でもって成仏の道を歩む（ことができるから、そう歩む）と決断した人たちに対して、「ホントにそれで大丈夫？、できる？」とどうしても口を挟んでみたくなるのである。

　実はこの（ウ）の立場、無常観をとる仏教徒ならなおのことなのであるが、隠れキリシタンならぬ"隠れ有自性論者"が潜む場所にもなっていて、これにやや近いのが部派仏教だと考えてよい。部派は有自性論者だと自認せざるをえないが、有自性論者たることをカバーするかのように刹那滅を前面に出して、これをやたらと強調する。けれどもこの種の"隠れ有自性論者"なら本当にまだ可愛い方で、面倒なのは連綿と現代に至る"われ知らず有自性論"、つまりは「私は無常観は当然で、原則Δにも大賛成」と、無自性論者だと自称しながら、分別的な概念的思惟の世界に（それが龍樹の目からすれば、有自性論の世界であると気づくこともなく）われ知らず、無自覚にどっぷりとつかっている人の巣窟になっていることに注意すべきである。この手合いが面倒なのは、「自分はホントは有自性論者なのかもしれない」と疑うことがない――あってももみ消す――からである。

　それで、先の私の「ホントにそれで大丈夫？」に話を戻すと、「大丈夫。自分の能力・努力で成仏できるさ。自分の中に仏性が有ると固く信じるから」と（ウ）の御仁は応える。まあ、ここまでなら私もお互いの人間観の相違と見なして抑制もきくのだが、相手がこれに加えて「真如のさまは「〜であるのでもない、〜でないのでもない」。論理という理屈を超えているから、それに囚われないことが肝要と心得て努めるのが仏教・中観の精髄だ」とでも講釈しようものなら、私はもともとの悪性（あくしょう）の露呈を抑えきれず、「それならその仏性についても「有るのでもない、無いのでもない」と講釈すればどうですか。私にはそんな曖昧な仏性の有無よりも非仏性性の絶えざる発出の方が遥かにリアルで切実と感じられるし、それにそもそも「自分は仏性を蔵す」だの「（…は）〜であることはない」だの——これらは原則Δが封じるように強く要請している分別的な概念的思惟、ことばによる分別的な主述思考そのものであって、龍樹が咎める有自性論ではないのですか？」と、嫌みな理屈の一つや二つを添えて口答えせざるをえなくなるわけである。

　要するに、（ウ）の内には"われ知らず有自性論者"が結構いて、実は分別的思惟に無自覚に深く親しんでおり、無常観を表向きの宗旨としながらも、"実質的には概念実在論者である人"が中観ファンの中にも相当にいると思われる。この人たちは当然、主述形式の思考が概念実在論や有自性論を内在させている可能性にまったく懸念を抱いていない。

　まさに本「考察一」はこの種の"変な状況"に再考を促すべく、あからさまに皮肉と警告を表明する足場を確保することに向けた準備段階なのであり、また、「戯論でしかない主述思考をするな」とどう説諭・要請されても、「私は主述形式中心の"戯思考"以外に思考らしい思考はできませんので、分別的に主述思考をします。その限りで有

自性論者（＜概念実在論者）と批判されようと、それは仕方がありません」と応えることを言語行為的に選ぶ自分を、自信をもって披露するための助走段階である。

　（1）一応、こうは言うものの、相当数の経験的事実を証拠にしえてこそ、「一切を無常と見よう」に説得力が出るのであって、「そう見ると約束したのだから、すべてを無常と見なせ」が通るとは限らない。別の多くの経験的事実を証拠にして或る約束ごとに異を唱えることができることについては本節77頁註（2）で述べた。また、この選択には主体性が絡むが、主体性については「考察三．4—3」以下を参照。

## 4—2．論理則と言語行為に関する前途瞥見

　しかしながら、そうすると今度は、「自分は有自性論者かもしれない」と疑い出した（ウ）の人たちとともに私（たち）が無自性論と無常観の狭間で苦しまねばならないことになってしまう。つまり、無常観を選択しても、それが直ちに龍樹の認める「無自性論者」になることを意味せず、私などは分別的な概念的思惟（＞煩悩）と二人三脚で生きるしかないのだから、龍樹の目からすれば「立派な有自性論者」との烙印をおされてしまうのである。だが、「存在論としては太鼓判の有自性論者」と評されるのは大いに抵抗がある。一体そもそも主述思考が内蔵する有自性論とは直ちに「恒常不変の実体の有論」に移行するしかないものなのか？　それともそのまま実体論・概念実在論に直通するとは言えず、できるだけ唯名論的であろうとする方向も選択可能であって、この可能性のもとで己れ独自の方向を見出すべきなのか？──これが私どもの問題としてあらためて浮上してくるのである。

　正直なところ、今はこの問題にあまりタッチしたくない。それで、半分は他人事のように言うしかないが、とりあえずは「自性を有すと見なされる分別的概念（concept）を、ことばの意味（meaning）として恒常不変の実体と見なすしかないのかどうか？」と問うことは今

日まで続く概念実在論と唯名論との古くからの戦場に身を置くことであると再確認しておいて、その上で焦らずに今後の動向を注視する方が賢明だと、一応は思う(1)。

確かにこれは、厳しい龍樹の目からすれば、洞ヶ峠を決め込む筒井順慶に通じる"模様眺めコース"でしかない。しかしこの方向を選択する方が、「仏教的思惟と西洋的思惟」という具合に、のっけから相互の往来を遮断する壁を設けるよりも遥かに実りが多いのではないかと思う。というのも、この西洋哲学に固有な争いだと、さしたる根拠もなく漠然と思われている「概念実在論と唯名論との戦場」を前にして、経量部を翼下に持つ唯識がどちらかと言えば唯名論側に着陣するに対して、中観は実在論も唯名論も有自性論だと見なし、分別的思考という営為をもっと根源まで遡って、この営為自体を問う場所に——即ち、主述思考の揺籃の場所に戦端を開くからであって、私のように比較思想に関心のある者には、ヨーガの境地の体得を最重要視して学派それぞれの戦場に赴く彼らのバーチャルな戦いぶりに非常に興味をかき立てられるのである。主述思考の背後にある存在論を追究して(西洋)哲学の骨格を体現するアリストテレスも既に参戦していると仮想すれば、なおのことである。それに、いま西洋哲学に携わっている方にあっては中観や唯識の戦略、戦い方は悲しいほどに知られておらず、それどころか、情けないことに(仏教全体が)"当たり前の理屈・論理が通用しない異世界、異邦世界"ぐらいの印象で括られているのが現実だけに、龍樹の戦略の一端を彼らにも理解しやすいことばでレポート・解説するだけでも、思想史的に新鮮な刺激を与えるのではあるまいか。

(1) 龍樹にあっては有自性論と分別的な概念実在論、あるいは実体論は選ぶことなき同じ論であろう。経量(—唯識)にあっては概念使用を許す。その意味では概念実在論に通じる面を有すが、無自性論

であることを通すためにアポーハ論を有する。しかし今後も言及するように、「アポーハという心的手順を踏むゆえに、いつのまにやら概念の使用も許される論」とも見なしうるのであれば、まるでマネー・ロンダリングであって、実質的に概念実在論と違わないのではないかと怪しむことができる。特に経量部的な思考は構成要素であるダルマの刹那滅を言うが、その微小なダルマを主述的に述べることを原則的に許し、分別することを認めているとすれば、そのような思考のあり方に対して龍樹は強く拒否すると思う。両者の違いを考え、もっとよく把握しようとするなら、中観の主述思考―概念的思考の拒斥に注目して、縁起観、ひいては無常観の徹底のために中観が"われ知らず有自性論"と強烈に対峙することに注目すべきである。おとなしく経量（一唯識）を比較対象にしようとするなら、私個人としては、現代における意味をめぐる概念実在論と唯名論の争いも参考にすべきだと思う。この争いは、名辞の概念的な意味のみならず、文・言明の意味のあり方をめぐる争いへと争点が移ってきている。それに、ことば（の意味）を利用して説明・解釈に努めている以上、単純に無自性論に賛同するわけにもいくまい。私などは分別論的立場に立って、原則Δなる要請には同調しないと明言した。ともあれ、これらのことについては以後の註でも折々に触れることにする。

　特定の存在論の諾否に話が傾きすぎたかもしれない。要するに筆者は龍樹の「相関するものに自性はないと考えよ」との要請に応じることが能力的にできないし、分別的に主述思考する日常性を離れられないという切実な現実からして、自信をもって「応じない」と言語行為的に決断していると言いたいまで（――即ち、自信をもって「自力―他力、自―他（仏、同朋）」等と分別する真宗徒でありたいと志向しているまで）のことである。加えるに、もし原則Δなる要請に応じるならば、どこにどんな深刻な問題が出現するかを述べ、「そのような問題（に直面してしまって、私はそれに能力的に持ち堪えられない）

ゆえに私は言語行為的に応じない」と、小論というこの場でしっかり
と確認してみたいのである。それは受け取りようによっては、「中観
の真髄は「有でも無でもない」と卓見したことにある」と解説する解
説者・解釈者への当てつけ、あるいは翻意へのお節介な催促と受け取
られかねないが、そういう受けとめ方を相手の方にされてもこの際仕
方がないとしておかねばならない。

　だが、この課題に取り組む前に、今後の考察における言語行為論の
主たる適用の予告を、予習に見立てて瞥見しておいた方がきっと見通
しが立てやすいだろう。まず、例えば、

　　**煩悩・業・身体・行為者・業果は、**〈あたかも化作されたものが
　化作したようなものにすぎないのであって、〉**蜃気楼のようなもの
　であり、陽炎や夢に似たものである。**〔いずれも実体的なものでは
　**ない。**〕（17.32〜33。〈　〉括弧内は筆者）

などの偈の解釈の際にこれを適用するつもりである。つまりこの偈は
「蜃気楼、陽炎、夢に似たものである」と記述文の形をとっているが、
むしろ「蜃気楼や夢に似たものと見なせ（。あなた、同調できるでしょ
うね）」と要請している言語行為文と解するわけである。既に「一切
の有為なるもの（サンスカーラ）は無常である」（無常観）が「一切を無常と見なそう」
という具合に、そしてまた「自性を持つとされている一切の事物や分
別的概念は無自性である」（無自性観）が「無自性と見なせ、そう見
なそう」との要請・命令でもあると述べた。小論は今後、この「一切
を無自性と見なせ」を、「分別的思考はすべて戯思考にすぎない。戯
思考は無意味である。無意味なことなど一切口にするな！」と同等の
意味を持つ要請だと、つまり命令的な言語行為だと解する方向をとる。
（もちろんこの命令に同調せず、「分別的に思考し続けるぞ」と、筆者

のように言い張ることも選択可能である。）

　さらに、今後の考察では先の予告通り論理則の遵守・侵犯に関する議論に本腰を入れて取り組む。その理由は以下である――いま述べたうちの波線部「無意味な戯思考」に特に注意してほしい。この「無意味な」とは「わけが分からず、馬鹿らしい」というほどの意味であり、漠然としてはいるが、この「馬鹿らしい」の内に「当たり前の論理則を破っているゆえにわけが分からない」が入っているのは確かであろう。多分にこの場合、その主述的分別文が、如実な真実のさまを記述・描写するのに不十分だとか、表現する手段として不備があるということを主眼に置いて「わけが分からず、無意味だ」と言っているのではない。狙いとする主眼点は、「無自性である（と同意している）のに、さも有自性であるかのごとくに思いなすことが戯論であって、そう考え、語ること自体が矛盾しており、それゆえわけが分からず、無意味だ」に置かれているのである。このことを縮めて言うなら、「〈無自性である〉（と認めている）のに〈有自性である〉」と言うに等しいと――一般に「Pであるのに、Pでない」と――さらに逆接と順接の別を無視すれば「P、かつ not-P」なる矛盾に帰着すると――考えざるをえないから、「わけが分からない、そうだろ？」と龍樹は切り込んできて、傍線部のように「そんな無意味なことを口にするな（≒概念分別的に考えるな、黙れ）！」という命令的な言語行為に繋ぐのであって、これが私どもが「論理則の遵守・侵犯に関する議論に本腰を入れて取り組まざるをえない」最大の理由である。

　そうすると、勘の鋭い方はこの種の議論が帰敬偈の「不生不滅」以下の矛盾した連言句「八不」に適用可能で、「わけが分からず、無意味なことなど口にするな、考えるな」が、「八不」なる矛盾した（形を呈する）連言の言わんとする（＜行わんとする）言語行為にほかな

らぬのではないか？と薄々気づくだろうし、また、これまで何度も「わけが分からない解釈」の典型だと揶揄してきた件の「有るのでもない、無いのでもない」が「not-p、かつ not-（not-p）≡ not-p、かつ p」という矛盾律破りにほかならず、それゆえにこそ「わけが分からず、無意味なことなど口にするな、分別的に考えるな！」なる「維摩の一黙」のもとに斥けられる"中途半端な解釈"にすぎないと断言できるのでは？と、うっすらと見えてくるわけである。これに、既出の「仏陀はいかなる法も説かれたことはない」（25. 24偈）を併せ考えれば、このことはいっそう強く裏打ちされるであろう。

　他方、「あらゆる事象が無自性」とは諸言明が確たる表示対象を欠き、「〜である」なる分別も「〜でない」なる分別もつけられない状態のことであるゆえに、確かな摑みどころを欠くという意味で、ややもすると「無自性とは諸事象を幻と捉えること」と解し、原則Δを「幻影視の要請」と同等視して、ここで考察を打ち切ってしまう向きがあるかもしれない。だが、無自性たることを幻影視で止めてしまうのも中途半端なのではないだろうか。第一に「〜は幻である」という判断自体が何かに「幻」なる自性を帰すことだからであり、「幻想ゆえに有でも無でもない」と解して終えようとするのはやはり不十分な措置でしかなかろう。だから、ここでもやはり原則Δの言語行為性を延長して、「ことばで考えるな」という禁止要請にまで解釈を昇華させねばなるまい。なぜなら先の「八不」の場合と同様、「幻影だから有でも無でもない（→不有不無）」に同種の言語行為を適用してこそ、「真諦をことばで語ろうとするな」という要請——即ち、瞑想の境への没入を最優先とする文化的特異性と、俗諦的なことば（の否定）に伴う思考の論理性との緊張した対照性が鮮明に浮かび上がるからである。「有でも無でもない」で済ませてしまうのでは『中頌』が醸し出すスリリングな対照の醍醐味を損ねてしまおう。

　第二に、これは何も新奇な考えというのではなく、「不立文字」なる伝統の焼き直しにすぎないのである。日本の近代化以降、空の境地はヘーゲル亜流の弁証法的な晦渋な言い回しであまりにも饒舌に、分別的に語られすぎてきた嫌いがあるゆえ、もう一度解釈の原点に立ち戻った方がいいと筆者は長らく思ってきた。確かに「ことばの論理性」という問題が目新しく感じられるかもしれないが、それは真俗二諦の接合面の問題の枠内にある。

　以上のように小論の論旨の以後の展開の主軸を、「相関するものに自性はないと考えよ」なる要請が「ことばで分別的に考えるな、思考と不可分な言語道を断て！」という言語行為として読めることに置く。つまりは空の境地の体得を勝義とする立場、即ちインドの瞑想文化をできるだけ尊重しようというのだが、これが少なくとも〝紛（まが）いの解釈に変に納得などしないで、黙る〟を要請していると大筋で理解して、私自身は空境を臨む此岸にあって、〝広い意味での日常的解釈〟――換言すれば、できるだけ一貫性のある分別的説明をすることに努めたいと思う。その際、幾つかの解釈上の仮説を立てて、これに臨んでみたい。

　まず第一に龍樹は、推論規則や矛盾律・排中律などの論理則を現代の私どもが明示的な形で意識しているのと同じように意識していたとは思えないことである。これは時代環境からして十分に考えうる想定であろう(1)。ただし、「明確な形で論理則を意識していない」は「論理則を破ってやれと思っていた」を含意しないのであって、龍樹は〝思考の理〟を――即ち帰謬法などの推論規則、そして論理原則を――遵守しようとしていると概ね考えるべきである。つまりは現代人のように明示的に意識していないにせよ、彼が対論者との論争に臨む場合は思考する者の本能として論理則を遵守し（、かつまた推論規則に沿お

うとし）ているからこそ、これが「君の議論は辻褄が合わない、矛盾している」という糾弾の形をとって現われたと考えるべきなのである。当然のことながら、もしも論理則の遵守や維持などどうでもいいと思っていたら、論敵の矛盾を指摘・糾弾して何の意味があろうか。

しかるに論理則の重要性やその遵守を明確な形で意識していなかったゆえに、ある局面では論理則破りが疑われる事態も生じさせたようにも思う。その具体的一例が本考察「3─4」(58〜63頁）で言及した"同一律侵犯の懸念"である(2)。推測するに、龍樹には論争マニアの一面もあり、当面の相手をねじ伏せるために、時に「論理の侵犯めいた議論」を行うことをあまり気にしないところがあったように思われる。これは論理則の遵守をことさらに自分の使命と思うところがなかったせいだろうが、ともかくも『中頌』には"勢いあまっての勇み足"と解した方がいいような議論が幾つか出てくる。しかしながらこのようなことも、論理に関する当時の意識・時代状況を推察して勘案すれば無理からぬことと了解することもできるはずで(3)、かくなることも含めてこれらを小論における「解釈仮説系」としたいのである。それゆえ論理則の問題とはこれからも渉り合わねばならない。

（1）文庫本化された桂紹隆『インド人の論理学──問答法から帰納法へ』（法藏館）が通覧に便利。

（2）小論58頁引用「14.7」偈のa句の桂訳には「別なもの」と括弧が付されているが、テキストに括弧が記されているわけでない。だから同一律侵犯の懸念はより切実だと言える。

（3）小論で「強引なねじ伏せ」と評する議論の典型を「考察三.3─1」に見るが、「考察二. 3」の幻影論もかなり強引である。また、論理意識の発達の問題として、龍樹は全称否定と部分否定を明確に区別していない節がある（小論220〜221頁、註（3））ことなども併せて注意したい。

　小論は三つの考察からなるアンソロジーの形をとった。当初はひと繋がりの論考であったのだが、書き足している内に長くなってしまい、はっきりした起承転結の形を維持することが困難になった。それでやむをえず三つに分けたが、「ひと続きのものでありたい」との気持ちを捨てきれず、「形としてはアンソロジー、実質的には一つの論考」という変則の形に無理やり落ち着かせた。それゆえ、以後の考察においては前の考察の「起承転」を部分的に受け継いで問題を書き始めている場合も多い。叙述が重複するが、お許しを願う。

## 考察二. 存在の虚ろ化と論理則の見かけの侵犯

### 1. 無自性論と述語論理

　前考察では縁起観を自らの世界観として採り、加えて「あらゆる事物を無自性と見なせ」なる要請に肯くのであれば、まるで燎原の火が燃え広がるように一挙に「一切の主述判断が成立しない」との結論に達してしまう旨を述べた。だが、この結論がその"論理性"のゆえに受け容れやすいか？と問われれば、どこに連れていかれるのか？という不安のほかに、その"論理性"に関してどうも不可解だと疑問に思うところが既に幾つか出てきている。まずどうしても引っかかるのは、自性が不成立であるなら、これと否定的に相関する自性である他性も不成立なのだから、「Pであるのでもない、not-Pであるのでもない（後者はしばしば「Pでないのでもない」に言い換えうる）⑴のような排中律破りめいた命題を"論理的に"認めなければならないように思えてしまう。しかし、こんなことをその"論理性"のゆえに是認すべきなのだろうか？　むしろ私たちは「有るのでも無いのでもない（not-p、かつ not-〈not-p〉）」の形をとる件の中観解釈に対し"不得要領の不満"を懐いてきたのだから、このような事態をそのまま是認すべきではないはずである。

　次に、これもやはり論理性に関わることだと考えられるが、例えばこの「一切の主述判断が成立しない」なる"論理的な結論"の適用範囲（自己適用）をどう考えるか？が問題として姿を現わす。というのも、この「一切の主述判断が成立しない」という命題はこれ自身が主述判断なのだから、この命題自身にその主張を適用したとき、まるで

「嘘つきのパラドックス」のような状態に陥ってしまうからである⑵。因みにこの「嘘つきのパラドックス」とは、誰かが「私がいま言っていることは嘘である」と言ったとき、この発言がホントだ（≒真実を語っている）と見なすのなら、「嘘である」との言がホントなのだから、かく語ったことは嘘（≒偽）だとなる。しかしそれが嘘（≒偽）なら、そう語ったのはホント（≒真）であることになり、ホントなら、やはり嘘で……と、どこまで行っても決着のつかない議論のことを言う。

同様のことだが、これまでの小論の叙述において「…は成立しない、不（非）成立」と並んで「…は無意味！」との言をかなり無頓着に繰り返してきたけれども、この「無意味である」との断定はそれ自身「無意味であるのか、有意味なのか？」、──無意味とすれば、この断定にまさしく意味はなく、虚しいだけで、言っても無駄なのだし、有意味とすれば自身の主張内容に反してしまおう。したがってこれはまさしく「「無意味」の意味を問う」という、何だかパラドキシカルにしか思えない事態に私どもを誘い込むのである⑶。

（１）「not-P である」と「P でない」とが同義でない場合がある。「非行（不良な行い）」は「行いでない」わけではなく、「不運」や「非運」が「運でない」わけではない。このような現象はある語と「不」「非」などの否定辞が結びついたとき、特殊な複合語を造る複合語現象と見なすことができ、このような場合は「not-P である」と「P でない」とは同義でない。しかしごく一般的な場合を考えれば、二種の否定言明は大体のところ同義と見なすことができ、両者は相互に引き出し可能な場合が多いと言えよう（念のため「考察一．３─３─２」48頁辺りも参照されたい。ここに既に排中律破りに見える複数の言明が現われている）。他方、ある命題 p について「p ということはない」のように否定するとき大きな違いが生じる場合もあることについては後の「２─１」。

（2）身近でこれに類したこととして「「絶対的な真理などなく、真理はみな相対的だ」は絶対的真理か、相対的真理か？」や「「一切は無常」が真理なら、この（簡略化した言い方の）法印も無常なのか？」であって、後者については仏教者なら誰でも一度は問うたことがあろう。また、『廻諍論』には「「空である」との断言の自己適用の問題」が論点の一つに取り上げられており、この問題の先駆形である「空亦復空」に絡む論点として古くから意識されていたと見なしうる。

（3）この問題は「〈Pである〉、〈Pでない〉、〈not-Pである〉が不成立である、無意味である」というときの「不成立」や「無意味」なる（否定的）述定それ自体の位置づけ方の問題であり、ある述定や命題の評価や解説上のメタ言語に関わる問題だと言い換えることもできる。『中頌』においても「不合理である、（〜ということは）あり得ない」などの否定的言い回しがメタ言語的な形で頻出するが、やはりこの種の問題は今はいったん棚上げしておいた方が議論進行の上で賢明であろう。もちろんこの論点は決して無視できない。それで、これについてはおいおいとその都度、考察対象とする（130〜133頁など）こととし、最終的には本考察「3—2」（178〜182頁）や「考察三．4—1」における「八不」の議論である程度の"結論"を出してみる。


さらにまた、前考察で「あらゆる結合関係は不成立」との"論理的結論"に至ったとき、私たちの念頭にあったのは主に因果関係や自性間の主述関係であったが、かくなる結論に導いた論理性、即ち"論理的結合関係"は"不成立な結合"のうちに入るのか否か？──もまた吟味・検討されねばならないだろう。というのも、例えば先に「別異性」の成否を論じたとき、私どもの頭の中には多分に次のような三段論法の推論式が浮かんだと思われる。

　　あらゆる自性は不成立である。

　　（甲と乙とが異なるとき、）甲と乙との別異性は自性である。

∴　甲と乙との別異性は不成立である。

　第三者である私どもからすれば、この推論式が結合関係の一種であることは明らかではなかろうか。それで、龍樹がこのような推論形式をはっきりと意識していたかどうかは不明だが、しかし龍樹が「一切の結合関係を認めない」と言っているからといって、「彼はこの種の推論式にはまったく頼らなかった」とは言い切れまい。それどころか、むしろこの種の推論式が、直観的にせよ何にせよ彼の念頭にあったと考えるのが自然であろう。そうするとこれは、龍樹も推論という論理的結合関係は認めていたと取れることになり、「一切の結合関係は不成立」とする前節の"結論"と整合的であるのか？ということが問題になる。それで、この疑問を補強するために前考察引用の「14.5」偈（57頁）から同種の論理的結合関係を取り出してみる。

　この偈中の「甲と乙は異なる」を「p」、「甲が何らかの自性を持つものとして在る」を「q」と表記する。そうすると「q」は「p」の成立にとっての必要条件とされているのだから(1)、この偈の ab 句の前半は実質的に「p ならば q」と言っているものと思われる。他方、自性に関する例の議論に基づき、「甲は「〜である」ような自性を持つものとして存在しない」とされるのだから、これは「not-q」と表記されるのであって、それゆえにこれら二つの命題は「「p ⊃ q」、かつ「not-q」 ⊃ 「not-p」（＝「甲と乙は異なる」ことはない）」という推論式を形成することになる。そうすると、これは仮言三段論法を龍樹が実質的に使っており、推論式として是認していると言っていいことになろう。

　もちろん、このことは彼が対偶（contraposition）や否定式（modus tollens）を一般的推論形式として抽出し、論理則として自覚的、意図的に活用していたことを必ずしも意味しない。しかし彼がこの種の推論を是認していないと言うこともできまい。なぜなら後述するように、龍樹は帰謬法の多用で有名だが、この帰謬法も複数の命題が結合する

推論であり、またこの論証法にあっては矛盾律が前提されていること
を考えれば、龍樹が論理的結合関係を是認し、論理に従って思考して
いることは認めざるをえないであろう(2)。

　だがそうなると、私どもは「龍樹は論理を超えた」が果たして本当
に彼に対する讃辞になっているのか？と、前考察を受けた形で再び疑
問視せざるをえないのであって、もしも「超えた」に「論理を自在に
操り、通常の論理に囚われずに思考する」を含意させるというのであ
れば、いま述べたことは「それは非常に危なっかしい賞讃だ」との警
告を後押しすることになるだろう。さらにまた、「通常の論理という
規格を常に逸脱し、論理の侵犯をまったく気にとめないほどに奔放極
まりない態度を取った」とまで"賞讃する"というのであれば、そん
な"賞讃"は"誹謗に等しい"とばっさり宣告した方がいい。そのよ
うなことは実行不能であり、甚だしい自己矛盾状態に陥らせるからで
ある(3)。それで、龍樹の推論的思考が彼の全体的な立論、その思考
プロセスにおいて果たす役割を考えるチャンスなど、あまり与えられ
てこなかったのではないかと思われるので、この機を捉えてこのこと
を一度真剣に考えてみるといいのではないだろうか。

　ともあれ、前章で至った「論理的結論」は強烈な破壊力と波及性に
富むゆえに、多方面で"摩擦"とも言うべき新たな"論理的"問題を
生じさせるわけで、この辺りでいったん立ち止まって、その"論理性"
の内実を吟味し直してみる方が賢明である。

　（1）具体例で示すと、「あれは燃焼現象である（p）」のならば、「そ
こに空気がある（q）」において、「q」は「p」の必要条件、つまり空
気（酸素）は燃焼現象の存在の必要条件である。言い添えると、この
ように推論式に沿う実例を挙げる必要は本当はない。原則Δであれ何
の理であれ、龍樹が何らかの「理≒前提」に沿って"論理的に思考し
ている"からこそ、世界の事物についてそれらを一々調べず（検査・

観察せず）とも、例えば「自他が不成立ならば、有無も結合もない」と推していけたのである。論理的でなければ、かく"電撃的に"思考を進める芸当はできない。

（２）当面の整合性だけが問題であるのなら、「不成立な結合関係」とは「物理的因果事象間の結合関係を限定的に意味し、論理的結合関係は入らない」と解すれば、整合なのである。しかし「考察一．３—３」では「縁ってあるもの」の中に「論理的な相関関係にあるもの」も含ませ、龍樹が「物理性と論理性の区別にこだわっていない」としたので、解釈する側としてはこれとの整合性が問題になる。それで結論から言うと、龍樹は、ことばは論理則や推論式を必然的に伴うと見なしており（本考察〔付論〕（201〜203頁））、ことばに伴う論理性は俗諦の範囲でその成立を認めていたと思われる。ただし、「一切が空」と説示する段階では「論理的結合関係も無用」としたと思われ、「無用」であるのだから、「不成立な結合関係」の中に論理性を含めても、広義の整合性ならば十分に取れていると思う。——後代に中観派は自立論証派と帰謬論証派に分かれるが、肝心のことは、中観派が自立論証であれ帰謬論証であれ、思考と不可分な推論を駆使して相手の矛盾を指摘し、これが同時に「ことば・論理を離れた無分別状態の勝義性の説示になる」と大枠で構想していることである。この場合、勝義性の説示のための手段（俗諦）が推論の形をとる論理的結合関係であることが重要であって、龍樹がこの結合的な論理性に相当程度気づいていて、それを駆使しながら、「一切の結合関係は不成立」と結論づけたとしても、それが直ちに"不整合"ということにはなるまい。これについては119〜120頁の註（２）、及び165〜167頁の喩えでも取り上げる。結局のところ、龍樹にとって論理則や推論規則は「思考分別のルール」であり、これらの思考のルールは「無分別（な下馬の）状態」を勝義とする龍樹には、あくまでも「馬上の（不要な）ルール、アウェーのルール」であって、「ホーム（＝下馬）のルール」ではなかったと思う。

（３）気楽に「論理の超越」を語る人がいるが、「論理を侵犯することが勝義に適う」の意味で「超越」を言うとすれば、一貫して侵犯す

ることの困難性や逆説性を一度考えた方が善い。「侵犯」は「安定して維持されるべき法・ルール」の存在を前提する。喩えば裏社会にもそれなりに安定した仁義（＜法＜論理）がある。表社会の法は破っても裏社会の仁義を守り、その掟の遵守に律儀でないと、裏社会でもまともに生きられまい。「掟はすべて侵犯する」を自己の生活信条・掟とするなら、傍線部も侵犯せざるをえず、パラドキシカルで実行困難である。表社会、裏社会を問わず、時に法や掟・仁義を侵すことは十分にありえるが、「仁義公界の侵犯を一貫した自分の生活上の掟・律とする」者など、任侠映画の端役にも出てこなかった。「掟を破ることを一貫した掟とする」が困難なら、"超越の讃辞"を口にするにはもっと慎重であるべきである。

　直観的には論理的結合関係の問題が整合性の面で特に面倒そうである(1)。また、どれもがその"自己（の主張に対する）破壊的な論理性"において何処かで結びついているとの印象を受ける。けれどもその関連性についての立ち入った検討は今後の課題とすることにして、これらの問題に対して龍樹は基本的にどのように考えていたのか？──いきなりその核心を探りあてることはできないだろうから、多角的、段階的に問題をじっくりとほぐしていくことにしたい。まず以上のうちの「…は不成立、…は無意味」の「不、無」、あるいは「〜（という）ことはない（≒真実でない、虚偽である）」などを彼がどのように見ていたのか？という、これも相当に厄介と感じられる問題から手をつけてみる。

　ここでは「無意味である」に注目してみるが、「考察一．3─5」のまとめ（72頁）からすると、この述定は事実である事態を単に述べているのではなくて、原則Δなる要請に基づく無自性論、もっと言えば「無意味と見なせ、そう見なすべきだ」という無自性観に力点が置かれており、ある対象を無自性と見て正当だと認めるよう、要求して

いるわけである。それで、私どもが日常そこに複数の自性を帰して認知している諸々の事象に対しても、「無意味という否定的要請を当てはめて認知・評価せよ」と求めていることになり、それは「その諸々の事物・事象からリアリティを奪え」との要請の色合いを持つと考えられる。そうだとすると、『中頌』に悩まされた経験のある方なら、「考察一. 4—2」で引用の「17.32〜33」偈（84頁）、そして次のような同趣旨の偈を思い浮かべるはずである。

　　色・声・味・触・香・法は、ただ単に、蜃気楼のようなもの、陽炎や夢のようなものに過ぎない。幻人のようであり、〔水面や鏡面に〕映った像に等しい。（23.8〜9）

　この偈は周囲の事象を「蜃気楼である、陽炎に等しい」と単に記述しているのではなくて、ある主題（主語＜概念）、あるいはその述定（概念、文関数）を幻影と見なすように求めているのだと読むこともできる。つまり「事物がリアリティを欠くという否定的事態の単なる叙述」というよりも「事物からのリアリティの剥奪を求めている」と、あるいは「リアリティを欠いた幻影に過ぎないと見なすべし」と求めていると読んだ方が適切ではないかと思える。しかし、単なる記述・報告文か、それとも諭しの一つと読むか——どっちが妥当か？と議論をする前に、幻影視するとは果たしてどうすることなのか？——これが当面の切実な問題のように思われるのであって、何だか分かったようで、その実わかりづらいのが「幻影化」である。それで、この辺りは私たちが『中頌』を理解するための一つの要と思えるのだが、「事物の幻影化、事物からのリアリティの剥奪」とは一体どういう事態で、どうすることなのか、いま一つピンとこないわけである。そこで日常の中からこの「幻影化」に通じる事態を検討の手がかりとして挙げ、

それとの比較において議論を進めることができるならば、多少なりとも話が具体的になるのでは？と期待する。

　（1）この複雑性につき、自立論証派にも触れた前々註を補足すると、五支作法や三支作法というインドの論証学と異なるのは、形式論理学で大切なのは前提文や結論の「事実的な真偽」ではなく、まさしくその形式性だということなのである。例えば「風が吹く（p）なら桶屋が儲かる（q）」なる物理的な因果関係の真偽のほどは「？」だが、仮にこの因果的条件文を真なる論理的条件文と仮定するなら、この対偶である「桶屋が儲からない（not-q）ならば、風は吹かない（not-p）」を、たとえその意味が不明でも、認めるしかない。あるいはまた、もしも「「①すべてのイオニア人（M）は美食家（N）である」、そして「②ソクラテス（s）はイオニア人（M）である)」⊃「③ソクラテス（s）は美食家（N）である)」」についても、①②③が「偽」、または陳述の意図や真偽が不明でも、「①と②を仮定するなら③と結論せざるをえないという意味で、この推論は妥当（valid）」ということが論理の形式性なのである（、つまり「s」「M」「N」に入る名辞の如何にかかわらず、この形の推論は成立する）。アリストテレスによって注目されたこの形式性は五支作法や三支作法という形式性とはまったく異なるであろう。インドの論証学は命題の真偽とは関わらない「論理の形式的な妥当性」を十分に論じえなかったのではないか？というのが私見である。これを如実に示すのが「喩例」であって、これは明らかに事実的な実例を、したがって「真偽」に関わる命題を提示しなければならないとルール化している。だが、形式論理的に見て、このルールには違和感がある。インドの論証学も後代には演繹性を高めたのかもしれないが、結局のところ事実的な因果関係や遍充関係など、「真偽」に関わる「因明」から脱することができなかったのではないかと思う。この方面の参考文献として『シリーズ大乗仏教９．認識論と論理学』（春秋社、2012）を挙げておくが、後代の「刹那滅論証」などは明らかに経験的実証の対象であって、"論証"できるはずがなく、可能と思ったこと自体が前科学的とも言える。

## 1－1．現在のフランス王は禿か？

ここではラッセルの二十世紀初頭の「表示について（On Denoting）」(1905) から次の文を引用する。

〔11〕**現在のフランス王（the present King of France）は禿である。**

この文の主語には「the」なる定冠詞がついているが、言うまでもなくこれは表示対象がただ一つで確定していることを含みとしている。（これを「a、an」なる不定冠詞がついた「不確定記述句」に対する「確定記述句（definite descriptive phrase）」と言う。）けれどもラッセルの当時も今もフランスに王はいない。それで〔11〕はこんな存在しないものを「禿である」と述定しているのだが、このような文をどう論理的に分析して、自分も考案者の一人である述語論理の枠の中に収めうるか？がラッセルの問題としたところであった。もちろん彼もこの表示対象がそのままの形で存在しないことは山ほど分かっている。だが、この文も何らかの形で実世界の記述に与っていると考えたのであり、その場合、この文の真の主語、つまり何かを「表示している」はずだが、それは何か？と問うたのである(1)。

しかし、このような論理学的な考察の詳細は別にして、常識的に考えるなら、表示対象は非存在・無であるから「こんな文は分析するに値せず、無意味だ」と思うのが普通であり、「それはもしかするとフランスの大統領のことを言っているつもりでは？」と聞き直したりしそうなものである。日常言語学派の重鎮ストローソン（1919〜2006）も「真偽不明でしかない」という立場をとって、半世紀後にラッセルを批判したが、「無意味」と断言した方が私たちには圧倒的に分かりやすい。だが、この場合の「無意味」とはどういうことなのか？──これについては私どもの「無自性だから主述判断は無意味だ」という言葉遣いそれ自体に何やら問題があると先ほど警告したばかりでもあ

り、大いに注意を払う必要があろう。それで、〔11〕の否定文、

　　**〔12〕現在のフランス王は禿でない／禿げていない。**

を検討してみる。もちろん〔11〕の否定文としてはもう一つ、

　　**〔13〕現在のフランス王は禿である（という）ことはない。**

が考えられ、別様に扱わなければならないときもあるが、意味合いとしては〔12〕と重なる場合も大いにあるから、ここではしばらく〔12〕を〔11〕の否定文と見てゆく(2)。

　それで、もし仮に先の〔11〕を、こんな存在しないものについて記述するなんて「無意味だ」と見なすとすれば、〔11〕を否定してもその無意味さは変わらないであろうから、〔12〕も無意味だと見なすことになるだろう。また、そう見なすことが日常的に当然の思考の推移（プロセス）であると思われる。しかしながら、ある意味で驚くことにラッセルは、〔11〕もその否定である〔12〕も"無意味な文"とは決して見なさなかった。なぜかと言うと、確かに両文とも"おかしな文"ではあるものの、これらは例えば「ゲハはウオスンラフの在現」という文字の単なる羅列とは違い、一応は"理解できる文"であるからである。文であれ語句であれ、それを「理解する」とはその意味を捉え、その意味について云々することにほかならず、その限りで両文ともに（したがって、それを構成する語句も）"無意味なはずはない"。それゆえラッセルは〔11〕、〔12〕が"有意味であるその所以、（ラッセル流に言うなら）実世界の記述に与っている所以"を訊ねて、これを既成の述語論の応用と見なすという方針をとった。

　ここで遅ればせながら「文が無意味」とはどのようなことか──「文・言明の真偽」と対照して言及しておくと、「無意味」とはその文（──即ち思考、または思考の成分）の真偽を論ずる以前の問題であって、なるほど〔11〕も〔12〕も形としては何かが有する属性を述べている記述文なのだが、記述以前の問題として、このように直観的に存

在しないと思われるものについて記述するなんて、「わけが分からず意味がない、真偽の帰しようがない」ということなのである。だが、もし本当にそうなら、この場合私どもは相当に深刻なディレンマに陥ることを自覚した方がいいであろう。なぜと言うに、繰り返しになるが、「存在しないものについて記述するなんて無意味」に安易に肯いて〔11〕も〔12〕も「無意味」と断じて切り抜けようとすると、「両方とも理解可能な文なのだから有意味であり、その限りにおいて真か偽かの真理値を有するはずだ」(3)と、強烈な向かい矢をラッセル・述語論理の側から、即ち現代哲学の側から射かけられるからである。

　行き場に窮して、「両文とも真でも偽（＝真でない）でもない」と応ずるとすれば、一部の人は悦ぶかもしれないが、しかし冒頭でも触れたように、これはやはり排中律（law of excluded middle）「pかpでないかのいずれかである（＝pでもnot-pでもないようなものはない）」を危うくすることであろう。しかるに、ここで排中律破りを容認するくらいなら、先ほど「〔11〕も〔12〕も無意味」と断じたとき、「「無意味でも無意味でないのでもない」が正しい」となぜ応えなかったのだろうか？(4)（──しかも、このことはいかなる形の断言をも無効に──少なくとも疑わしいものにしてしまい、いかなる思考も論述をも一歩も前に進ませない──多分に自己紹介さえもまともにできない──ことになる！）

　ともあれ、単なる音声の羅列でしかない「ゲハはウオ…現」は私どもがここで考察の引き合いとしたい事例の条件を満たさない。事例であるためにはまずは「理解可能な＝有意味な文」であること、次にその主題の存在が危うく、それについて述定しても、その真偽を問うことが果たしてまともなことなのかどうか？──ある種のディレンマに陥らせるのでなければならず、したがってラッセルからの引用文はこの事例条件に適うわけである(5)。もとより、日常的な思考と無自性

論（無意味化）との間の検討を取り持つ形での"幻影視"が具体的に
どうすることなのかがよく分からず、その存在が怪しいものに関する
文が満たすべき「（広い意味での日常的）事例条件」にすぎないのだ
から、そんなにはっきりしたものにはなるはずもないのだが、ともあ
れその言明が無意味に思える面と、有意味で真偽の判定が可能かもし
れないという両面を併せ持つことが、この際の事例たりうる条件だと
一応は言っていいだろう(6)。

　（1）ラッセルの考えでは〔11〕（や以下の〔12〕～〔16〕）の変項
領域は論理的固有名（logical proper name）を有する個物の領域の全
体（即ち、実世界の全領域）であり、敢えて言えば、それが〔11〕の
「表示対象」ということになる。つまり「現在のフランス王はいる、
いない」という形で実世界の記述に関わっているのである。この時期
のラッセルは極めて唯名論的で、「現在のフランス王」などの「存在
しない（はずの）ものが（概念としてであれ何であれ）存在するもの
であるかのように主語の位置に現われる」ことを問題視した。フレー
ゲはラッセルほどに概念の存在には潔癖ではなく、実在論的で、その
点で今日に至る「（指示と）意味」論の主流になっている。

　（2）現代の論理学で言えば、〔12〕は述語の否定だが、〔13〕は述
語の否定か、命題の否定か——両義的である。〔13′〕「現在のフラン
ス王は禿である」（という）ことはない」と引用括弧を入れれば命題
否定型の否定だとはっきりするが、この命題否定型の否定は非定立的
否定でしかなく、「～ということはない」と否定しているからといっ
て、ことさらに何か別の事態を肯定的に含意するということはない。

　（3）「有するはず」と煮え切らないわけは次節最初の註（1）（116
頁）を参照。因みにラッセルは〔11〕～〔16〕は単に心に浮かぶだけ
の association of ideas（観念連合）のさまを述べているのでなく、実
世界の何らかの事態を述べていると考えるゆえに、「客観的事実とし
て真か偽かである」と見なす。観念連合とは「フランス王」といえば
例えば「王権神授者」「豪奢華麗な生活」などの観念を連想するわけ

だが、現在の仏王が非存在である限り、これらの述定中の諸観念も宙に浮き、実世界のありさまを何ら記述しておらず、"無意味"とされることだろう。しかしラッセルは、これらも実世界の記述に関わっているのであり、それゆえに"有意味"と考えた。これは面白いことにブラッドリーの考えを一部継承している。ブラッドリーなら、「現在の仏王」も「幽霊」も唯一実在（≒実世界）のさまざまな現象の一部と見なし、これらは(基本を遡れば)唯一実在の述語の一部なのであって、宙に浮かんだ単なる観念連合でないと見るはずである。

（４）「排中律破り」に関しては「矛盾律の侵犯」とともに本考察「２―２」、「２―３」でまとめて取り上げる。「龍樹は論理諸則を破っていない（はず）」が小論の基本的な解釈仮説である。本考察「２―３」と「３―２―１」で引用の「22.11」偈、「18.8」偈についても「場合の枚挙に関する修辞法の問題」と見なして、排中律破りをそそのかしているわけではないと見る方向をとる。

（５）「現在のフランス王」にせよ、次の「幽霊」にせよ、常識的に「存在しない」とされる"空集合の特殊なことば"である。しかしこれらを「empty subject」とするなら、仏教でも「無我」をはじめとしてこの種の議論が盛んに行われてきたし、また現在の科学分野でも「何が存在するか」は普通の問いであるから、そう特殊とも言えないことに留意したい。例えば古典力学では「等速直線運動をするもの」が基本に据えられる。しかし文字通りに「等速直線運動をし続けるもの」など、（仮定以外に）この現実世界に実在するのだろうか。あるいは現実空間が非ユークリッド的だとすれば、ユークリッド幾何における三角形の性質（述語）について、それは真だの偽だのと教わったのは何について論じていたのだろう。科学や数学の分野ばかりでない。「理想の人生、理想の民主主義社会」や「社会全体が満足する幸福や正義」等についても、その述語を真面目に考えている人も多い。したがって「現実に対応する事物・事象の無」ゆえに「考えても、論じても無意味、無駄」、あるいは「ある述語を肯定しても否定しても、いずれも真偽不明」と簡単に割り切れるものではないこと、「空虚なもの」、あるいはこれに該当しそうなものは意外とたくさん身近に見出

されることを付言しておきたい。「考察三．3―1」、224頁の註（1）
も参照。

（6）存在を幻影視（≒虚ろ化）した偈に、非存在とされる「兎の
角」に喩えた「21.7」偈があり、幻影視が議論上の単なる思いつきで
はないことを覗わせる。

この時期ラッセルはその立場を概念実在論から唯名論的な存在論に
切り換えたと言われている。ただし実在論と唯名論の境は既述のよう
にそれほど明確なものではなく、（文の外延＝真理値と内包＝命題と
の区別は今は前面のテーマではないのだから）語や語句の指示物（re-
ferent、外延）と、意味（meaning、内包）の区別に専ら着目すると、
唯名論といえども現代の唯名論ならば、個物のほかにそれら個物の或
る特定の集合(1)の存在は外延として認めるのが普通である。ホワイ
トヘッド（1861〜1947）との共著『数学の原理』（1903）では「数」は
「集合の集合」とされている。とはいえ唯名論なのだから、「河童、人
魚」（不確定記述句）や「現在のフランス王」（確定記述句）のような
名辞（substantive）に関しては、その外延は空集合として認めるに
しても、内包的な概念（≒意味≒普遍）の存在などはできるだけ認め
たくないのが唯名論であるわけである。それでラッセルは日常文法か
らすれば主語にもなりえるこの種の“変な”名辞に対して、述語論理
の立場から分析を加え、個物たる元の空集合としての存在は認めるが、
そんな必要が必ずしもない「述語の表示物」たる内包については、そ
の存在をできるだけ“オッカムの剃刀で刈り込もう”とする(2)。

その刈り込みの様子を実感するために、それが存在するかどうかが、
また、それが足を持つか否かというその属性がしばしば話題となる「幽
霊」を験しに取り上げてみるが、この種の話は幽霊という存在そのも
のを唯名論的に考えたい人にとって次のように推移する。

〔14〕幽霊はすべて足を持つ＝（x）（xが幽霊であるならば、

106

その x は足を持つ）→（x）（Gx ならば、Fx）

〔15〕**ある幽霊は足を持たない** ＝ （∃x）（x は幽霊であり、
かつ、その x は足を持たない）→（∃x）（Gx、かつ、not-Fx）
……x が G であり、かつ、その x が F でないような、そんな x
が少なくとも一つ存在する。（「∃」は 'exist' の頭文字を逆転標
記した存在量化記号で「少なくとも一つ存在する」の意。）

　ここでは二文が、「x は幽霊である」と「x は足を持つ」なる要素
的な文関数（sentential function）をともにする複合文と見なされて
いることにまず注目してほしい。それゆえ、二つの要素的な文関数に
分析される主述文〔14〕の反対文は単純に次の〔16〕というわけには
いかず——常識的にも〔14〕の反対文は部分否定——〔15〕が当の部
分否定の文である。

〔16〕**すべての幽霊は足を持たない** ＝ （x）（x が幽霊である
ならば、その x は足を持たない）→（x）（Gx ⊃、not-Fx）

　重要なことは〔14〕〜〔16〕が真理値を持つこと、即ち〔15〕は存
在量化文（該当する個物の「数量」を問題にするので、かく言う）で
あって、傍線部の二つの述語を——特に述語 G を満たすような或る
個物 x が存在しない場合は「（∃x）Gx」が「偽」、しかし、これを
連言の一部とする〔15〕が「偽」の場合でも、〔14〕も〔16〕も「真」
という具合に（有意味で）真理値を有すことである(3)。

　次に注目すべきは、「述語論理」というにふさわしく、問題の名辞
「幽霊」が〔14〕〜〔16〕にあっては主語としてでなく、述語の位置
に現われていることであって、もしもできるだけ唯名論的であろうと
するなら、この立場は述語「G、〜is a ghost」が表わす内包的存在を
できるだけ刈り込もうとするのだから、その表示物が普遍として実在
すると直ちに認めなくていいと考えるのであり、もっと乱暴に言うな
ら、この述語は表わす対象（外延的集合でなく、内包的普遍）を欠い

た単に習俗文化的なことばにすぎないと見なすのである。

（１）とはいえ、赤い個物を「赤くないもの」から区別して集合化して考えようとするとき、「赤い（もの）」なることばの内包的意味を把握・理解していないと集合化することができないことなどを十分に考慮すべきである（小論22頁、註（１）参照）。だから、簡単に内包的意味（≒普遍）を消去できると考えない方がいいくらいである。唯名論を採るにはそれなりの覚悟が必要なのである。

（２）William of Ockham は当時（14世紀前半）のスコラ哲学に批判的な姿勢をとった。「オッカムの剃刀」はオッカム主義者の間で不必要な髭をそり落とすべしとのモットーの比喩的表現。

（３）「G」を満たす x が、実在すると目される個物の領域に見当たらないなら、「G である x が少なくとも一つ存在する」は世界の在りようの記述として「偽」。すると、その x が F を満たすか否かに関係なく〔15〕は偽。次に〔14〕なる条件文の全体は後件「Fx」が真でも偽でも（、つまり「偽 ⊃ 真」でも「偽 ⊃ 偽」でも）真である。〔14〕と〔16〕が「真」なのは "この世界の記述" の点でヘンだと思うだろうが、104頁の註（５）で示唆したように「すべての…は～である」という形の全称文は経験的仮説を立てることにできるだけ寛容であるべきだという科学の立場からして有益で、全称文を実証する過程で、これを反証する経験的証拠が出てくるまでは有意味なものと見なすというのが K. ポパー（1902～1994）の考えである。反証可能性と言われるこの考えにもいろいろな批判があるが、それは主に科学革命における Th. クーン（1922～1996）のパラダイム論との関係においてであって、検証・確証という面に限れば基本的には妥当と思う。ともあれ〔11〕～〔16〕は真偽を問える有意味な文──つまり、何らかの形で実世界に関わっている文──とされていることに注目すべきである。

　述語論理を同様に唯名論的に使って「現在のフランス王」なる名辞にも対処しようとするのがラッセルの確定記述の理論であって、要はこの名辞が本来的には主語でなく、述語なのであって、しかもその述

語が表わすものの存在を措定する必要が必ずしもないという点にある。それで「・」を連言、「⊃」を条件、「x is a present king of France」を「Kx」、「x is bald」を「Bx」と表記すると、先の〔11〕は「Kなる述語を満たす唯一の個体が同時にBなる述語を満たす」、あるいは「$\boxed{\text{i}}$ある人がKであり、そして$\boxed{\text{ii}}$他の誰もがそうでなく、かつ$\boxed{\text{iii}}$その人がBである――そんな人が存在する」と言い換えられ、「(∃x)(Kx・<u>(y)(Ky⊃ x=y)</u>・Bx)」(1)と表記される。この表記式は見た目いかにもむずかしそうである（。ただし、破線部$\boxed{\text{ii}}$ゆえにそう思えるだけで、基本的には$\boxed{\text{i}}$と$\boxed{\text{iii}}$との馴染みの存在量化文であることに留意）。だが、幸いにも〔11〕に関し、より単純な分析が青山氏の前掲著（前考察7頁）に紹介されているので、それを利用させてもらうことにする。それによれば〔11〕「現在のフランス王は禿である」は次の三文の連言に分析される。

① <u>現在のフランス王である</u>ような何らかのもの（人間）が、少なくとも一つある。（＝$\boxed{\text{i}}$）

② 現在のフランス王であるような何らかのもの（人間）は、多くても一つである。（＝$\boxed{\text{ii}}$）

③ 現在のフランス王であるようなすべてのもの（人間）が、禿である。

この場合でも、要点は同様に、「〜は現在のフランス王である」は"指示物の唯一性"を含意する確定記述句ではなく、外延が集合である不確定な述語「x is <u>a present king of France</u>」（＝$\boxed{\text{i}}$）と見なされており、①は馴染みの存在量化文であること、そして「the」の唯一性は「存在してもせいぜい一人」の意味合いで主に②がこれを担う――つまり「他の任意の個物yが「K」だとしても、それはすべてそのxにほかならない」で換言しうる、即ち「（y）（Ky⊃ y＝x）」と表記しうる――という二点である。それゆえ〔11〕（及び〔12〕）の

変項部分「〜」に入るべきものは「任意の個物」ということになり、あえて言えば、世界中のこれらの個物が〔11〕（及び〔12〕）の表示対象（――だから両文は世界の在りようの記述に関わる）ということになる。すると、①の傍線部の述語を満たす（＝真にする）個物（元）<sup>メンバー</sup>はこの世界のどこにも見出せないので、何を入れても①の、即ち「（∃x）Kx」<sub>Kであるxが存在する</sub>の真理値は「偽」であり（つまり、この世界のどこにも「現在のフランス王である」ような個物はいないのであり）、〔11〕――即ち「①と②、③との三文の連言」は、これを構成する文の一つが「偽」なのだから、「偽」でしかないであろう(2)。

　他方、〔12〕に関しては、前頁のうちの③が、

　　④　現在のフランス王であるようなすべてのもの（人間）が、禿
　　　　でない。

に変わるだけであって、〔12〕――即ち、連言「①、②、かつ④」においては、①が「偽」なのであるから〔12〕の真理値もまた〔11〕と同様に「偽」であることが判明する。それで〔11〕も〔12〕もともに「偽」なのだから、その否定が述語にかかるのか、命題にかかるのか――が曖昧（先の103頁・註(2)参照）だった〔13〕の内の、命題否定型の否定文；

　　**〔13′〕「現在のフランス王は禿である」（という）ことはない。**

が俄然注目を浴びることになるであろう。なぜなら、この型の否定は「〜（という）ことはない」という具合に主文の命題を否定しているのだが、こう否定することによって文全体の真理値は逆転するからである。それゆえ、この命題否定型の否定文を連言化すると、

　　**〔17〕「〔11〕現在のフランス王は禿である」こともないし、「〔12〕**
　　　**現在のフランス王は禿でない」こともない。**

という、その真理値が「真」である言明を私どもは手に入れることになる。これは大きな収穫ではないか！（まさしくこのタイプの文が中

観研究者を長年煩わせてきたのである。）

　もちろんこれは無自性論にとっての直接的な収穫というのではなく、無自性論にアプローチしようと比較検討材料を求めている私たちにとっての収穫ということでしかないのだが、ともあれこの収穫のほどを確かめるために、〔17〕中の〔11〕を「p」と表記してみる。そうすると、この連言文は一応のところ「pでもなく、pでないのでもない」という形をしており、一見したところは排中律破りをしているように見えるのに、ラッセルの記述理論に従えば排中律を侵犯することなく成立していること、また、たった今「一応のところ」と断った通り、〔11〕と〔12〕の二文は相互に矛盾しているように見えるのだが、これも“見かけの矛盾”でしかないと言うことができるのであって(3)、有意味で、真理値が「真」であるような、そんな事例文を私どもは具体的に手にしたと言えるわけである。

　（1）表記式は一つではなく、手元の哲学事典には「(∃x)(Bx・(y)(x＝y ≡ Ky))」とある（「≡」は双条件）。いずれにせよ、個体の唯一性を言う「x＝y」が肝心で、「K」と「B」を同時に満たすxが、「KならばB」を満たす任意のyにほかならぬ、という形でこれが示される。

　（2）「①が偽ゆえに〔11〕は偽」と断ずる方が、「偽」という形で世界の在りようの記述に関わっていると見なしうる点で、「〔11〕は無意味」と突き放すよりも、より自然で手広いことに注目したい。

　（3）先に「〔12〕は〔11〕の否定文の一つ」と述べた（101頁）のに、なぜ「両文が矛盾する」と言えないかというと、両文は①と②なる要素文を同じくするものの、③と④とが異なることによって別文だからなのである。即ち③は全称肯定文、④は全称否定文であることに注意。全称肯定文③の否定が全称否定である文④と矛盾関係にないことに関しては、幽霊についての〔14〕と〔16〕の事例で確かめてほしい。全称文の扱いについては考察三. 220〜221頁註（3）も留意のこと。

## 1―2．"暴れ馬"の二様の御し方

　早速に以上のことを『中論』に挑む者を必ず悩ませる喩例文の分析に応用する。解説書153頁には「18.8」偈の第四句に「一切は真実でもなく、真実でないこともない」とあるにつき、これは一切の事物から実在性の残滓を取り除くことを意図したものだと解すチャンドラキールティ（月称）が次のように注釈していると述べられている(1)。

　　〔それはあたかも〕**子供の生まれない**〔＝不妊（症）の〕**女性の子供というあり得ない存在に関して、「その子は色が黒い」ということも「その子は色が白い」ということもできない**〔のと事態を丁度同じくする〕。（傍点、傍線、〔　〕は筆者）

　少し困ったことには、傍線文の主語「その子」が確定記述句なのか、「幽霊」と同じ不確定記述句なのか？が不明確である。しかるに、もしもこれが「the」を含意する確定記述句ならば「現在のフランス王」と同類であるが、仮にもし「不妊の女性が生んだ不特定の或る子」なる不確定記述句だとしても、その時は以下の議論がもっと簡単になるというだけの話なので(2)、確定記述（「the child whose mother couldn't give a birth」）の場合を考えれば十分である。それで、まず「〜は不妊の女性が生んだ子である」を普通の述語、即ち不確定記述句「C：x is a child whose mother couldn't give a birth」と見なす。次に「the」なる唯一性を「(y)（Cy ならば、y＝x）」で表わし、これを式中に挿入するなど先と同じ手順を踏んで、元来が曖昧であった〔13〕タイプの内の命題否定型の連言文；

　〔18〕「**不妊の女性が生んだその子は色白である**」ということもないし、「**不妊の女性が生んだその子は色白でない**」ということもない。

について考えてみる。それで今は現代の生殖医療の発達は度外視するのが当然だから、主語の表示対象の存在可能性に関する状況は〔17〕

よりもさらに悪いと言える。なぜなら波線部「C」が既に矛盾しており、それだけで括弧内の文は論理的に、つまり〔17〕とは異なり、「C」を満たす個物を世界の中に経験的に探さずとも、「偽」と誰でも——概念実在論者でも断言できるからである。(これは傍点が示すように中観注釈者も「C」を論理的に矛盾すると認め、「（∃x）Cx」を「偽」と——それゆえ「（∃x）（Cx、かつ W x）」を、及び第二括弧文「（∃x）（Cx、かつ not-Wx）」を「偽」と——議論上は認めるということ。つまりこれは「不妊女性の生んだ子」が「現仏王」や幻影以上に虚ろなことを示す。)しかるにそうであるからこそ、「ということはない」なる命題否定型の否定文の連言である〔18〕の全体は、述語論理からすると「真である」ことがこの際大切で、「論理的にわけの分からぬ文は無意味！」に単純にはならないということが味噌なのである。これは言わば論理を含む通念に対する述語論理による批判的換言の試み——“本当の主述文を見出そうとの試み”と見なすべきであって、見かけの主述形式に執われることなく、第一の括弧文に既知の述語論理の適用を図るなら、これが「①ある x ——ただし②それは唯一である——は不妊の女性が生んだ子である（Cx）。かつ③その x は色白である（Wx）」なる実質的に三つの主述文の連言であること、即ち「（∃x）（Cx、かつ Wx）」なる馴染みの存在量化を土台に、②なる「x の唯一性」を「（y）（Cy ならば、x＝y）」という具合に全称量化も使って、これら三文の連言でもって表記をめざすのが、この場合の述語論理の適用の基本的な対処法なのである。

　（1）筆者としては「実在性の残滓を取り除くために」というよりも「ここでも主述文—概念的思惟の無意味さを示すために」と註釈した方が適切だと思う。ともあれ、この喩例は「有りえないもの」の慣用的事例であったのだろう。例えば前掲『大乗仏典（世界の名著2）』（中央公論社）にはチャンドラキールティ（7世紀頃）に先立つ自立

論証派の雄バーヴィヴェーカ（清弁、6世紀頃）「知恵のともしび」（梶山訳）の一章が収められており、そこに出てくる（294、296頁）。付言すれば、現代の生殖医療のもとでは「不妊（症）の女性が生んだその子は色白である」の主部はもはや矛盾概念ではなく、不妊治療の結果に生まれたその子を観察すれば、色白か色白でないかについての文の真偽が決まる（分かる）。医療の発達という世界の変化も含めて、この中観の喩例文は論理的真偽の性格、あるいは物理的真偽との境を考える上でも面白い事例と言える。

　（2）不確定記述句である場合も、「C」が論理的に矛盾している述定であることに変わりないから、「~（∃x）~Cx」は「偽」で、「「Cx、かつWx」でもなく、「Cx、かつ、not-Wx」でもない」は存在量化の平凡な連言で、全体が「真」となり、ずっと簡単に分析可能である。


　だが、このような処方箋に基づいて述語論理の適用領域の拡大を図るラッセルの記述理論による主述文分析に対しても、龍樹は、前節で示唆したように「無意味な概念思考」と無情にも切って捨てるわけで、この間の事情を次のような面白い偈が伝えている。


　〔空性を非難する〕あなたは、自分自身の誤りを我々に投げつけているのだ。あなたは、まさに馬に乗っていながら、その馬のことをすっかり忘れて〔「馬はどこにいる」と騒いで〕いるのだ。(24.15)


　述語論理や私たちは何も空性を非難しているのではないけれども、一応は吟味し、批判的に検討する立ち位置にいるわけである。それで、ここで言う「述語論理」とはこの偈に沿って言うなら、日常的な分別の理屈をはみ出した〔11〕～〔13〕のような"暴れ馬"を、そしてこれを二頭立てにした〔17〕や〔18〕をいかに手なずけるか、いかにすればこれらを主述分別の枠内で御しうるか？を尋ねる言明分析である

と見ていいであろう。したがってそれは、いかにうまく手綱を捌くか？の問題であって、騎乗の仕方を問題にしているわけである。だから述語論理は、手綱捌きさえしっかりしておれば、〔18〕などは見た目ほどには"暴れ馬"ではなく、論理の枠内に収まっていると見立てるのであって、ちゃんと調教して分析すれば、むしろ"有意味な並みの文以上に面白い（二頭立ての）馬だ"と、つまりは「お前さんたちの手綱捌きが下手なだけ」と言うのである。

　それなら龍樹ならどう対応するかをあらためて述べるならば、龍樹の本来的な立ち位置は「一切は真実でもなく、真実でないこともない」などの"分別？"さえも戯論と見なす(1)ほどの下馬の状態、つまりは一切の戯論の滅した無分別の状態であろうが、彼を含む中観派は馬上にあるを辞さないのであって、それどころか複数の言明からなる帰謬法などの推論式、したがって矛盾律などの有効な活用にあっては手綱捌きも鮮やかでさえある。もっとも、その騎乗の仕方は荒っぽく、暴れ馬だろうが何だろうがビシビシと容赦なく鞭をいれ、馬が潰れることなど一向に厭わない。けれどもいったん騎乗すれば、主述思考やその思考の整合性を図る論理則や推論式を部派や外教、私たち以上にうまく捌いて、「馬に体よく引きずり回されているだけなのに、そのことにまったく気づかず、中観の馬の御し方を乱暴至極だと騒いでいる私ども」を龍樹は次のように強烈に皮肉る――「乗馬（思考）の基本的なルールの遵守もおぼつかないくせに、私たちが推論において結合性を認めているだの、主述思考をしていてパラドキシカルで自己破壊的だの……、よく言うよ」と。――まさしくこれがこの辺りで述べていることの大枠の構図である。それゆえ私どもとしては、〔17〕と〔18〕の相似性の発見に浮かれることなく、足下の他の基本的な検討作業を継続しなければならない。まず気になるのは無自性論と幻影論との距離・遠近である。

（1）もしもこの場合の「真実」が「空（のさま）」と同義なら、これは本考察104頁註（4）で触れた「22.11」偈に通じ、実質的に「空とも不空とも言うな」を意味する。なお、本「考察二. 3―2―1」（182～189頁）でも「18.8」偈と「22.11」偈との関係を取り上げるが、そこでは二偈の解釈の関係はかなり微妙に思えるけれども、「二偈は矛盾しない、整合的」と結論した。その際、論理則破りにしか見えない「真実でもなく、真実でないのでもない」という言い方については、これを「考えうる場合の枚挙に関する修辞法」と見なした。

## 2. 論理則侵犯の許容は泥濘の途

　空という理の解明に携わろうとする者にとり、幻影・夢幻論は強烈な魅力を放って迫ってくる。その魅力のほどは、目前の対象が幻影かもしれないならば、それが幻影（＞幽霊）であるのか、ないのか？――幻影（＞幽霊）の本性からしてどちらとも断言しにくいのだから、たちまちに「有るのでも、無いのでもない」という、見た目、明らかに排中律、矛盾律破りの言明の"魔力"の虜(とりこ)になり、論理則の遵守なる当然の要請など、どこかに吹っ飛ばしてしまうほどの魅力なのである。

　もちろん私は例えば「幽霊などいない」と思い、（ぼんやりと）そう信じている。しかしながら真っ暗な夜の墓場を散歩するのは趣味でない。やはり「何か薄気味悪いもの――それを「幽霊」と言おうが言うまいが――がいるのでは？」と思うところもあるわけである。だが今は「科学の限界」などを論ずる気など毛頭なく、関心は幽霊についての〔14〕～〔16〕が真理値を有すること、つまり実際的には真偽不明でも、基本的にはいま真理値を有しうることであり(1)、非存在なことの、あるいは"足がない"という特定の在り方の、具体的な検証方法・手段が漠然としすぎていることを理由にして(2)「論ずるに値しない」にならないことである。それで、前掲の「23.8～9」偈と並ぶ

116

「17. 32〜33」偈（84頁）にあっては「煩悩・業・身体・行為者・業果」が「化作されたもの、蜃気楼のようなものである」とされていることから、これらを直ちに"幽霊並み"と簡単に済ませがちなことを問い直してみるが、この問いは龍樹と唯識との大まかな距離を測る上でも重要である。

　（1）典型的には未来事象は現在時点では幻のようなものであること、そしてそんな未来の事象を言明化した命題の真偽も現時点では不明であることなどを念頭においてのことである。ただし、その真理値がいろいろな意味で不明でも、現時点でその命題が真理値を持たないというわけではない。「大地震による津波で原発が損傷する（だろう）」との予想命題は「真」であった。

　（2）この場合、「「幽霊」なる日本語の間主観的な使用約束（文化的定義＝概念的枠組み）が約束通りに守られているか？」が問題なのでなく、「現実に幽霊が存在するか、足がないように存在するか？」が問題なのである。だが、これらを実際に観察・検証することはこの語の概念枠からしても困難なわけで、ラッセルの次の世代の論理実証主義者たちは（意味の）検証理論を展開することによって、ある言明の(真偽ではなくて)有意味・無意味の境界を明らかにしようとした。

　言うまでもなく「煩悩」も「業」も私どもには重要な事がらであり、まかり間違っても「論ずるに値しない」などと見くびってならぬのであって、それは例えば「自力念仏による浄土往生者」は真宗ではその存在が十分疑わしいが、「だから論じても無駄、無意味」と短絡的に無視できないのと同じであろう。即ち、主題がこのように「煩悩・業」であるとき、「これらは（化作＝仮構された"人"によって）化作され、陽炎や夢に似たものにすぎぬ」との断定に私どもが安易に肯いて幻影視するだけで終わらせようとするなら、その方が目を眩まされていることになりはしないだろうか？　確かに龍樹の説示の仕方だけを眺めていると、いとも簡単にこれらをなで斬りにしただけのようにし

か見えないが、むしろ彼は「夢幻・虚仮」なる断定とは逆に、それぞれの事物の芯となっているとされる自性、及びその背景に構える分別的な有自性論に不退転の強い覚悟で対峙したと考えるべきである。

なるほど、人間存在を含めた日常の事物を虚仮なるものと見なす観方は原始仏教以来の伝統を確実に引き継いだものであり、一切の事物を幻影化する流れは何も龍樹に創まるものではない。しかし幻影化は無自性論にアプローチする仕方の一つであるにすぎず、事物を「陽炎、蜃気楼」に喩えるのは初期経典を継承してはいるものの、この比喩に乗っかるだけでは龍樹の議論があまりにもつまらなくなってしまうことに十分な注意を払うべきである。あらゆるものを単純に幻影視するだけなら、確かにすべての言明、そしてそれらから成る思考に直ちに無意味の烙印を（押そうと思えば）押すこともできるであろう。また、それが仏教徒にはお馴染みの"一切を虚仮と見る存在論"になることも確かである⑴。

だが、これでは後の唯識に近すぎなのがまず大いに気に懸かる。それに何よりもいま述べたように、これが龍樹の議論のすべてだと安直に納得してしまうのは、『中頌』の哲学的価値を下げてしまうことになりかねない。即ち、これで済ましてしまうのでは、議論があまりにも平板で単純になってしまって、当時の龍樹が置かれていた緊迫した状況のさまがこちらに丸っきり伝わってこないという恐れがある⑵。多分に彼は、部派に典型的に見られるように表向きは無常観を標榜しているにもかかわらず、教説に頼りきることによる濃厚な有自性論（＝教説やそれらの理解に関する思考が主述形式の概念的思惟であることに盲目のわれ知らず有自性論、及び、そのことに知らぬ振りをする隠れ有自性論）が日に日に跋扈の度を増していく雰囲気に強い危機感を懐いていたはずである。彼はその状況を釈迦以来の仏説の要を根本的に揺るがすものと苦々しく思っていたに違いない。したがってその危

機感は、流動的に変幻する縁起世界の体得の勝義性を原初の仏意に沿って再強調することに——即ち、縁起する世界が空だと体得的に実感するという知（体得知）がことばを離れていることを正当化する、より強固な立論、つまりは「主述なる分析的思考の否定（→戯論の全面否定、分別的概念思考の断）」を企てることに——目いっぱい注がれたと考えられるのであって、その端的な表われが「空—無自性論」にほかならないわけである。

　それゆえ、あらゆるものを虚仮と見なし、「ゆえにその肯定も否定も無意味」に一気に繋ぐのが龍樹だと解す向きもあるかもしれぬが、それ以前の「虚仮である」ことの論拠が「一切の主述言明の不成立（、加えて、論理的な結合的推論思考の不要さ）」にあるとするのが龍樹の無自性論の眼目だとあらためて主張し直したいわけであり(3)、したがって、仏教としては常識的な夢幻論のみならず、ラッセルの論理学的な主述分析（記述理論）(4)をも射程に入れる勢いで、「こういう類いの"主語—述語"分析（＝概念的思惟）もまた成立しない」と論ずることが"龍樹の独創性に溢れた立論・存在論だ"と言いたいのである。つまり、この"存在論"の思想的・哲学的意義は初期仏教を掘り下げて、ことば・概念という、より根本的な次元での「主述言明の不成立→思考の不成立（→推論という結合的思考を含む思考の不要性・無用性）」に立脚していると強調したいわけである(5)。

　　（1）しかるに理解・解説に当たろうとする小論が龍樹の側に立たないことは、原則Δの明示からして明らかである。龍樹の慮る"危機的状況"に共感しつつも同調しないのは、結局のところ個人的・私秘的な瞑想の境地は他人には伝達の仕様がないに対して、私たちは公共的なことばや概念を使って理解・解釈・解説せざるをえないからである。社会的な約束ごとであることばを使って何とか伝達・コミュニケーションを試みるとすれば、ことばの一定の安定性を当てにせざる

をえず、その一定の意味まで虚仮で当てにならぬものと見ては、理解も解釈もその成立の余地がない。

（2）その雰囲気を些（いささ）かでも実感するために「考察一．3—3—1」"心は三次元の延長体か"で論じた（43〜45頁）ことを再度取り上げてみる。――私たちは心を「大脳・神経系（＜物質）のある状態に他ならない」とする一方で、「まっすぐな心」という心の三次元性を前提にしたことばを平気で使う。これが表現として許されるのであれば「ねじ曲がった心、歪んだ・屈折した心」も当然認められ、「浮わついた気持―気持の沈み」「凍てついた心―煮えたぎる心」も有意味なはずである。これらは「現在のフランス王」や「幽霊」という概念が有意味かどうかよりも遥かに日常性があり、通用性がある。（同様に、危なっかしい概念枠に基づいて「潜在識」が声高に主張されることの問題については既に触れた。）ともあれ、かように私たちは"心のあり方"に関する諸概念にあたかも自性を認めるかのような言葉遣いを平気でやっているのであり、それどころか「パソコンが記憶する、考え中である」など、まるでこれらの機器を人格（心）を持つものであるかのように平気で語る。そうかと言って、物体に過ぎないこれらの機器の内部で実際に生起している一連の諸事象を物的なプログラミング言語に読み換えることは不可能で、私などは生分かりの、明らかに戯的なことば・概念を用いるしかない。だが、こうだとすると、物的言語で表現されるべき物的現象の世界に対して私どもは、その現象を龍樹が求めるように"幻影"と見なしていないどころか、反対に、諸概念の使用によってパソコン（の心？）にまで（、あるいは「コロナウィルスの巧妙な突然変異策」などと）戯論化、戯思考化を拡大させていると驚かざるをえない。

　以上、少し龍樹の肩を持ちすぎたが、要するに龍樹の最大の課題は概念化を離れた瞑想の世界の勝義性、とりとめなく流動する縁起世界の強調であり、ことばと有自性性（せい）との間に漠然と想定されている対応性の打破にあったと考えるなら、それは唯識の「一切の事象の夢幻化」の論証よりも遥かにむずかしい課題であったはずである。「夢だから無意味」ではなく、「自他、異同、結合、変化などは、漠然とした形

であれ、有自性性を前提してこそ成立する」という形で言語・思考の（本能的）本質部分を的確に捉えて、これを全面的に崩そうとしたのが中観派ではなかったかと思う。だから、龍樹の批判は「心の働き」がまだまだ未解明なのに乗じて、今もって諸問題を「心という神秘の小箱（ブラックボックス）」に投げ入れ、妖しげな「無」の出力（アウトプット）で終わらせようとする奇妙な心理主義に傾倒する考えにも及ぶ。あるいは、認識知の成立の際に普遍問題を「心という魔法の小箱」の中に放り込み、いわば“アポーハ・ロンダリング”を企て、概念の形成を心の不思議な働きで一様に説明しようとする学派にも及ぶと思われる。このような部派の一派や西田の追随者が実質的に「自性を認め、分別を優先する有自性論者でない」とどうして言えようか。

（３）前考察「３—５」参照。原則Δ→相関的存在の無自性論が放射状に論点を波及させ、主述思考の不成立から推論形式の論理的思考も不要と見なすまでになることに、この後も注目してほしい。

（４）確定記述理論、及びこれが基づく述語論理は普通の主述形式の日常言明の、即ち日常的思考の批判的分析と見なしてよく、その批判精神は龍樹にも大いに通ずると見ていい。「考察三．４—３」参照。

（５）繰り返すが、唯識の教説を「夢幻ゆえにその言明は無意味」という主張に要約するとすれば、「主述文の不成立ゆえに一切の言明は無意味」とする龍樹は「虚仮」に対する新たな哲学的根拠付けを行ったと見るべきである。「一切事象の夢幻化→無意味」だけなら、あまり新味はない。

　それゆえ「無自性論と幻影論との距離」とはほかでもない、「あるものが幻影である」ならば「幻影」が当のものの自性であって、それは無自性論ではなく、有自性論に属す。「いや、そうではなくて、「当のものが幻影であるかどうか疑わしく、どっちとも断言できない」という意味で幻影論は「（〜で）有るのでも無いのでもない」と言う」と抗うならば、「あなたは本気で論理則を破るつもりか？」と問わねばならない。だが例えば「くまモンは人であるのでも、人でないので

もない」と聞き、なるほどとばかりにここから論理則の破棄へと議論
を進展させてどうなるのか？　普通なら、これを「くまモンはぬいぐ
るみである」ことを洒落て言った修辞法にすぎぬと思うはずで、泥濘（ぬかるみ）
の「論理則の破棄」へと馬を進めようとするなど、相当に筋悪な乗り
手と呆れるしかない。それで修辞法にすぎぬと見なすのが普通なら、
つまり全部が全部そうでなくとも、修辞法と解す可能性も確実にある
のなら、なぜこの種の普通の解し方をまずは「中観の真髄は〈有るの
でも無いのでもない〉にある」という不得要領の件の“解釈”に応用
して考えてみようとしないのか？が質（ただ）されるべきである。けれども、
この「見かけの論理則破り」の問題よりも先にさらに基本的な論点で
あるところの「否定」についてもっと検討しなければならない。

## 2—1.　否定の文脈と無自性論の射程

　既に「他性」という或る自性の「否定的自性」を俎上にあげ、また
随所で「無意味」や「不成立」などの否定辞を頻繁に使ってきた。そ
して前節では「幻影視」という「リアリティの剥奪」、あるいは「リ
アリティの否定の試み」や「命題否定型の否定」を検討材料にしたの
だから、この辺りが「否定すること」についてまとめて考えるいい機
会である。この際インドの文法家たちの否定に関する一般論とも言う
べき議論を念頭に入れておいた方がよい。というのも、この種の議論
は既に紀元前のパタンジャリによって言及されているそうで、龍樹も
これに関連する事がらを常識的なこととして援用していた可能性が十
分にあるからである。

　桂・五島著の解説（148頁）によれば、インドの文法学者は否定に
種別があると議論していたようである。中でも注目すべきは「定立的
否定」と「非定立的否定」の区別であって、前者は「これは壺ならぬ

ものである」、後者は「〈これが壺である〉ことはない」で代表させる
ことができる。前者は「壺ならぬもの、例えば皿がここにある」を含
意（定立）しているに対して、後者はそういう他の事象や存在を含意
せず（非定立）、ただ単に純粋に否定しているだけだと言う。簡潔に
二つの否定の違いを示せば次のようである。

　　**定立的否定（パリウダーサ）** ＝他の事物（の肯定）を含意する
　　否定。

　　**非定立的否定（プラサジュヤ・プラティシェーダ）** ＝他の事物
　　の肯定を含意しない否定＝単純（で純粋）な否定。

　そうすると、現代の論理学、ことに命題論理学にあっては、否定す
ることによって何か他のものが肯定的に含意されるかどうかをことさ
らに云々することはなく、単純に否定するだけだと見なしていいから、
その否定は大体のところはインド文法学者の言う「非定立的な否定」
に帰属するものと思われる(1)。では「定立的否定」はどうかという
と、解説書350～351頁の注の「非バラモン」などの語例のように、否
定辞がつくと、その否定的概念・否定的述定が何らかの事物を、例え
ばこの語の場合なら、「バラモンに似ているが、バラモンではないク
シャトリアなど」を肯定的に含意するというのである。

　しかるに「否定が含意する事物」とは、厳密に考えようとすれば相
当に曖昧で、定立的否定とされる「壺ならぬもの」が常に「傍らの皿」
を含意するとも思えず、それは「壺」や「皿」という語の一般的な概
念枠、　そして何よりもその時の状況・脈絡次第で決まるであろう(2)。
それで言語の公共性を考えれば、ある概念の枠組みや当の語句が現わ
れる脈絡（context）なるものにその社会文化が関わらないわけがな
いのであって、この「非バラモン」の場合なら、種姓制という文化的
背景がどうしても反映されると考えられる。したがって、かくなる種
姓制とは本来無縁のアレキサンダー大王や玄奘三蔵について「非バラ

モンである」と述定することは、完全に不成立とは言えないにせよ、多分に場違い・筋違いの（≒無意味な）言葉遣いなのだろうと考えられる(3)。他方、「壺ならぬもの」については、文化の共有（的な理解）やことばの使用約束という面からして「傍らの皿」を肯定的に含意する（時も大いにある）と私どもも十分に首肯できる。

　（1）ただし、後述のように含意の如何が脈絡などに左右されるとなると、命題否定が非定立で、何も含意しないかどうかは問題で、「兎のこの角が赤いことはない」を命題否定＜非定立と取ったとして、これで「兎の角以外の耳などの何らかのもの、赤以外の色を含意的に連想する」ことまで禁じておらず、何を連想するかはその人任せである。だから、「否定による含意」の中にかくなる〝任意の連想〟も入りうるのなら、「命題否定なら非定立」とは一律に言えないのでは？と思う。「くまモンは熊でも熊でないものでもない」が「ぬいぐるみである」を修辞法的に含意する場合もあるわけである。

　（2）「現在のフランス王」も、これが現われる脈絡がデュマ『三銃士』なら〝虚ろ〟ではない。

　（3）「アレキサンダー王は非バラモンである」は彼が王族であるだけに成立するかにみえるのだが、多分にお門違いの言葉遣いであろう。この語の使用法・意味の詳細は不明だが、アレキサンダーへの適用は不適切としても、不適切ゆえに「アレキサンダー王はバラモンであることもないし、非バラモンであることもない」は、彼が外国人であることの修辞法として十分成立すると思える。


　さて、ここでは否定に際しての含意内容の如何や有無を問題にしようとしているのだが、否定である・なしにかかわらず、一般にことばの意味にはもともと曖昧な面が付きものだということにあらためて注意を促しておきたい。即ち、今ほど述べたように、ことばの意味を論ずる際には、ことばがそれぞれに特有の概念枠を背負っていることを念頭に置いておかねばならないし、その意味たる概念枠とは社会的な

124

約束ごと（convention）であって、相当な解釈幅を許すのである。また、当のことばの現われる脈絡や状況にも留意しなければならないのだが、私どもは大抵の場合、こういう複雑な思考過程のほとんどを明確に意識することもなく、その分別的理解を割りと臨機応変にやってのけているわけである。

　どういうことかと言うと、前節では「現在のフランス王」や「幽霊」のように日常的通念からして存在しないものやその存在が疑わしいものを比較検討の事例としたが、こういう「不妊女性の生んだ子」や「空華、天馬」などのことば・概念も、本来ならば、何の脈絡もなく思考の中に現われるのではなくて、そこには脈絡があり、既に一定の概念枠（≒意味）や仮定前提を担って、その中に現われるわけである。このとき、各語句の使用法（意味・概念枠）と文全体の意味、あるいは全体の脈絡との双方は相互に関わり合い、フィードバックする相互作用の結果として、その時々の語・語句の果たす役割が決まってくると考えられる。その「役割」とは文全体での意味形成の上での要素としての役割であって、要素的な意味を担う語句として文（脈）全体からあらためて意味が与え直されると言うべきかもしれない。それで、このことを「無心」という語が現われる次の文で確かめてみる。

　〔19〕困窮した彼は親戚の家に無心に行く㈠途中、無心に遊ぶ子供たちを見て㈡涙が溢れた。そんな彼が遊行の旅に出て、数年後には無心の境地を体得した㈢。

　これらの「無心」は同一語である限り共通の基盤的な意味を有すはずなのだが、（一）〜（三）なる構成文の各々から「無心」の各々に相応の意味が与え直され、そして〔19〕なる文（脈）全体から（その意味の相違を含めて）あらためて各々の意味が与えられ（て確定す）ると見なしうるのであって、そういう意味論の観点からしてもやはり三様に解されるべきであろう。つまり「無心」は三様の異なった役割

を果たして、各構成文全体の、ひいては〔19〕全体の意味の構成と提示に貢献しているわけである。

　このようなことは「ない」などの否定辞が現われる言明にあっても基本的には同様のはずだと考えられる。例えば〔13〕中の「現在のフランス王は禿であることは<u>ない</u>」にあっては、これが「禿（である）」という述語の否定なのか、命題の否定なのか？――両義的で曖昧だと実感したのであって、通常ならこの否定辞は全体の文脈からも意味・役割が与えられ、その意味がよりはっきりと決まる場合が多いのに、脈絡が必ずしも明確でないこともあって、否定辞の役割が決まりきらないという場合もまま生じるのである。それで、これに該当する事態を以下の事例で検討してみることにする。例えば（「あれ」を定項「a」、「花である」を「F」、「赤い」を「R」と表記し、文型も示すと）

　　〔20〕**あの花は赤い。**＝Fa、かつ Ra（a は F であり、かつ、a
　　　は R である）

と言うとき、前考察「3―2」（31〜32頁）でも述べたように話者は少なくともあそこに花が在ることを前提して、こう発話したのであり、また「花ならば何らかの色を有す」という「花」の概念枠に基づいてそれが何らかの色を持つことを当然のこととして述定しているわけである。しかるに「語や語句の概念枠」なるものは、少なくとも当の話者にとっての存在論的前提、即ち、存在に関する仮定と見ていいのだから、話者のその前提がいつも正しいというわけではない。例えば「赤い」とは見えたものの、それは照明灯のせいだったという場合もあろう。そんなときは、

　　〔21〕**あの花は赤くない。**＝Fa、かつ not-Ra（a は F であるが、
　　　a は R ではない）

という否定的な言明が「真」である。けれども「花」と見えたものが実は布切れだったという場合や、一見したところは「花」に思えるの

だが、植物学的には萼が変形したものであって「花」とは言えないという場合（「aは花でない」が真）もあろう。このような場合は「あの花は」と主題にしたこと自体が——つまりは主題に関する話者の存在論的前提が"虚しく空を切った、当てが外れた、虚ろ化した"のであって、〔20〕なる言明の発話全体が「無意味」と糺されても仕方がないと言え、そういうことからすると、先述の「幻影視」に、あるいは「現仏王は禿である」にかなり近い状態にあると考えられる。しかしまた、そういう場合があるからこそ、

　　〔22〕あの花は／あの花が赤い（という）ことはない。

という形の両義的な否定文について、これが命題否定型の否定文であるとしたいのならば、

　　〔22′〕「あの花は／あの花が赤い」（という）ことはない。＝not-
　　　（Fa、かつ Ra）

と引用括弧をつけ、否定されるのは括弧内の主文命題であることを明確にしなければならない。なるほど、この曖昧さは〔22〕が具体的な脈絡抜きの単独の文として語られていることに由来するとも言える。しかし脈絡がある程度明確でも、〔22〕の否定それ自体が曖昧ということも、やはり問題なのである。

　それで次に、基本的には同じことなのだが、問題が主題の側にあるのではなく、述定が"空を切る＝無意味である"ケースを考えてみる。周知のように原子には色がないとされている（＝「無色」を概念枠とする）のに、物体は一般に有色であることからして、原子の拡大映像を見て誰かが次のように言ったとする。（「これ」を定項「c」、「原子である」を「A」、「赤い」を「R」と表記）

　　〔23〕この原子は赤い。＝ Ac、かつ Rc（c は A であり、かつ c
　　　は R である）

　しかるに〔23〕が話者の基本的な思い違いに基づくことは第三者的

に明らかだから、聞き手がそれを糺そうと、

〔24〕**この原子が赤い（という）ことはない。**

と否定するとき、〔24〕は〔22〕と同様に周囲によって次の二様に解される可能性がある。この曖昧さは助詞を含む言い回しの工夫や述語論理という人工言語によって相当に回避できるけれども、それでも単独文であることも手伝って、やはり限界がある。それで紛れをできるだけ避けるために人工言語・文型優先で示すならば、その両義性は次のようである。

〔25〕Ac、かつ not-Rc ＝ **c は原子であり、かつ c は赤い（という）ことはない。**

〔26〕not-（Ac、かつ Rc）＝ **「c が原子であり、かつ c が赤い」（という）ことはない。**（…これは〔23〕なる命題の全体的な否定である）

けれども文型の明示にもかかわらず、平易に理解しよう、させようと、〔25〕を右辺のように日常語に直してしまうと、その否定の曖昧さが再出し、傍線部が同じように二様に解されうる。次の〔27〕はその一つ目の可能性であり、〔28〕は二つ目の可能性である。

〔27〕Ac、かつ（not-R）c ＝ **c は原子である。そして c は赤に非ざる色（not-R）を有する。**（…述語にかかる否定。「not-Rc」なる記号の論理学における約束上の本来の読み方）

〔28〕Ac、かつ not-（Rc）＝ **c は原子である。そして／しかし、「c が赤い」（という）ことはない。**

「ない」の現われ方次第で面倒となるというこの種の議論を更に続ける必要はあるまい。注意すべき点は〔24〕以降の各文が（とりあえず「Ac」は真であるとしておくと、）同じような否定なのに、話材の概念枠や脈絡次第で、つまりこの場合なら「原子」という語の含意内容の如何で当の文が有益な情報を伝えているか、（有意味としても）

調子外れで場違いであるかが分かれてくることである。例えば〔26〕は科学的（に常識的な脈絡）にも十分に成立する文であり、話者が原子が何らかの色を有するという思い違いをしていることを根本的に糺している文だと十分に解し得る。〔28〕も解し方次第で十分にそう読める。

　しかるに、流れ・脈絡が意味の有力な確定要因だという点からして、むしろ注目すべきことは、〔26〕の「not-（Ac、かつ Rc）」という否定文が「原子に関してその色を云々するな、原子の色を論じても、その概念枠からして無駄だから、そんなことは言うな」と言っているのに等しいとも十分に言えることである。また、〔28〕の「not-（Rc）」もそう読む余地が十分にある。この種の解し方は、話者が「あの花」を主題にしているつもりなのに、その「あれ」が花ではなくて布切れや夢だったりした場合に、聞き手が話者に対してその根本的な思い違いを糺す意図でもって「"あの花"を主題にして、その属性を云々しても無意味だ！」(1)に通じ、——さらには「いかなる主述判断を下しても、そのような判断はすべて無意味（だから、語るな）！」という無自性論の主張にも十分に通じてくることであろう。即ち、無自性論の立場から為される"糺し"はどうも非定立的否定に属すように思えるのであって、「無意味なことなど云々するな！」という否定的な要請が、この否定によってポジティヴに含意するものなど何もありはしない、というのであれば(2)、これが「非定立的否定の一つの有力な用法≒意味である」ことはほぼ間違いないだろう。

　もう少し付言すると、以上の検討は「無意味なことなど語るな」と求める非定立的否定と「主述形式によるすべての判断は無意味である」とする無自性論とが両立しうること——換言すれば、「すべての主述判断は無意味だ！」と切って捨てる"論理的に帰結した結論（前考察「3—5」末尾）"が、本考察冒頭で記した幾つかの"問題—疑問点"

と折り合う可能性があると見えてきたことを意味するであろう。——これは大きな成果である。

　その折り合い可能性の内訳の検討の前に、もう一度この事態を確かめるならば、それは次のようであった。——同じく「無意味！」と切り捨てるにしても、無自性論に立脚して切り捨てる場合と日常通念的な立場から糾すのとでは"無意味と断ずる根拠"において相当に異なる。つまり、後者の立場は"科学的な常識"を含む「通念」という漠然とした理由から無造作に「現在のフランス王、原子の色」などに関する述定言明を無意味と断ずるが、そのあまりの無造作さのゆえに、ラッセルたちによって「そんなことはない。有意味で十分に真理値を持ちうる」と反撃・批判されたのである。

　実際、〔20〕「あの花は赤い」の否定が〔21〕なのか、それとも命題否定型の〔22′〕なのか——どちらにも取れて、解し方が曖昧であるが、述語論理に基づく分析によれば、「あれ（a）」が本当は夢であるものの思い違いでしかない状況では、「Fa」が文句なく「偽」であるから、「a は not-R である（赤くない）」がたとえ「真」でも、「Fa」を連言肢とする〔21〕の真理値は「偽」である。他方〔22′〕は、同様の思い違いしているケースでは「Fa、かつ Ra」が「偽」で、これを丸ごと否定しているのだから、全体としては「真」である（だから念のために言えば、無自性論との間を取り持つ形で"虚ろな"事例文を身近に探そうとし、「現在のフランス王」をその事例としたが、「一寸法師、ゴジラ」などの確定記述句がその文の主語である必要はなく、「河童、生きている屍体、三角形の円」などの"虚ろな"不確定記述句であれば十分である）。しかるに前節の繰り返しになるが、ラッセル流の記述理論に基づく分析とは、結局のところアリストテレス的な日常文法による通常の分析では隠れている"本当の"主述文を分析的に提示する作業なのだから、依然として主述文が基本となっているこ

130

| | 〔21〕の系 | 〔22〕 | 〔27〕 | 〔28〕 | 〔12〕 | 〔13〕 |
|---|---|---|---|---|---|---|
| 事例文 | あの花（実は夢）は非赤である | 「あの花（実は夢）が赤い」ということはない | この原子は非赤である | この原子が赤いということはない | 現仏王は非禿である | 現仏王が禿だということはない |
| 通念 | 無意味 | 有意味で真 | 無意味 | 曖昧。有意味で真も可能 | 無意味 | 曖昧。むしろ無意味か？ |
| 述語論理 | 有意味で偽 | 有意味で真 | 有意味で偽 | 曖昧。有意味で真も可能 | 有意味で偽 | 曖昧。有意味で真も可能 |
| 無自性論 | 無意味 | 「言っても無駄」の意なら成立 | 無意味 | 「言っても無駄」の意なら成立 | 無意味 | 「言っても無駄」の意なら成立 |

とに変わりはなく、龍樹の無自性論はこの種の論理的な分析を経た主述文、即ち、自性を有する個物と述語的自性を相関的に関係づける思考の営み全般を斥けるわけである。

　この辺り、議論が相当に入り組んでしまったが、これまでの事例の幾つかを対比的に上の一覧表で示す。このうち特に注目してほしいのは、無自性論が文・言明の一切を「無意味」と見境なく切り捨ててはおらず、「〜ということはない」という非定立的否定に属すと思える否定文の成立に関して、一応のところ"認めている"と見てもいいことである。

　だが、果たして本当に"認めている"と言えるのかどうか？——「〜ということはない」も述定の一つであるとすれば、是非とももっと検討すべきであろう。というのも、その理由はざっと二つあって、まずいま述べたように①「it is not that〜」が「〜ということは（that）」を主語とし、「でない」を述語とする主述文と見なしうる、というのが一つめの理由である。小論では一貫して「龍樹は主述分別文の成立を否定した」と述べてきた。

　次に②、——これは①にも直接響いてくることだが——前考察でも触れてきた言語行為との関係がよりはっきりと浮かんでくるからである。つまり、もし相手が花でないものに対して「この花は…」と言っ

ているのなら、「〈これが花である〉ということは<u>ない</u>」と——発話者
の「花」なる存在に関する前提を覆す意図で——言って咎めているの
であろう。そうすると、傍線部の非定立的な「〜ということはない」
と、「〈〜ということはない〉と咎める、糺す」という言語行為との関
係に焦点を当てるなら、この「咎める、糺す」という行為は、「花で
はないものを「花は」や「花である」と話材にすること自体が無意
味<i>！</i>」と切って捨てる行為、そして「わけの分からぬことを言うな、
黙れ<i>！</i>」に至るさまざまの強さのニュアンスを持つ言語行為のいずれ
にも敷衍しうる。

　それで、私どもの現在の主要関心事は半ば常套句化した「〈Pであ
る〉のでも<u>なく</u>、〈Pでない〉のでも<u>ない</u>」という「排中律破りにし
か見えない言明」と或る文脈中に現われる否定辞の役割に関わる問題
なのだから、もしもこの傍線部の否定が（ ⬜1 主述文における述語で
あり、また、） ⬜2 「意味のないことなど口にするな<i>！</i>」とも解しうる
言語行為的な非定立的否定であるとするなら、つまり、この否定が"発
話停止の要請（←思考停止の要請）"であると解しうるなら、私ども
の視界は次のように一挙に開けるのである。

- ▲₁：第一に、「P（花）である」と言わせない。また、「not-P（非
花）である」とも言わせない。「花」も「非花」も自性なのだか
ら、そんなことを口にしたり、そう思考したりすれば無意味なこ
とになるぞ、と咎める。

- ▲₂：それゆえ「〈Pである〉のでもなく、〈Pでない〉のでもない」
なる連言に自ずと至りつくが、このように見た目排中律を破って
いるのみならず、"本当によく咀嚼できない言明"に対しても、「そ
んな無意味なことも言うな、考えるな<i>！</i>」と——「無意味な▲₁
を繋いでも無駄<i>！</i>」と——発話停止、思考停止を要請的に命令す
る。

132

それで、こうだとすれば、▲₂の傍線部の排中律破りで咀嚼不能な言明も咎められ、発話停止を求められていると考えていいのだから、「〈Pであるのでもなく、Pでない（≒ not-P である）のでもない〉ということはない」なる排中律は、龍樹にあってはむしろしっかりと保持されていると見なしてもいいわけである。即ち、波線部の「ない」も同種の言語行為的な非定立的否定と見なしうるのだから、これは「傍線部のように言うな、考えるな！」と命じ、律している律だとあらためて確認できるのである。（もしこれで得心がいかないなら、この排中律の議論に、「〈無自性であり、かつ有自性である〉ことはない」（通常の思考のあり方に対する龍樹の糺し、咎め）と「そんな矛盾したことを言うな、考えるな！」（否定命令的な言語行為）とを連結させる矛盾律の議論と、対で対応させてみればいい。）

さらにまた、『中頌』に悩まされた苦い思いがある人の視野の内に、「生ずるのでも生じないのでもない（≒不生不滅）」で有名な「八不」が入ってきても不思議はなかろう⑶。即ち「不生不滅」とは「Pなのでもなく、not-P なのでもない」の形の一つであるが、平たく言えば、このように「（分別的に考えれば）排中律のみならず矛盾律をも侵さざるをえないようなことを言うな、考えるな！」が龍樹の「咎める」という意味での言語行為の遂行なのだと見なしうるわけである。それはとりもなおさず「〈Pなのでもなく、not-P なのでもない〉ということはない」ということなのであって、龍樹はここでもこれらの律を遵守していると言えるわけである。なるほど時代環境からして「論理則を遵守しなければ」という意識が強い使命感としてあったわけではなく、論戦で相手を詰まらせることに主眼を置いていたと考えれば、「排中律や矛盾律を形の上で破っていると思える〈有るのでもない、無いのでもない〉と龍樹は説いた」と言ってもいいのかもしれないが⑷、

しかしこの種の解釈・解説はいかにも"拙い賞讃"でしかなく、日常的にさえ馬（ことばによる思考）を乗りこなせているのか、危うい人による"怪しげな解説"でしかないであろう。

　なぜ"怪しい"か？――要するに「不有不無」が「八不」に通じ、「八不」が「戯論停止」を実質的に求める言語行為的な非定立的否定に通じるのなら、「不有不無」も「咀嚼不能・趣旨不明なことを言うな！」と咎める言でありうるのに、この面を考慮に入れず、「不有不無」が幻影・幻想一般の慣用的な述定・言説でもありうるという、もう一つの面しか見ていないからである。つまり、かの解釈・解説は後者の面に着目するのみで、「不有不無」が内包する否定命令的な言語行為の面を見過ごし、結果的に無自性論と幻影論との距離・遠近のほどを見逃してしまう恐れがあるわけである(5)。ともあれ、「不有不無」なる言には大いに神経を使う必要があると再三にわたって言ってきたのであって、これが怪しげな解説でしかないことを確かなものにするために、この論点に深く関わる「論理則の見かけの侵犯の問題」、即ち、それが幻影を含む何らかの修辞法である可能性をもっと検討することが大切であろう。その際、論理則とは"もの"の関係ではなく、複数の文の関係において問題視されるのだから、複数の"こと"の関係に注意すべきことは言うまでもない。

　　（1）小論では「無意味」なる語をさまざまの意味で使った。ざっと挙げると、①単なる音・文字の羅列で意味が皆無、②伝えるべき新奇の情報がない、③場違いで脈絡を外れており、馬鹿らしい、④論理則や推論規則（、あるいは小論の原則Δ）などを破っている、等々である。この場合は③の「無意味」だが、以後、②～④を微妙に重ねて「無意味、無内容」と言う場合もある。

　　（2）命題の否定は非定立的否定に属すと思うが、既述（123頁、註（1））のように、ポジティヴではないにせよ、何らかの事物を修辞的に含意したり、連想させたりすることはあると思える。

　（3）否定と矛盾律に関連する問題は「不得要領」の事態と絡めて本考察「3─2」、考察三「4─1」の「八不」の議論でまた取り上げる。「不生」などは非定立的否定であろうが、これらを「不生不滅」と連言化すると不可解で実質的な矛盾状態に至ってしまうこと、しかし「八不」には、分別的理解の不能性の言語行為的な説示にこそ議論の重要なポイントがあるとそこで結論する。

　（4）「言っていいのかもしれない」と曖昧に言うのは、「不有不無」を「八不」の同類と見なし、「八不」を「縁起世界の自性でもある」と後述するのと辻褄を合わせようとしたからである。これについては193〜195頁の註（7）で言及するので、ここでは曖昧にしておくことを了解願う。

　（5）唯識は幻影論を核として原始仏教─龍樹を継承したと推測できるが、小論の傍系のテーマでしかない。

## 2─2．論理則の見かけの侵犯

　周知のように中観派に代表される"仏教の論理"が矛盾律を破っているかどうかは特に近代以降の日本の哲学において何かと話題の種になってきた。仏教的思惟の特殊性を強調したい人は「矛盾律を破ってみせた」と大胆にも言い切ったりする。このような傾向は、印象にすぎないけれども、ヘーゲル的な観念論から西田哲学に至る漠然とした流れに根ざし、皮肉なことにインド仏教学を専門とする人よりも比較思想畑の人たちの間で今も一定の暗黙的支持を得ているように思う。それで誤解がないように言い添えるが、インド哲学における二種の否定の別に注目する人たちは例えば解説書148頁に見られるように、「中観派は矛盾律破りなどしていない」という側に立とうとして否定の別に触れるのであって、「西洋の論理を超えた」なる評価に加担しようなどとは考えていないはずである。

　既に前考察「3─4─2」で同一律に関して、そして「間奏曲．4─2」では「龍樹は論理則を破っていない」との小論全般にわたる解

釈仮説を立てる旨を明らかにした。また、本考察でこれらに排中律を加えて検討してきたが、とりわけ龍樹が矛盾律破りをしてみせたなど、これはまったく奇妙な"賞讚"だと筆者は思っている。「破邪」の面では相手の議論を矛盾に追い込んで論破しておいて、「顕正」の面では"矛盾律を破ってみせた"と讚えるとは、龍樹だけを讚えているのではなくて、「矛盾している」と論破された相手（の議論）をも讚えているとしか思えないし、それでは「論破」の意味がなくなってしまう。

　また、ヴァイシェーシカやニヤーヤなど、いくら分別・理屈好きの学派といえども、インドの瞑想文化の優位性を認めているのであって、「瞑想体験の勝義性→論理の超越≒矛盾律などの論理原則の無視」になるわけがないのである。しかるに、かくなる「矛盾律破りという（現代において）重要な解釈上の論点」の成否に、例えば「四不生」なる四句分別の第一句「諸法が自より生じることはない」などの「ない」を非定立的否定だと見なすだけでは龍樹が矛盾律を破っていないことの十分な論拠を示したことにならないことにも注意を促したい。以降では龍樹による矛盾律の遵守事例をいくら文献学的に枚挙しても、それは帰納による推測的結論の域を出ず、十分な論拠にはならないという立場をとる。つまりは、思考の表出である複数の文を辻褄が合うように整合的に組み合わそうとするならば、「内的思考―表出された思考」の別を問わず、その思考（や解釈）は既に論理原則に沿った形で進められているのであって、矛盾律等の論理原則を破っていいというのであれば、そのようなものは"まともな思考（や解釈)"になるはずがないということなのである(1)。

　単刀直入に言うと、これは「話者のある発話文を解する際に採るべき解釈前提・解釈仮説」であって、「話者に対する信頼の仮説」とも言うべき聞き手側の重要な心得の一つである。例えば「中国は共産主

義国家だが、共産主義国家でない」と話者が言ったとして、聞く側は話者が二つの傍線部の意味を、またはその概念枠の中の強調点の置き方を少しズラしているはずと解し、矛盾律を侵していないはずと見なすのが普通であろう。つまりこの"矛盾"は単なる「見かけ」と解しうるのであって、語句は「共産主義国家」で同一だとしても、その意味はやはり異なる（――既に〔19〕（124頁）で同一語「無心」を三様に解すべきことを見てきた）。だからこの複合文は、この語句の内包的意味がはっきりと決まってはいないことに乗じて、述べる際の観点をズラしたレトリックと解すのが普通である(2)。もし話者がそこそこ信頼できる人物だと思っていいのなら、聞き手は話者が修辞法を使い、語の意味をズラしていると直観（＜思考）する。もしも不幸にしてその発言がよく理解できないなら、話者に尋ねるべきである。その時もし話者がまったく同じ意味で「共産主義国家」と言ったと答えるとすれば、どうしてこの複合文を理解できよう。そんな場合は「矛盾してますよ」と糺しにかかるのが正常な反応である。あるいはまた、「人非人！」を例にとると、この場合も「〜は人であり、人でない」の両傍線部の意味はズレていると仮定してかかるはずであって、そう仮定しないなら、それはこれを理解することの放棄に等しい。

　加えて、この話は単に"真正な矛盾か、見かけか"にとどまらず、同一律の問題にも直結していると気づくことが重要である。つまり、「人」は既に「人」とはズレたことを意味しており、厳密には「同一」ではない。したがって「あの人は人でない」の成立を認めることが同一律の侵犯や矛盾律破りにならないこと、即ち「人は（生物学的人間として）人である」なる同一律に沿うはず――それが当然と思っているのに、二番目の「人」はこの「はず」をはぐらかし、「（情けある者としての）人でない」と、一見同一律に反したように言うからこそ、「人非人！」がインパクトのある修辞的な悪態になるわけである。ま

た、この場合、「(生物学的には) 人である」としても、「(情けある者
としての) 人でない」だけだから、「人であるか、人でないかのいず
れかである」なる排中律を破ったことにはならない。

　同様に般若経の「菩薩は菩薩であって菩薩でない」において、「意
味・観点を微妙にズラしているはず」と当たりをつけて、どうズラ
しているかに思い至らねば、了解などできるはずがない。それだから、
これらの文例に示されるように、理解・解釈（＜思考）は「論理法則
に沿って」為され（ていると認め）ざるをえないのである。この場合
（まずは経文の言は信頼できると強く仮定し、）「菩薩」なることばの
意味＝概念が水面下に潜ませている一連の信念系（belief-system、相
関的な概念枠）に関する既得の学修内容を活かして、傍線部と波線部
の間に何らかの意味のズレが必ずあると当たりをつけ、（その当て推
量――例えば、菩薩たるものが「自分は菩薩である」との自意識に強
く執着するようでは「菩薩」と呼ぶに値しない――が正解かどうかは
さておき）その観点のズラシを嗅ぎとらねばならない。繰り返すが、
強調点の違いを含めて意味にズレ（即ち、観点のズラシ）があるはず
と目星をつけることが既に論理的な律・理に沿おうとする思考の働き
の現われであろう(3)。

　若干異なる角度から見てみよう。――龍樹の時代はインドにおける
哲学の黎明期である。それで、相手の議論の急所を的確に探りあて、
多少強引でも肺腑をえぐることを常とした彼の論争スタイルからすれ
ば、矛盾律破りの回避が非定立的否定に依拠するとの指摘はその通り
なのだろうけれども、これだけではどうも「破邪の示し方の鮮やかさ
に乏しく地味すぎる」と思えてならない。あるいは「非定立的否定は
単純な否定」とされるのだが、「現仏王は禿で（あること）はない」
や「赤い原子で（あること）はない」に見られるように、現われる語
句の概念枠や脈絡次第で連想も含めた含意内容に関してその解し方が

相当に曖昧な場合も事実出てきたのであって、「単純な否定かどうか
──その場その場で適切に判断できるから安心できる」というわけで
はなさそうである。それゆえ「非定立的否定かどうか？の判別が矛盾
律云々の議論の成否の決定的な切り札になる」とは思えない(4)。

　しかるに、「非定立的否定かどうか」にここまでこだわるのなら、
むしろ事態を逆に考えるべきではないか？──と先ほどから示唆して
いるわけである。つまり、先の「四不生」を非定立的否定と解したの
は、"その否定の種別や語句が含む意味などがどうであれ、矛盾律は
侵すべきでない。また、解釈に際しても同じく侵すべきでない"との
（思考する者＝馬上にある者の本能とも言うべき）意識を最優先して
の措置──そういう遵守意識の結果（と見なすべき）なのであり、規
準たる矛盾律の遵守が否定語句の解釈の仕方を決める、あるいは否定
の種別を決めると考えるべきではないか──と最前から言っているの
である。それは「人非人！」なる語を初見した時のことを思い出せば
いいのだが、この悪態と推測するしかなさそうな言が吐かれた脈絡や
吐いた人の教養度なども考慮に入れ、戸惑いつつも、矛盾律を侵す気
は発話者にはなさそうだと仮定的に前提（≒話者を概ね信頼）して、
この仮定を辻褄が合うように最後まで通すには、最初の「人」と解釈
（→意味）の観点を異ならせ、波線の「人に非ず」を「あまりに酷薄、
人間業とは思えない」と解すに勝る解し方はないという形で、矛盾律
の方が（──矛盾律を信頼し、これを遵守しようとすることが）文や
語句の解し方を決めるのと事情をほぼ同じくする。そしてこの「人非
人」の場合のように、何とか解釈の仕方をあれこれとやりくりしてみ
て、思考原則＝思考の理であるところの論理則の規準性＝律たること
を個々の解釈・思考に際してできるだけ最大限に保ち、下手にいじら
ない、手を出さないというのが、次節以降でも触れる「全体論的な視
野に立って最も妥当な解釈を模索する」ということなのである(5)。

「全体論的な立場からの妥当な解釈の模索」とは確かに物々しいが、身近なところでこのような模索の事例をいくらでも挙げうると思われる。例えば "hot water" や "black swan" を（レトリックとして際立たせようとするなら話は別だが）「熱い水」、「黒い白鳥」というように何の工夫もなく訳してはいかにも拙いであろう。機械的に訳語を当てはめるのでなく、自身も相手側も矛盾（した無理すじの理解）を強いられないよう、解釈者は訳語を選ばなければならない。あるいは「自我意識は恒常的実体でない」なる否定的言明の訳を「非我」とするか「無我」とするかを決めるに当たり、「非我である」なる訳語を何らかの理由で選ぶとなると、アートマンがこの主語対象以外の事物に実在することを含意するかのようなニュアンスがより強く残ってしまう（日本語の慣用からして定立的否定のように思える）。このような場合、それこそ一群の文脈の全体をにらみ、矛盾を来たさないことを優先して「アナートマン」なる述定の解し方や翻訳を決めていくしかないのである。

このようなわけで矛盾律などの論理則はまずもって最優先で貫かれるべきもので、これが守られていなければ、それは「まともな思考＞解釈」に値するはずがなく、また「まともな思考」と言われる場合、通常、その思考の過程で論理法則（＝論理上の律・理）が前提され、遵守されていることを確認しえてはじめてその資格を備えると見なすべきである。

論理法則はあまりにも基本的すぎて、意識の端にはっきりと上ることがないかもしれないが、同一律、矛盾律や排中律などの論理の諸則は通常の二値論理学では一体的なものであり、演繹的に相互に引き出し可能な公理系を成していると見ていいのであって、「曖昧なケース」を解釈者の都合に合わせて認めたり認めなかったりするような恣意性や任意性は許されていないと見なすべきである。つまり、例えば排中

140

律を認めない論理学を採（って解釈す）るのであれば(6)、それで一貫している三値の公理系論理に適う多くの文献的証拠を例示し、なおかつ、それに沿って解釈全般を完遂してみせるべきであって、恣意的な都合で排中律を守ったり破ったりして解釈するのでは「まともな解釈や思考に値しない」と言っているわけである(7)。

　（1）空の境地には奥行きがあるが、そういう無分別の境地の外、即ち普通に思考するに際しては、ことばで分別的に思考しなければならず、"まともに"思考する・概念的に理解するには論理性に沿わなければならない。ヨーガや禅の境地の内実はいまだに科学的に未解明の領域とされるが、このことに対する筆者の基本姿勢はごく平凡で、東洋医学の解明と同じく"神秘は神秘、現在は不明"と、態度を保留しておくのが今は最善だと思う。己れの体験を楯に矛盾表現も何のその、弁証法的な晦渋な汎神論的一元論の分別的なことばで以って無理やり説こうとするから話がおかしくなる。「十分な生理学的・心理学的解明にはまだまだ状況が不整備」と考えるべきである。

　（2）細かなことだが、クワインの「翻訳不可能性」は有名なテーゼである。"hot water"と言うとき、この"water"が指示する外延（集合）は日本語の「水」と少しズレている。指示対象にズレがあるなら、厳密には"water"は日本語の「水」と意味（内包）が異なり、単純に同義語と見なせないとこのテーゼは言う。さらに「共産主義国家」などの理論的タームの場合は、指示対象を直接に観察できず、文脈からその使用法を習得するしかないので、どうしてもその意味内容がズレてしまう。なお、同じ「見かけの論理則破り」でも、語句の意味のズレによるのとそうでない〔17〕（109頁）や〔18〕（111頁）のような場合とでは、一応区別して考えるべきであろう。後者は確定記述の分析に基づく論理的主述関係の明示によって「見かけ」だと分かるのである。

　（3）「君は他人でない」も例となる。「君は」なら、既に「他人」なのだが、この語が持つ一群の意味の強調点をズラして、これを修辞法、即ち「君は（他人（＝自己でない人）であるが、）他人（＝他人

扱いされるべき人）でない」という具合に解すわけである。このとき「他人」を、意味が"まったく異なる別語"とまで考える必要はない。そこまで意味の違いを強調すると、「考察一. 3－4」(52頁)の註（1）で触れた「幅のある社会的・公共的≒間主観的な約束ごと」ということばの性格を大崩しにしてしまい、「君は他人でない」が"面白いレトリック"にならない。

（4）龍樹の時代にも否定の種類に関する議論があっただろうが、現代人が矛盾律に関心を持っているような形で龍樹がこれに特別な意識的関心を払っていたとは思えない。この矛盾律破りの論点はたかだかこの百年来のものでしかなく、"西洋に対する思想・文化面での優位性を示す"ためのものでしかなかった（――江戸期にはなかった）と理解すれば、なおさら龍樹には直接的な関心はないことである。龍樹には「矛盾律を守らねば」という明確な意識など多分になかっただろう（しかるに、これは「破っていい（→滅茶苦茶でいい）と思っていた」ということでは全然ない。だから、これをもっと極端化した「私が矛盾律を破ってみせねば」という使命感など、彼にはさらさらなかったであろう）。何よりも時代はインドにおける哲学的思考の黎明期であり、論理則を専らに取り上げて論ずるという状況に至っていないと思われる。だから論理則について、現代人からすれば反則スレスレであっても、相手の急所を鋭く突く議論を龍樹はむしろ好んで仕掛けただろうし、「考察三. 3（一1）」で見るように詭弁とも受け取られる「強論」も平然と仕掛けたと思われる。論争の場で"説得力があるかないか、（虚仮おどし半分でも）とりあえず相手を詰まらせることができるか否か"が論戦の決め手だったと思う。それゆえ論理則に対する明確な意識やその遵守の重要性がそれほど意識されない時代に、ほぼ直観のうちにこれほど切れ味鋭い議論を展開しえた龍樹のその論理的直観力を第一に讃えたい。この冴えは、これを現代に至る諸解釈者がまともに解釈しえていないということに端的に示されているように思う。

（5）小論での「全体論的視野に立った解釈の模索」とは、自然科学のみならず広く学問一般における仮説や仮説系の妥当性を検討する

に当たり、経験主義に立って全体論（ホーリズム）を打ち出したクワインの考えに「仮説の模索や吟味」の面で倣おうというのである。クワインは論理性と経験性を峻別してきた論理実証主義の考えを「ドグマ」と批判し、矛盾律といえども経験的な仮説の性格を免れえないと結論した。けれども仮説系は柔構造であり、仮に系の辺縁部で或る仮説が問題視・検討され改廃に至ろうと、仮説系全体が柔構造のゆえに検討・改廃のショックが中心仮説の改廃にまでなかなか及ばないと洞察した。（それはちょうど、車の衝突の衝撃が途中の車体で吸収され、そのまま運転者に伝わるのではないのと同じように考えることができる。）それでも中心部にある仮説が全面的に改廃される事態もないことはないが、これがクーンの言う科学のパラダイム転換になるわけである。しかるに論理則は中心仮説群のさらに内部に位置するゆえに、（それらが基本的には経験的仮説であることに間違いないが、）辺縁部から伝わる問題視・改廃のショックにほとんど晒されることはなく、仮説系を構成する諸仮説の関係の論理性に関して遵守すべき規準として変わらず機能し続ける、というのである。彼の考えについては丹治信春『クワイン——ホーリズムの哲学』（講談社、1997）。

（6）素粒子の運動に関して排中律が不成立という議論があるが、それは素粒子の確率的な運動の問題であって、そういう物理的な事象を仏教理解に適用しようとするのは的外れであり、これもアナクロニズムの典型であろう。最近、聖火リレーランナーとして「くまモンは人でもなく、人でないのでもない≡くまモンは人でなく、かつ人である」なる論理則破りめいたことが話題になった。しかし、これらはともに「くまモンはぬいぐるみである」ことの修辞法にすぎない。確かなことは、くまモンが人であろうがなかろうが、これが論理則の侵犯を論ずべき"（勝義に関わる）深遠な"事態ではないことである。

（7）日常において「相手の言動が矛盾していて辻褄が合わないが、整合性が取れなくても仕方ない」と私たちが認めざるをえないのは、典型的には相手に重大な精神疾患や記憶障害がある場合である。このような場合、私たちは当初から"その言動に対する整合的理解"を諦めてかかる。だが、龍樹の言を"論理則に合致せず、辻褄が合わずと

も当然"とどうして見なしえよう。その反対に私どもは龍樹を"馬上の論理"に精通し、卓抜した手綱の捌き手と信用してかかっている。もちろんいくら偉大な論師・論究者であっても、図らずも矛盾を侵してしまう場合もある（「考察三．3」で龍樹の考えにもおかしい点、納得できない点が幾つかあるのではないかと述べようと思う）。もしも当たり前の論理則に沿って彼が論旨を進めていると見なさないとすれば、その考えの一貫した解釈をこちらが試みても、そもそもそれに何の意味があろうか。それどころか、"矛盾しており、整合性がとれなくて当たり前の相手"に対して一貫した解釈を求めようとするなど、その目的がよほど特殊な文献研究や医療研究でない限り、解釈者の方の"まともさ"が問われかねない。

## 2―3．信頼仮説と全体論的な解釈

＊以下、論理則に関する議論がさらに続く。論理則の遵守を当然視する人、及び全体の論旨の俯瞰を優先する人は「2―3」全節を流し読み、「3」（168頁）から、という読み方もあると思う。

　論理則を遵守しようとすることは学たることのコンプライアンス遵守の問題であって、学たろうとするならば、論理則破りを易々と認めるべきではない。宗教ならば許されると思う人もいるかもしれぬが、瞑想の境の体得が私秘的で公共的なことばでの表現が困難なこと（――これに関しては「3―1」で言及）を除けば、尋思と実践の理知性が仏教の看板であり、「非合理ゆえにわれ信ず」なるキリスト教をわざわざ真似て不可解性を強調する必要はまったくない。それゆえ仏教解釈学においてもまた、論理則を遵守しようとすることがいかに基本中の基本であるかについて、いささか視点を掘り下げるつもりで考察を加える。

　「菩薩は菩薩であって、菩薩でない」を、あるいは「中国は共産主

義国家であって、共産主義国家でない」をなぜ私どもは直ちに"矛盾だ"と斥けないのだろうか。そのわけは既に示唆したように、語り手・話者に対する信頼が働くからだと思われる。もちろん聞き手は話者の語ることを何でもかでも信用して受け容れるのではなく、一見矛盾しているように思えても、例えばこれは修辞法だろうと、つまりそれは何か他のことを（間接的に）含意している、含意させたいのだろうと当たりをつけて個々の事例を処理していくわけである。語る方も聞き手側のことばに関する理解力・処理能力をある程度見越して修辞法的な言辞を口にすべきであって、例えば般若経典についての素養のまったく期待できない人に「菩薩は菩薩でない」と判じ物のように言って、聞き手の怪訝な顔がずっと続くなら、その責任は、これで般若経典の極意を単純明快に伝えたと思って得意気な話者の方にある。

　さてここで注目したいのは話者に対する"概ねの信頼"であるが、これを「話者に対する信頼の仮説」と言うなら、それは例えばこうである。──いま、それなりの関係を経て甲が乙に強い信頼感を懐いているとする。するとこの信頼は、乙に対する甲の今後ともの交友上の中心仮説となっているのだから、その後に乙が多少きつい言を発しても、この信頼感のもとで甲はそれを自分への厚情に基づく意見・忠告と解釈するだろう。だが、そんな言がたび重なったり、きつすぎたりすれば、甲はそれらを"自分への厚情からの苦言"なる解釈範囲を越えているのでは？との疑いを膨らませ、乙への信頼という交友仮説系の中心仮説のもともとの是非に問題を波及させる可能性がある。さらに、「時空の隔たりなどの諸事情で、甲（＝私たち）が乙（＝龍樹）にその真意を直接に尋ねられない」なる仮定を加えたとき、この可能性はどうなるか？──を考えてみたいのである。

　それで、ここではこの信頼仮説の──つまり乙の言は少なくとも甲に対する悪意に基づかぬとの解釈仮説の、最も内奥部に「論理則は遵

守すべし」との理が控えており、「この律とも言いうる論理則を侵犯することがないように」と私どもは全体論的な解釈に努めていると主張したいのであるが、拙いことに、『中頌』には龍樹に対する "信頼の解釈仮説" を裏切るような偈——「不可解な苦言の類い？」が見出されるので、それを先に取り上げてみよう。当初その偈は排中律を、ひいては論理則をしっかりと遵守しているかのように語り出される。

　〔真実には、如来や五蘊が〕（１）「空である」と言われるべきでない。あるいは、（２）「空でない」とも言われるべきでない。さらに、（３）「空でもあり、空でもない」とも（４）「空でもなく、空でないのでもない」とも言われるべきでない。（22.11abc）

　この偈に関連して小論の叙述を若干遡ると、本考察「２—１」の末尾（131〜132頁）で非定立的否定を「咎める、糺す」という言語行為と連動・連結させたが、（１）と（２）は「〈Ｐである〉とも言わせない」、「〈Ｐでない〉とも言わせない」に相応する。また、「Ｐであるのでもなく、Ｐでないのでもない」なるいわゆる排中律破りについても、「〈Ｐであるのでもなく、Ｐでないのでもない〉ことはない」という具合に波線部の非定立的否定「ない」でもって山型括弧内の連言を「そんなわけの分からぬことは言うな」と否定命令的に糺した結果が本偈の「（３）とも（４）とも言われるべきでない」になっていると見ていいだろう(1)。つまり、この「22.11abc」は、「本当のところは真如はどんなことばでも語れはしないし、語られるべきでない」ということを『中頌』解釈における最要の解釈仮説にしようと目論んでいる小論の主張を文献的に裏づけているのである。
　ところが小論のこの目論みを嗤うかのように、本偈は次のような偈で結ばれている。

146

　しかし、〔教化されるべき衆生の程度に応じて、言葉によって〕知らしめるために〔これら（（1）〜（4））の四句を〕述べるのである。(22. 11d)

　さらにまた困ったことに、この一見寛容そうな立場を丸ごと支持すると思える偈もある。

　（1）「一切は真実である。」いや、（2）「一切は真実でない。」そして（3）「一切は真実であり、かつ、真実でない。」さらに、（4）「一切は真実でもなく、真実でないこともない。」これが〔諸〕仏の〔教化対象に応じた〕段階的な教えである。(18. 8)

　この偈中の特に（3）、（4）が排中律のみならず矛盾律をも破っているとしか思えない点で私どもにとって不都合な偈であるのは明らかだが、「龍樹の説示の真髄は〈(Pで) 有るのでもない、無いのでもない（＝不有不無)〉にある」とする仮想敵、即ち私どもにとっての反論者はこれで大いに勢いづくことだろう。彼らの思いは多分にこうである――「〈不有不無〉という常套句こそが〈中道、中観〉から連想される〈どっちつかずの中間〉という中観のイメージによりよくマッチする。だからこそ〈不有不無〉が含蓄するこの"利点"が重視されるべきであって、この利点の前では論理則の侵犯などはさほどの問題でない」――。
　私どもとしてはこのような見解に対し今後とも批判的な態度をとるが、それはともかくとして、双方の主張のポイントは多分にこうだろう――まず私どもも相手方も「不有不無」が少なくとも見た目には論理則破りだと認めることに関しては軌を一にする。だが、この論理則破りが含意すること(2)に関して私どもはこの種の論理侵犯をそのま

まにせず、もう一歩先に進めて（――ただし弁証法ではない(3)のだ
から、「もう一歩進める」と言っても「止 揚する」ことではない）「わ
<sub>アウフヘーベン</sub>
けの分からぬことを言うな、黙れ！」との否定命令的な言語行為と同
等視する――これが両者の大きな違いなのである。ともあれ両者は、
〈不有不無〉が少なくとも形の上では論理則破りだと認めることにお
いて立場を共有しているということがここでは重要である。

　（1）繰り返しになるが、現代の論理学においては排中律を公理と
しない直観論理学、または三値論理学がある。龍樹がこの種の論理学
を用いたかどうかは確かに議論が必要だが、もし龍樹が多値論理学を
使っていたと解するのであれば、解説者はその論理学が三値なのか四
値なのかを含めてはっきりと示してみせる必要がある。小論では今後
とも龍樹はそのような多値論理学に依ったと考える必要はないとの立
場に立つ。ともあれ、どんな論理学にせよ、それは公理系からシステ
マティックに一貫性をもって展開すべきものなのだから、排中律を随
意に破ったり守ったりしているというのでは「滅茶苦茶」と評するほ
かない。また、賞讃の意を込めて「論理則を超えた」と言うとしたら、
そんなものに公理系だの論理的な一貫性を期待して、それを"探究す
る"など正気の沙汰でなかろう。過度の精神分裂者や記憶喪失者に言
動の一貫性を期待し、求めて、何になろうか。

　（2）この二段落では筆者も反論者も、「不有不無」につき「何か他
のことを連想的に含意している」と見ていることに注意。一方、「不
有」などの否定辞は非定立的否定で、「何も含意しない」はずである。
問題が煩雑になるので、ここでは踏み込まないが、「どっちつかず」
にせよ「黙れ！」にせよ、「不有不無」以外の何かを含意する・連想
させると見ていいのかも？――との曖昧戦略をしばらく採り続ける。
ただしインド文法家の考えに正面きって反するつもりのないことは
「考察三．4―1」（237〜238頁）、及び240頁註（4）。

　（3）問答法としてでないヘーゲル流の弁証法に触れておくと、こ
れが強調するのは客観的な世界が動的なことであり、動的な世界や社
会に矛盾状態が時間的・内在的に生じてきて、それが当の世界を発展

的に展開させる契機となると言う。それで弁証法はこの矛盾状態（の
存在）を例えば「不有不無」なる連言から看取するのだが、この連言
で縁起する世界の動的展開を如実に描写しているとか、この矛盾が今
後の世界の展開の動的契機になるなどを仏教理解に用いようとしても
場違いだと思われる。なるほど、ことは縁起に関わるのだから、まっ
たく動的でないというのではないが、仏教・中観派の場合、弁証法ほ
どに内在的な力動性を強調する必要があったとはとても思えない。

　ところが（3）、（4）は論理則に特に抵触するとは言えないとする
見方もある。これはどう考えるかというと、偈の通り（1）〜（4）
は啓発的教化を目的とする世俗の立場からことばとして提示すること
を許されているのであり、勝義諦と世俗的言語表現を許容する二諦の
使い分けを認めるなら、"論理則の侵犯"と特に騒ぐ必要はないと考
えるのである。何を隠そう、これが筆者の以前の解し方だったのだが、
こんな具合に二諦の別に訴えれば、二諦の併用それ自体に問題になる
ようなことはなく、「22.11abc」は勝義の立場を反映しているのであ
り、他方「考えうる諸々の教化の場面を想定してことばで問題を啓発
的に提示する」という世俗性を表に出しているのがd句と「18.8」
偈であって、（3）、（4）は無制約なほどに緩い世俗の言語表現域に
入るから"矛盾だ"と騒ぐ必要はない、と解すのである。
　けれども筆者が今ここでことあらためて注目すべきだと言っている
のは、「矛盾律はかくして破られていないと見て安心する」まさにこ
のことであり、二諦論によって「22.11」abc句とd句、「18.8」偈の
双方が互いに食い違うことなく矛盾しないと——それゆえ（3）も（4）
も特に問題なしと、ひとまず納得する（していた）という事実である。
裏を返せば、それくらいに論理的に整合で無矛盾なことを私たちは何
よりも重視しているわけである。

　それで、こういう“無矛盾だとの安心、ひとまずの納得”を再吟味する視点からあらためて（3）、（4）を眺めてみると、この「二諦の使い分けによる納得」は実に“曖昧なひと安心”でしかないのでは？と——否、それどころか、「これ、ひょっとして龍樹が仕組んだ“トロイの木馬”なのでは？——つまり、論理則の侵犯に私どもがどの程度警戒心があるかを自己点検させるために“天邪鬼な？”龍樹が自陣に送り込んだ“トロイの馬”なのでは？」と——疑いたくもなるのである。というのも、例えば（1）「色（＝物質）は空である」、（2）「色は不空である」は考えうる世俗的な提題の仕方として許されるとしても、（3）「色は空であり、かつ不空である」、（4）「色は不空にして、不空に非ず」となると、“龍樹自身の口から語られた言”と油断し、「世俗的なことなら問題ないはず」と検討も十分せずに自陣への搬入を許してしまった喰わせ物！——無矛盾の要請を内から喰い破るこの木馬の違和感、矛盾ぶりに首を傾げざるをえないからである。多分に多くの人は首を傾げつつも、「（3）と（4）は自分より程度が上の人向き」と素通りを決め込んできたと思う。だが、いくら「世俗」という限定付きであっても——否、世俗的な思考に関わることであるからこそ、こんな矛盾律破りの言い方、提題の仕方はやはりどうしても引っかかってしまうであろう。つまり、これでは、矛盾しない解釈を施そうとして矛盾を容認する解釈を試みているかのようなのである。

　しかるに、前節来述べてきたことからすれば、（3）と（4）は何らかの修辞法であると見当をつけてみるのが当然の思考手順だと思われる。（——結論から言うと、本「考察二．3—2—1」（186頁）で「場合の枚挙に関する古風にすぎる修辞法」と見なす）。だが今は修辞法の可能性は当面のところ伏せておくことにすると、この問題は単に（3）や（4）のような命題がそもそも成立しうるのか？——「世俗」とはかくも“たるんだ教え方・提示の仕方”を許すほどに締まりがな

いのか？、「二諦の使い分け」とは言うが、特に龍樹が世俗諦をいかなるものと見なしていたのかについて私どもが検討らしい検討も何もしていないこの段階で、通仏教的な"質の劣る世俗諦・そのいい加減さ"なる"常識"にこの問題を全面的に預け切っていいものかどうか？(1)——ということにとどまらず、これがいくら"程度の高い人向け"であろうと、こんな矛盾した言い方を容認するのであれば、「矛盾律を遵守すべし」との私どもの解釈指針それ自体がおかしくなり、ひいては龍樹その人が果たして矛盾律の遵守に忠実であろうとしたのか？ということにまで問題が及んでいく。つまり、もし（３）や（４）が提示されるべき命題として（その形も含めて）そもそもが適正さを欠くとなれば、問題は単にかかる提題の仕方の是非にとどまらず、こんな論理則破りめいたヘンな命題を当たり前のように並べてみせる龍樹の根本的な姿勢そのものがチグハグで、一貫性がなく、矛盾しているのではないか——提題者である龍樹をこれまで通りに信用していいのか？——ということにまで問題が波及しうるわけである。

　当然、私どもの彼への信頼は「龍樹は有自性論などの諸論の矛盾を厳しく糾した」という揺るぎない文献学的事実に根ざす。しかるに、この段差を直視して「破邪顕正」を考えると、中国・三論宗由来のこの言は通常、破邪するという思考上の行為を為すことによって今後たどるべき正道が顕わになるという破邪と顕正の表裏一体性を表わしていると理解されているが、仏道が段階的な深まりを有すなら、破邪することと裏腹に顕わになるのは今後実践すべき息の長いルート、つまり、それをたどってこそ真と私的に実感しうる体得知の道程だと見なす必然性はむしろ薄く、直ちに顕正されるのは論理則の律としての公的な正当性であって、これこそが破邪と表裏一体的に顕わになると見ても十分のはずなのである。もちろん、信用すると言っても、龍樹の言ならただ闇雲に受け容れるというわけではなく、「概ねの信頼」で

あって、場合によっては龍樹の説示を批判的に検討してもいいのであり、まさに今"論理則破り"としか思えない（3）と（4）をいかに解すれば「（単純な）論理侵犯ではない」と言いうるか——もしも修辞法だとすれば、何を言外に言わんとしているのか？——と、私どもは『中頌』に関する小論なりの解釈仮説を立てることも含めて、より妥当な解釈仮説（系）を組み立てようと模索しているわけである。

　（1）小論では勝義諦との対比で世俗諦を推し量るのみで、特にこれだけを論じはしないが、「考察三」冒頭での表（209頁）の「Ⅰ—ⅱ」段階が龍樹の念頭にある（べき）俗諦だと大体の同定を行うつもりである。その表の「＊」で述べるように、（3）、（4）は俗諦であるべきでないと思う。


　それで、ようやく「全体論的な解釈」に話題が戻ったが、この耳なれぬ概念を説明するのに、先述の乙に対する甲の信頼を事例に使うに如くはなく、まさしく甲（＝私ども）は乙（＝龍樹）のその底意・真意が不明な"苦言"の解釈にあれこれ腐心しているのだから、自分の日頃の対人関係の今後ともの決し方を思い浮かべてみれば、それで十分である。この場合の"あれこれ"とは"あれこれの解釈仮説"にほかならず、その解釈仮説は乙の諸々の言動を直接・間接の証拠とする一群の仮説系を成すはずだし、それらは互いにできるだけ整合なこと、そしてまた、まずは「乙を信頼する」という交友上の中心仮説と無矛盾なことが求められよう。しかるに（乙の甲に対する思いなどというものは時の経過につれて変わる可能性もあるゆえに）、この系内の仮説間における一応の整合性が真意の定かならぬ乙の新たな言動をめぐって何とも維持できず、「乙のこれら言動は思いやりに基づく"苦言の類い"ではなく、ただの辛辣・不可解な言にすぎぬ」と、解釈仮説系に部分修正を施す選択肢、あるいは全体的な基調をガラリと入れ替える選択肢も甲には開かれているのである。ただしこの時でも、何

152

ゆえに信頼仮説系を全面的にせよ部分的にせよ改廃するか？の理由に注意すべきであって、「根幹の信頼感を含めていったん組み直す方が、より整合な仮説系となりうるから」という、矛盾律などの論理則を尊重しようとの姿勢に何の変化もないことに特に注目してほしい。

　だから小論は、幾つもの仮説からフレキシブルに構成される概念機構（conceptual scheme）─仮説系の妥当性に関して先に言及した（141頁、註（5））デュエム＝クワインの全体論（holism）を中観研究における妥当な解釈仮説を探る作業に応用しようとしているにすぎないのであって、仮にある文献（この場合なら「18.8」偈や「22.11d」）が「22.11abc」の「〜と言われるべきでない」を強調しようと目論む解釈仮説と食い違うと思えても、その周辺やより内部に位置する真俗二諦や修辞法が絡む解釈仮説を適用すれば、矛盾すると考えなくていい（→話者である龍樹に対する信頼仮説を従来通り維持できる）場合もあるのであって⑴、まさにこの種の作業を繰り返して最も妥当な解釈を探ることが全体論的な解釈を模索することにほかならない。そしてこの場合、「解釈」とは相手の一連の言をいかに解するか、いかに認識するか？──乙（龍樹）が丙たる他学派・対論者の言をどう解し（＝認識し）、乙のその言を解釈者たる私たち甲がどう解す（＝認識する）か？が問題なのだから、認識科学一般に広汎に適用可能な全体論を中観解釈に応用して何も問題はないはずである。

　それゆえ、ことは解釈という広い意味での認識の仕方─仮説の改廃、仮説系の組み立て方に関わるのだから、件（くだん）の弁証法との関わりで言うなら、同じ弁証法（ダイアローグ）でも“存在の発展の仕方を貫く法則性”を強調して対象の側に客観的な矛盾状態の存在を安易に許す「存在の弁証法」ではなく、“認識の展開”に関する弁証法、即ち「覚えた矛盾や辻褄の合わなさを、龍樹を含む認識者側のヘンな理解の仕方に対する警告」と捉える「認識の弁証法」に関わる、と言えるのである⑵。この場

合「18.8」偈等の解釈に関して「引っかかりの原因はどこにあるか？」という具合にその理由を探るのだから、どんな解釈が可能で最善かを探るという広い意味での認識の仕方の模索に見合うのが「全体論的な解釈」だとも言えるであろう。

　それで、当然のことながら、その原因を考える際に、引き続き甲と乙の交友関係を引き合いに出すなら、甲の、乙の言辞に対する聞き違いや誤解（＞翻訳の拙さやそれ以前のテキスト・クリティークの拙さ）、そして何よりも解釈者たる甲の知識不足や洞察力の不足（＞ある解釈を進める上で本人がまだ自覚していない欠陥――例えば修辞法に対する認識不足や乙の議論・構想に対する根本的誤解）などが引っかかりのさまざまな理由として考えられ、これらの基本的な関連事項でミスを犯している可能性をできるだけ丹念につぶしていって、その結果、乙に対する信頼仮説を崩すしかないという事態に至れば、その"結論"に従うしかないという、そんな消去法に似た地道な作業手順を踏むのが全体論的な解釈なのである。

　余談ながら、「龍樹は論理則を超越し、その遵守や侵犯に無頓着であった」と"賞讃"する"解説者"の一貫性に対する無頓着ぶりを警告しておくと、ある態度を賞讃するということは普通はそれと同種、同類の態度を"理想"、少なくとも善しと評価することになるであろう。だが、そういう人は他人の主張・解釈、例えば小論の主張が当人の中観理解と整合でない・矛盾すると思ったとしても、小論に異議を唱えることさえできなくなってしまうのである。「論理則に従わず、矛盾しており整合でない状態が善く、理想に適う」なら、「己が理解と折り合わない」と思わせた他人の主張の方が理想の要件を満たしているのであり、また、他人の主張に異議を唱えず、無頓着であることが"当人の理想の実践"なのである。"賞讃すべき不整合状態"に自らで異を唱え、他人の主張を問題視して何の意味があろうか。要する

に「君の主張はおかしい」と文句も言えないわけで、このことは他派の主張の不整合を糾弾する龍樹についても言える。異議を唱えるからには、矛盾律などの論理則を尊重しなければならないのであって、矛盾に無頓着を理想と決め込む人に“問題を感じて疑問を覚える”ことなどありうべからざる事態でしかない(3)。また、このことは自己の以前の解釈の仕方についても言えることであって、自分の以前の解釈に疑問を感じ修正することに探究の意味があると考えたいのなら、それは矛盾を覚えたことに意義があると見ることなのだから、やはり“矛盾を超えた”りしてはならないのである(4)。

　（1）概念機構は多くの仮説から柔構造を成して形成されており、外界からの刺激が概念機構の辺縁の仮説と適合せずとも、それで当の仮説の改廃に直ちに至らず、仮に辺縁部の仮説（系）の改廃に至ったとしても、その改廃の衝撃は全体のフレックスな構造ゆえに、より内部の仮説系に吸収されたりその部分修正によって収まる場合が多いとクワインは言う。順送りの衝撃が従来の仮説系内における改廃では吸収しきれない場合に最中核にある矛盾律などの“経験的”法則仮説がやっと問題になるのであって、「西田亜流が考えるそんな事態はそう頻繁に生じない」が裏の主張でもある。

　（2）岩崎武雄『弁証法』（東京大学出版会、1954年）（岩崎武雄著作集、第一巻、歴史と弁証法、新地書房、1981年）所収。

　（3）念のために言えば、命題論理が教えるところでは「（修辞法でなくて真正の）矛盾を許すなら（＝前提するなら、前件とするなら）どんな命題も導出できる」わけで、これでは滅茶苦茶を許してしまうことになる。「真正の論理則破り」と「見かけ・うわべの論理則破り、修辞法」に関しては次節、次々節。

　（4）代表的には鈴木大拙の即非の論理＝「AがAだというのは、AがAでない、ゆえに、AはAである」（「日本的霊性」（『清沢満之・鈴木大拙』〈日本の名著43、中央公論社、1971年〉、422頁）。だが、これが修辞法ではなく、同一律並みの普遍的な論理則だと言うのなら、

「即非の論理とはこうである」と述べた後に直ぐにこれを否定し、論理の普遍性からしてこの否定をずっと続けねばならない。付言すると、橋本峰雄氏による同書解説（18〜21頁）によって明治仏教界におけるヘーゲル思想の影響の大きさを見ることができる。また、矢島羊吉『空の哲学』（NHK ブックス、1983）には、一切が矛盾的であるなら、矛盾律はもはや選択基準としての意味を失う（23頁）が、空の概念には本来何の神秘もなく、ただ人間の思惟を虚心に限界まで進めることによって自ずから到達する結論にすぎない（11頁）とあるが、あまりよく納得できない。「虚心に思考を進める」には少なくとも矛盾律に背かないこと、論理則に沿うことが必要であると思え、「矛盾律が議論の成否の決め手にならぬ、意味を失う」ことはないはずである。


## 2―3―1．幻影語法に見る「似て非なる幻影論」

引き続き論理則をめぐる問題に関わるが、龍樹の無自性論が事物を幻影に喩える幻影論によって取りつきやすくなるのは事実である。目前の事物が「幻影である」なら、あるいは「幻かもしれない」と疑うのであれば、その事物についてごく単純に「（〜で）あるのでもなく、（〜で）ないのでもない」と思い、そう述べることも十分にありうることである。しかしこのような場合のこの種の排中律破りに見える言明は、これまでも強調してきたようにまずは修辞法的な言明ではないかと考えてみるのが常識的な対処法であろう。なぜなら幻影とは、ある観点からすれば「（〜で）ある」のだが、かと言ってまったくそうとも言い切れず、別の観点からすると「（〜で）ない」とも言いえるものであることを本来（自性）とするからである。だが、このように“述べる際の観点のズラシに基づく修辞法”と解しうることが明らかな「有るのでも、無いのでもない」でもって、「排中律破りにしか見えないから“ことばで考えても無駄！”なる言語行為に転化する」と言っているのではない。

156

　かねての予想の通り、どこかこの辺りに無自性論と幻影論との距離
──したがって、従来あまり注目されずにきた唯識（、あるいは「三
界虚妄、但是一心作」（華厳経、入法界品））との懸隔のほどが隠れて
いると思われる。既に本考察「2」（116〜117頁）において「幻影（の
喩え）で話を済ませてしまうのでは議論があまりにも平板になり、『中
頌』の哲学的価値を下げてしまうことになりかねない」との懸念を述
べておいた。龍樹の議論の要はあくまでも無自性論であって、幻影論
ではないのであり、「諸事物が無自性だから、それらは幻に喩えられ
る」のであって、「それらが幻・仮象だから無自性だ」と言っている
わけではない。もっと言えば、「無自性論とは相関的な主述分別が不
成立ゆえに、これを根拠としてことば・思考が不成立と論ずる」ので
あって、「目前の対象が幻・仮象ゆえに、ことば・思考が不成立」と
するのでは決してない。目前の対象が陽炎や夢だとしても、それでこ
とばを全面的に失くしたり、それ以上思考できないということはな
い(1)。既述のようにそもそも何かが「幻だ」というのなら、「幻」が
その自性なのであって、「幻である」も含めて、そんな自性など一切
存在しないとするのが無自性論の本領である。

　龍樹が直面させて、ことばとそれに伴う論理性からの離脱を私たち
に強力に勧める論理侵犯の事態とは、「〜は人だが、人でない」など
の修辞法上の形だけの矛盾と解せる、そんな“柔で生半可な矛盾”で
はない。「人非人」には“わけが分からず、にっちもさっちも行かな
い”という厳しさはないのであって、その厳しさを排中律で言えば、
任意の事物について自性も他性も不成立（に同意する）なら、「Pで
もなく、not-P でもない（≒Pでないのでもない）」を“論理的に”認
めざるをえない事態に私どもを陥らせ、排中律侵犯という深刻な事態
に直面させて“思考を立ち往生させる”状態に追い込む厳しさである。

　この深刻さに比すれば、「幻影（・仮象）ゆえにPでもPでないの

でもない」なる言明の何と柔なことか！──こんなうわべだけの論理則破りなら、いくらでも修辞法による妥当な解釈が可能であるし、また、私たちの身の周りには「人間五十年、……夢まぼろしのごとく」に共感する"現実"が実際にころがっている。そもそもこれしきのことでどうして「論理則を超えた、論理則に囚われない」と言えようか？

　むしろこれはさまざまな出来事を時に「夢まぼろし」と振り返ることもある、そんな私どもの"現実"における通常の言い方の一つ（──ここではこれを「幻影語法」と言っておく）であるにすぎず、それは論理を超えてはいないし、また過去を走馬灯のように振り返るのも「ある一つの現実」に違いないのだから、日常性を離れているというのでもない。即ち、当の日常性にはさまざまな観点からの「さまざまに異なった日常性の切り口」があるのであって、述べる際の観点のズラシを容認すれば、　うわべは"矛盾した"言明を修辞法的に語るぐらい(2)、誰にでもでき、誰にでも起こることなのである。したがって過去の出来事を「夢のよう」と思い返すことも十分にありうるとすれば、波瀾の人生と思えたことが本当は「波瀾でもなく、実─人生でもなかった」と思うことも十分にありうるだろう。このような場合「PであるのでもPでないのでもない」と思うのに──即ち"論理則を破るかのような修辞的な語り方をする"のに、むずかしい理屈は要らない。

　　（1）だから、唯識のように夢幻論を中心に据えても、そこから直接的にことばやその限界に対する問題は生じない。「あの死んだ人間が何故ここにいるのか？」「俺の目、おかしくなったのか？」など、主述形式のことばを失うことなく、言語的思考はいろいろに膨らむ。

　　（2）「日常」とひと括りにして怪しまないかもしれないが、例えば「達者な日常」「高齢の日常」などのさまざまな日常性がある。しかるに筆者がここで一番言いたいことは"さまざまな日常"は観点の相違から生じ、捉える観点が違えば、「同一対象について同時に同一観点からPとnot-Pなる述定が並立する」という「矛盾の成立条件」を逸

　脱する可能性がある、ということである。


　それでこの際、排中律破りとは到底言えないこの種の「ただの幻影語法」との関連で、論理実証主義の内の現象主義的傾向を代表したA. J. エイヤー（Ayer、1910～1989）のシーミング言語（seeming language）と比較し、参考にしてみるのも有益であろう。

　科学的言明の基礎づけをめざした一団がナチスの弾圧が迫るなか、ウィーンで論理実証主義を旗揚げしたとき、エイヤーは英国からこれに参加した。彼らはヘーゲル的な観念論を大仰で空疎だと批判し、社会科学を含む科学的言明を哲学的に基礎づけることに関心を注いで、確実な認識・知識のレベルから出発しようと、望ましい観察命題（＝プロトコル命題）のあり方を考察した。シーミング言語とは直接的に与えられる知覚についての議論の中でやがてエイヤーが提唱し出す語法であるが、それは「it seems（appears）to me that～」なる複合文で代表され、"無謬"であることを特徴とする。つまりこの「～」なる副文に、例えば「あの花は赤い」を入れれば、それで出来上がりであって、この複合文が無謬であるわけは「認識者である私にはあれは花と見え、赤いと見える」のなら、そう思ったことを当人が正直に報告している限りにおいて、第三者が客観性に基づいて「いや、あれは布切れだし、照明のせいで赤く見えるだけだ」と糺しても、糺しにならない・なりにくいからである(1)。それは、「原子は無色」との信念の有無にかかわらず、その拡大映像を目にして「こ（の映像）は赤い」と思った――ある物理学者にもそう見えた――のであれば、その限りで本人も含めて誰もその思いを否定しようがないのと同じである。

　けれども少し考えてみるならば、このような無謬性などつまらないことでしかなく、威張るほどのことはないとすぐに気づくのではあるまいか。副文の真理値が客観的に「偽」であったとしても、当人がそ

のとき本当にそう思ったのなら客観的に糺すに困る——という程度の
"無謬"でしかないからである(2)。そうすると、「私にはｐとも見え
るし、not-p とも思える(it appears to me that *p*, and also appears that
*not-p*.)」のように、副文だけを繋いで連言化すると論理則を侵すかの
ような文——例えば「ブレーキを踏んでいない（ようだ）が、しかし
またブレーキを踏んだ（のは確か）」(2019年、高齢ドライバーによる
池袋暴走事故事件) についてもこれが言えるだろう。副文だけを繋い
だ連言に注目すれば論理則破りで、その真理値が「偽」、または「趣
旨不明」でも、それが当人の正直な思いであれば、むげに否定するわ
けにもいかないからである。

　ここでエイヤーのシーミング言語をわざわざ引き合いに出したの
は、ひとえに「夢まぼろしであり、かつ夢まぼろしでない」という、
客観性や論理性を楯にこれを糺すに困ってしまう副文の連言をも許し
かねないからであるが、しかしこのような極端をも認めかねない語法
を提起したからといって、「論理実証主義者たるエイヤーが論理則を
侵した、超えた」と誰が思おうか（。幻影語法をしばしば用いる私ど
もに対しても、同じことが言えるはずである）。なるほど「糺すに困
る」とはいえ、その時の私的な思いでしかないシーミング言語文は(特
に或る科学的仮説の検証段階では) 視覚対象を同じくすると思われる
多くの他の人の知覚文と突き合わされ、さらに既成の仮説、及び周辺
の仮説系との整合性を問われ——即ちさまざまな方向からその客観性
を厳しく検討され、その"無謬性"をそのまま保つことなど、まった
く保証されていないのである。あるいはまた、ある人が「幻ではない
が、幻である。ブレーキを踏んでないが、踏んだ」と呟いたとして、
「それそれ、そういう論理則破りの言い方が君が空を体得した証拠の
語法なのだ」などと誰も思いはしない。このような言い方は無分別の
境地とまったく関係がないどころか、むしろ、どう言ったらいいもの

か？──迷いのただ中にある者の日常的な語法にすぎない(3)。

（1）一般に「I think that～」（talking-reflective sentence）における副文「～」が偽でも、主体がそう思っているのが事実なら、文全体は真である。余談だが、エイヤーに先立つラッセルも英国経験論を継承して感覚所与（センスデータ）理論を展開した。これが分析的知識論の代表とすれば、（神秘的）総合性の系統に西田の「純粋経験」が連なる。純粋経験も"無謬"とされているので、フッサールの現象学を併せ考えれば、この時代この種の議論が流行（はや）る世界的な潮流があったと見ていい。

（2）「直接知覚知は無謬」と突っ張れば、この辺りはディグナーガ、ダルマキールティの「非存在の直接知覚の問題」と比較する材料になりうるが、日常の直接知覚の場合、見誤りをしたり、理論負荷的に知覚するという事実もあるので、その"無謬性"に余りこだわってもさほどに意味がない。

（3）シーミング言語の、広くは talking-reflective sentence の以上の事例文は極端な例だと思うかもしれないが、副文は単に私的で正直な思いにすぎないのだから、例えば「クラシックが好きで、ロックも好き」がありえるように"他人から矛盾と思われても構わない"と言える。ただし、この場合の副文の内容については、むしろ前々註（2）（157頁）に沿って考えるべきだろう。即ちこの場合は、本文でも述べたように、「人非人」と同じく、当人が或る観点から「夢まぼろし」と思い、別の観点から「そうでない」と思っているような、異なる観点（これに伴い、意味のズレも生じる）からの「うわべだけの矛盾律破り」と見た方が妥当と思えるのであって、この種の副文は観点を異ならせざるをえなかった当人の"迷・惑"を修辞的に強調して言ったものにすぎないと見なしうる。だからこの種の言い方は、件の「有でも無でもない」と関連づけるなら、迷いの中にある者が無分別の境の体得者の言（だと、さほどの根拠もなく想っている言）をさらに受け売り・横流ししただけの言い方でしかないのでは？と疑ってみる相当な根拠になる。かくなる幻影語法は本文で述べたごとく、普通人の日常の語法そのものである。蛇足だが、多くの人は伴侶に対して「怖く

もあり、そうでなくもあり」と日常思っていることだろう。これをもって「思いは矛盾していても、これが空・仮・中の（夫婦）円融の境地」と想う（？）のはその人の勝手だが、「論理則を超えている」と自評・自讃するとしたら、私などは毎日〝覚っている〞。


## ２―３―２．論理則破りの三分類――魔球と豪速球

以上、ある複合命題が論理則破り、特に排中律破りの形を呈している場合に、それが真正の論理則破りなのか、それとも見かけにすぎぬのか？を検討してきたが(1)、もともとが面倒な議論をさらに込み入らせてしまった気配もあるので、新たな整理を加えておく。――これまでの検討からして問題の「（～で）あるのでもなく、（～で）ないのでもない」について、大体のところ次の三種類に類別できるだろう。

〔Ａ類〕＝真正の排中律侵犯の言明……通常の論理学の視点からして論理則を侵犯しており、かつまた単なる修辞法的な論法による侵犯ではない言明。例えば原則Δを受容すれば、相関性から無自性状態に至り、自性も他性も不成立であるという（論）理に基づいて、「Ｐであるのでもなく、not-Ｐであるのでもない」なる複合言明に論理必然的に至る。この中観独特の理由づけ、即ち原則Δが果たして普遍的と言えるのか？などに関する議論が必要とはいえ、結果したこの種の複合言明が中観の視点からはもちろん、通常の論理の視点からしても「真正の排中律破り」であることは間違いない。

〔Ｂ類〕＝うわべは論理則破りの形をしているが、修辞法にすぎず、明らかに論理則は破っていないと解釈できる言明……「人非人！」や幻影語法、シーミング言語の説明の際に挙げた諸例がこれに該当し、述べる際の観点を変えていると聞き手が気づくことによって、論理則破りであるのはうわべだけだと解釈できる言明。

この場合、観点の変化やズラシに気づくのに難易度がある。難易度

は背景的知識の多寡によって個人的にも異なってくる。多分に鈴木大拙の「即非の論理」はこの類に属すと思われる(2)。というのも、禅宗文化に親しむとは一面では、定型化した視点のズラシに馴れることでもあるからである。それで、もしも「即非」を文字通りに真に受けるとすれば、「即非の論理」はA類に属すが、大拙自身が「即非」を"真に受けていた"とは思えない。もし"真に受けていた"なら、「〜である」との断言の後に直ちにこれを否定し、この否定をまた否定しなければならず、大拙の著は一文たりとも完結しない。加えて、即非の論理を本当に（普遍的な）同一律破り、論理則破りと見なすのであれば、「これが大拙の言うかの即非の論理である」とテーマを同定することさえできないはずである。大拙自身も（即非ゆえに）同定できない。だから、「即非の論理」は般若経の流れを汲む「ショック療法の修辞法」と見るのが最も妥当であろう。

〔C類〕＝見た目では排中律などの論理則を侵しているようにどうしても見え、述語論理による分析を加えないと論理則破りではないと見抜きにくい言明……ここに〔17〕「「現在のフランス王は禿である」こともなく、「禿でない」こともない」が属すことは既述の通りである。ただ、〔17〕や引用括弧なしの原形文「現在のフランス王は禿でも、禿でないのでもない」を修辞法で解すことができないわけでもないのであって、面白いことにラッセル自身がこれを「現在のフランス王は鬘を着けている」との（哲学的？）ジョークと取る可能性を紹介している。だが、これでもってこれらがB類に属する単に修辞法的な事例文になるということはあるまい。なぜなら、〔17〕や、

　〔18〕「不妊の女性が生んだその子は色白である」ということもなく、「その子は色白でない」ということもない。

　〔29〕あの原子は赤くもなく、赤くないこともない。

などがC類に属す所以は、これらの話材の存在そのものが「虚ろ」

だということだからである。その意味でC類は、「くまモンは人であることもなく、人でないこともない」とは類を異にするのであり、後者は「くまモンはぬいぐるみである」ことを、さも曰くありげに修辞法で述べているに過ぎぬB類だと見るのが妥当だからである。

　確かに、見た目に論理則破りの当の言明について、それがA類なのか、B、C類なのか？──厳密な区分けはむずかしい（例えば〔29〕は「原子は無色」の、〔18〕は「理屈上は有りえない、起こりえないことをあれこれ考えることの無駄さ加減」の言い換え・含意文とも解せる──これがまた、非定立的否定でも何かを含意しうるのでは？なる疑問（小論237〜238頁）の根拠にもなる）。けれどもこの類別化は「一応の目安」なのであって、私どもにとり重要なのはやはりA類である。それで、「真正の論理則破り」の中に今日の私たちが論理学の視点からして排中律破りや矛盾と認める命題が入るのは当然であるが、そのほかに最前も述べたように自性と他性が不成立の場合の「PでもPでないのでもない」なる「中観派の原則Δなる縁起の理に則るとすれば"論理（則）"破りと見なさざるをえない命題」も含まれるのは確かであろう。繰り返すが、この排中律破りは「原則Δを受容するなら、無自性論に立つことになり、自性、他性ともに不成立となる」という中観独自の論理に基づく。

　また、この原則（＝論理）を侵して、概念的思惟（→有自性論）に親しみ、その結果「無自性であって、かつ有自性である」なる矛盾を侵してしまう私どもの日常も"真正の論理破り"に入ると見なされるであろう。だから、もしも無自性論を採る（と同意する）のであれば、どんな述定も不成立なのだから、概念思考する人は少なくとも中観派からすれば既に「真正の論理原則破り状態」に陥っているのである。

　しかるに、こうして「理の破綻状態」に直面して思考が立ち往生する事態は、中観派に言わせれば、私どもがことばに親しみ、ことばに

伴う論理（則）に則ったつもりで戯思考しているから陥らざるをえない苦境であって、ことばの使用を止めて（思考を止めて）しまえば、そんな苦境に陥ることはない。それゆえまさしくこのことを「〈pでもなく、pでないのでも<u>ない</u>〉ということは<u>ない</u>」なる非定立的否定の連続で表わし、「（〜ということを）語るな、考えるな」と、否定命令的な言語行為へと転化させるわけである。

（1）本節前半で取り上げた「龍樹が排中律を認める公理系か、排中律を認めない公理系（多値論理学）かのいずれを採ったか？」は、結局のところ命題の公理系の選択の問題だが、龍樹にこのような現代的な問題意識があったとはとても思えない。現在でも、どちらの公理系を選択するか？の理由として「プラグマティックな便宜性が関わる」ぐらいしか言えないのではないか。つまり、どちらの公理系を採るにしても、他方が間違いであるとか、他方よりも絶対的に優れているなどと「証明する」ことはできまい。両方ともに、対象となる一群の命題にその公理系を適用した場合、その諸命題内部での整合性が最重要で最優先の問題となり、どちらの公理系を採るか？はあくまで便宜性の選択問題になるからである。むしろ、ここで着目すべきは、「花でもあり、花でもない。赤でもあるが、赤とも言い切れない」ような、そんな論理則を一見危うくする"迷・惑ゆえのことば遣い"を一種の修辞法として余儀なくされる私どもの状況であって、「多値論的な公理系を選んだら整合的な解釈が期待できる」との解釈方針は余りにも現代的に過ぎよう。だから前節では"排中律破りや矛盾律の侵犯に見えることば遣い"は「対象事物が虚仮であり、幻影にすぎないのか？」との疑いや迷いに基底を置く"特殊なことば遣い（幻影語法）"と見なしたわけである。このようなことば遣い（＝うろたえた騎乗の仕方）は、特殊ではあるが、それでも"日常の内"に入れうる語り口であろう。小論では「かく平たく解す方が時代錯誤に陥らず、龍樹がどんな多値論的命題論理を使っているかを明示する必要もなく、あまり無理することなく、整合的で一貫した見通しをつけることが容易になる」と言っている。

（２）「即非の論理」は大拙が「修辞法でない」としているにもかか
わらず、修辞法だと思う。また「論理」と銘打ち、西洋の論理則に対
抗するかのような印象を与えたのも拙かった。変な対抗意識を持たず、
対機的にショックを与える「即非の修辞的論法」と言えば、それで十
分だった。

　それで、A、B、Cの類別に話題を戻し、龍樹を投手、主述思考を
専らとする私どもを打者に喩えるならば、龍樹の投球で目立つのは"魔
球"と豪速球（A類）の二球種だと言える。このうち本来的に"魔
球"と言えるのは球筋が不明瞭なC類なのだが、ある球がいったん
"魔球"に映ってしまうと、まともな認知だと思っている「この赤い
花」が夢（虚ろ）か現か──「幻と見なせ。どうだ、そう思えるだろ」
との誘惑が効果を増して、冷静に考えれば"見かけの論理則破り"で
しかないB類も"魔球"になってしまうのである。つまり龍樹の誘
いだけで魔球になるのでなく、打者の私どもの方にも「そう言われれ
ば、確かに幻かもしれない」と、その幻惑に同調する素地が走馬灯の
現実からして常日頃から備わっていて、「この赤い花」について述べ
る際に観点のズラシを誘発させられ、B類もまた"魔球"に映ってし
まう。だからこの種の"魔球"は投げる側と打つ側の合作によるとも
考えられるのであって、投手と打者の双方で"魔球に仕立て上げる"
というのが実際のところであろう。
　対するに、はじめから魔球対策を施して打席に立つのが記述理論で
ある。C類の「不妊の女性の生んだその子」に代表される魔球の共通
点は、既に主題が誰の目にも「虚ろ化している」ことである。それで、
虚ろ化対策を施している打者に対して龍樹が投げ込む決め球が豪速球
なのであるが、「思考が主述形式で展開される限り、主述言明はすべ
て複数の自性の相関関係を述べているにすぎず、その限りで"無自性
なのに、有自性である"という矛盾を侵しているだけ」と龍樹は咎め、

原則Δ＝「相関性→無意味」を楯に、人間の思考の営みのド真ん中に
ズバッと投げ込んでくる。さらにこれが豪速球となるわけは、「〈無自
性であり、有自性である〉ということはない」における傍線部「ない」
が非定立否定であり(1)、これが波線部について「かくなる論理侵犯
にすぎぬことを言うな！──不可解なことを考えるな、黙れ！」なる
言語行為として機能するからである。即ち、この「ない」は、論理性
の駆使も含めて潔く馬上から降りるようにと、私どもを強制的に追い
立てる。

　これに対して私たちができる精々の抵抗といえば、「あなたが豪速
球を投げるときに用いる〈不妊の女性の生んだその子は色白である〉
ということはない」や「主述形式で思考することは無意味である」も
主述の思考文じゃないか。主述思考という俺たちの十八番の手を使い
やがって…」と、非力な自分たちに舌打ちするくらいが関の山である。

　このことに関連し、「同じルールの下での対戦」というもう一つの
喩えを加える。──龍樹を屈強の力士（M派）とする。Mの本来の
場は土俵の上（体得知の世界）である。一方、部派やインド正統学派、
日常の私たちは柔道選手、または柔道の愛好家（O派）であって、日
頃の生活での思考は主述形式で営まれる畳の道場であるとしてみる。
それで、力士である龍樹がここに出向いて部派たちと申し合いをする
と仮定してみる。出稽古であり、試合のルールは柔道のそれに則るの
で、膝やひじが畳の上についたり寝技を使ったりしても（＝非定立的
否定や推論的思考、即ち論理的結合関係を立論の際に用いても）負け
にはならない。例えば非定立的否定が述定（＜主述文）の一種である
ことはO派も承認していることであり、M派はこれを「～は無意味、
不成立である＝～ということはない」という独特の強力な柔道技（≒
無自性論）として使い、O派と試合する。この技は"自己破壊的（＝
相撲なら負けと判定される）"とも言えるが、非定立的否定などをO

派も認める以上、柔道のルール内に収まる技である。だから龍樹はこの無自性論なる強力な技で相手を次々にしとめても、咎められはしないし、自己矛盾にも陥らない。付言すると、力士が柔道着を着て、柔道の試合の場に臨むことが、「ことばで語れない」ものを「言語行為的に説示する」こと（「考察一．1―1」）（8頁）である。

　（1）これを述定と見るのは、これが "That is not so" という形をしている（主部は "that"。否定詞は論理語で、二次的な語）からであり、この「そうではない」が非定立的否定であるのは、この否定が何かを肯定的に含意しているとは言えないからである。また、このことにつき、ウパニシャッド期の哲人ヤージュナヴァルキアの "neti、neti（not that）" を思い起こすのも意義あることであろう。ここではことばを離れた体得知の文化が脈々と流れていることを感得できる。

　それで、これまでの展開を振り返ると、原則Δに基づいた "論理" をたどって事象間の関係（＜こと）全般の不成立を議論してきたが、結局のところ或る事象文を、またはその連言を一括して「〜ということはない」と否定し(1)、「少なくとも或る非定立的否定は成立する」と主張することも "主述的言明" の内に入ると十分に見なしうるのだから、率直なところ「論理的思考は不要ということも含めて、思考はすべて無意味」という、この無自性論の "結論" が私どもに突きつける意味は実に重いとあらためて深く慨嘆せざるをえない。この場合、「無意味である」という述定の適用範囲にこの述定自身が入るか？という "論理的な" 問題に関しては一応の目途がつきつつあると思えるにしても、やはりかく慨嘆するしかあるまい。「あらゆる事象、あらゆる思考の無意味さ（の説示）が重い意味を持つ」とは本当に皮肉なことで、大いにパラドキシカルに映って当然であろう。このパラドキシカル性については今後また取り上げて（181〜182頁）あらためてそこで考えることにする。

（1）「and」を「・」で表記し、事象判断の全体を「…・m・n・o・…」と記すなら、「not-（…・m・n・o・…）」の「not-」は、丸括弧内の全体が偽（虚仮）であるとき、これを「ということはない」と非定立的に否定する述定である。これに関しては本節（164頁）でも言及したが、「咎める、糾す」という言語行為から「～と考えるな」なる命令的言語行為に通じることに注目してほしい。

## 3．無分別の境地と「八不」

それで一息ついでに述べるなら、『中頌』が示唆する戯論（プラパンチャ）が寂滅した世界は当初に覚悟した以上に茫漠さを増して、深い霧の中にとめどなく広がっているようにしか思えないのである。だが翻って考えてみると、「肯定─否定」はその相関性からして始めから「自他、異同」と同じく“不成立”の域内に入っていて当然だったろうし、その言明の「真─偽」を問うこともまた同様だったと思い至るのであって、原則Δを受容して、縁起状態にあって相関関係にあるもののすべてに自性を認めないとする限り、あらゆる（対）概念が無意味とされても文句は言えないであろう。そして相関性に依る対立自性＝否定的自性を含めた一切の自性が虚仮で無意味ならば、否定辞を用いて記述される「否定的事象」の自性間の内部的な結合関係もまた然りであって、これを描写しようとする「主─述」分別も成立の余地がない。それぞれの（──いまや「それぞれ」という境界線さえまったく定かでない）事象・事態がこうでしかなかったら、それらが“他”の事物と結ぶ“外的”結合関係にあっても事情はまったく同じで、「因─果」を含むあらゆる関係が“摑みどころのない関係”でしかないのだから、（「それぞれ別々」を本性とする）ことば（という公共的な意味付け）を失った“諸物・諸事象”が茫漠と漂う世界が広がるばかりである。

それで、この機会に「戯論寂滅の世界は無である」という宗教哲学書でしばしば目にする言について触れておくと、この“解説”が相当

に眉唾ものであることはもはや明らかだろう。「無」は「有」と相関
する。それに、既述のように「〜ということはない」なる非定立的否
定さえ述定の一つと見なしうる、つまりその主述相関性のゆえにその
成立が危ぶまれるのだから、どう見ても或る事態の述定である「無で
ある」がまともな述定になるわけがない(1)。戯論寂滅の世界とは（ま
ずは）諸事物が“諸”事物たるほどに明確な分別のことばをあてがう
ことのできないという意味で（、さらには小論の以降でも引き続き強
調するように、「ことばと不可分な思考の模索（＝言語道）を断念せ
よ、断て！」と命ずるという決め手の意味も重ねて）“無言の世界―
ことばを失くした世界”なのである。

　ともあれ諸文・諸命題で構成される分別的思考の基底部分が既に至
るところで崩落しているわけで、その崩落のさまは肯定的な事態、否
定的な事態を問わない。したがって、真か偽か、確実か否か、さらに
は幻影か否かの別さえも意味を成さなくなるのもまた当然だろうし、
その意味で無自性化とはまるで複数の方向から重なるドミノ倒しのよ
うであり、当てにしていた思考の根幹部分を形成する諸々の思考の固
守すべき防衛拠点がどの方向から、どこまで崩れていくのか、十分に
見通すことさえできないと思われる。

　しかるにこの“無言”についてもう一言しておくと、確かにこの世
界はその内部の詳細を窺うための手掛りとなることばを失っている
が、だからといって「その内部の状態を推測するに当たって理屈がまっ
たく役立たない」と、論理的な思考の無能性ばかりをことさらに強調
するのは控えるべきである。というのも、この世界に私どもが対峙す
るようになった経緯を振り返るなら、原則Δから伸びる諸経路を理屈
の上でたどりさえすれば、実際に瞑想の境を体得した、しないに関係
なく、誰もがこの不透明な世界に行き遭うことになるからであり、引
き続きこの無言の世界について言いうることを考えるに際して、論理

170

（的推測可能）性は一定程度役立つはずなのである。（実際、後述の「3
―2」などがその成果である）。

　ただし、もちろんのことではあるが、この不透明な外貌の内側に潜
む風景が直ちに空の境地と言えるのか？というと、『中頌』は無分別
の境を直接的な形で語ることはほとんどなく、禅定体験のない者は推
測の屋上屋を重ねるに等しいのであって、残念ながら私たちはこのよ
うな世界を変幻定かならぬ〝うやむやな世界――（輪廻の因となる認
知・煩悩・執着を生じさせる）ことばを失い、日常的な思考ができな
い世界〟――だと考えるしかないが、しかし修習階梯のある段階で現
われるであろうこの種の世界を想い描く私どもの理解まで、文字通り
に〝有耶？無耶？〟の状態でこれからも議論していかなければならな
いのでは、分別を旨とする者としてはいかにも苦しい。それで、「日
常の立場から」という従来の方針通りに検討を進める一助のためにこ
の辺りの事情を表にしたので、確認し直してほしい。

　これに言いたすなら、龍樹が否定のまな板にのせたのは直接には「自
他、異同、有無」などの基本的論点であり、せいぜいが表の「外的結
合関係の①」ぐらいまでである。このうち「否定的事象」が内的関係
か外的かについてはラッセルの「論理的原子論」と比較検討しても面
白いし、また、諸文間の外的な論理的関係②については直接的に論じ
ておらず、真俗二諦の緊張をはらんだ境界面の問題が残る。けれども
龍樹は「それらについては私が直接的に説示した批判内容から推し量
れ。（馬上にあるときの私にとってもそうだが、）あなた方にはそのた
めの騎乗法（≒ことばの論理性、論理的思考、推論）だろう。むずか
しくはない」と私どもの馬の尻をポンとたたいてくれると思う。

　　（1）「考察一．3―3―2」で見た「15. 5」偈（48頁）などを参
　　　照。ここで「眉唾もの」と言うのは主に西田の影響下にある観念論的
　　　解釈で、「無」も「不有不無」と同様に不得要領であると言いたい。

| ことばの種類 | ことばが表わすもの・<br>ことばに対応すること | 真諦からして |
|---|---|---|
| 相関性を持つ<br>語・語句 | 分別的概念（——相関性を持つ概念枠）、<br>分別的自性（——肯定的自性と否定的<br>自性（＜他性）） | 無自性→虚ろ・<br>幻影・無内容 |
| 単一の文（主<br>述の内的な結<br>合関係） | 否定的事象や否定的事態を含む一つの事<br>象・事態、即ち、自性間の内的結合関係<br>……因果関係や論理的関係を含む「主述<br>関係」に代表される内的な縁起相関関係 | プラパンチャ→<br>虚ろな俗諦・幻<br>影・無意味 |
| ことば・諸文<br>に伴う外的な<br>結合関係 | ①諸文が表わす諸事象の因果関係に代表<br>　されるいわゆる外的にして縁起的な相<br>　関的結合関係<br>②論理則や推論規則などの論理的な外的<br>　結合関係 | ①プラパンチャ<br>②勝義としては<br>　不用・不必要 |

　あるいはこれが「絶対矛盾的自己同一」の世界だと思うかもしれぬが、
西田は「肯定―否定」などの相関性の強調ゆえに「絶対矛盾」と言う
のであり、「一なる自己」とは汎神論的な一元的実在者なのだろう（こ
のとき、相関する諸項は「一」における「諸仮象」のごとくに見なさ
れる）が、矛盾に甘い「多即一」の弁証法的な分別を、観点のズラシ
を考慮せずに援用している点で――即ち、矛盾した事態の存在を「論
理的に有りえない」と拒斥しない点で、龍樹とは大きく異なる。西田
の場合は「包括的な一元論的自我（精神）」をテーマとするが、龍樹
は帰謬法的な論法を駆使するのであり、ことばとこれに伴う論理性に
よって私どもを矛盾状態に追い込む。しかしその状態に留まることを
決して認めない。「考察三．４―２」を参照。西田の亜流は中観を観
念論と決めてかかるが、小論は公的な論理性遵守の面で、むしろ「観
念論ではない」と強調したい。

　ともあれ、否定をめぐる問題を通して、矛盾律や排中律を侵しかね
ないとも思える議論を龍樹が好んで展開しているようにさえ思えるこ

172

と、そして多分に反則スレスレのスリリングな議論を龍樹はむしろ狙っているのではないかという感さえ抱く⑴。対するに、私たちは通常の生活を送る上では心のありさまをはじめとするさまざまな事象を「無自性→無意味」などと考えていないはずであり、「幻影」とさえ、そうも頻繁に考えていない（。その意味で私どもは確実に龍樹の批判対象である）。かようにその分別がリアルに存在すると思っている諸事象の中に私どもは生きていて、例えば「念仏は行者にとって非行・非善なり」（『歎異抄』八条）とあるに対して、これを定立的否定ととるか非定立的否定ととるか？などにそれほど執らわれてもいないこと、また何よりも「念仏、行者」等を幻影視などしていないという、こういう存在に関する暗黙の前提・仮定も含めて、ここでもまた典型的な分別的思考のあり方が見られるとすれば、このテーマにおいても中観が基本的に志向する無分別の境と私どもの日常的思考のあり方との対比が浮かび上がる⑵。

　（１）既述のように、論理法則の遵守などは龍樹の直接的な関心の外であっただろうから、当然「狙っている」わけではない。結果的に「反則スレスレ」になったということでしかないだろう。

　（２）もちろん「浮かび上がる」のは「此岸（日常的な思考や理解）―彼岸（戯論寂滅の境）」の間に分断線を引こうとする私たちにとっての対比性であって、龍樹は空境の無分別性を此岸全域に及ぼし、「諸事物間の輪郭線、境界線」を、原則Δに基づき、すべて無自性化（→無意味化）するようにと求めてくるわけである。しかし筆者は、「諸事象間の分別・輪郭線がつかない」ことを誇大に有言化し、「無（＝Nothing）が真如である」とか「ことばを使用すればパラドキシカルな事態に陥るが、このパラドックス・矛盾律の侵犯こそが無分別の境地の証だ」と、このように"ことばでもって自身の理解を分別的に披露して、このことを何ら怪しまず、この分別的主述思考の仕方自体に何の説明・釈明もしない人たち"に対する不信の念をこの辺りの節で

開陳しているわけである(小論の以下の部分でこの問題に取り組む)。こんな“「無である」なる有自性論的分別そのものの解説”をのたまうくらいなら、まだしも沈黙で通してくれた方がよほど一貫性があると思えるし、「よく分からない」と分別的に愚痴る方がまだしも誠実で正直な態度だと思う。

## 3―1．体得知と「ことばの限界」

仮にいま述べたような分別の成立しない世界を実体験することが空の境に入境することだとしても、諸文献によれば空の世界には遥かな奥行きがあり、無分別智や平等性智などと言われる智の境地はまだまだ先にあるようである。しかるに筆者は以前から薄々感じてはいたが、瑜伽行唯識学派主導の総合的知識論に大きく影響される以前の中観派は初期仏教以来の修道階梯を割りと素朴な感じで踏襲していたようなのである。これは龍樹、または中観派と称した人たちがこの方面の関心が薄かったというのでなく、修道面は初期仏教以来の順観・逆観などの伝統を継承して十分であり、有部のように瞑想の階梯を「無漏法、阿羅漢果」などと段階別に詳細に規定するのでは、分別的概念の成立を否定する基本戦略に反し、かえって無分別の境を体得することの妨げとなるぐらいに考えていたからだろうと思われる。

「考察一．1」で「25.24」偈を引用し(4～5頁)、この無分別の境地(――以後は「無分別智」などと区別し、広く「分別不成立(あるいは「分別不用」の方がいいかもしれない)の境」を意味して「空の境地」と言う)においては“ことば・思考が寂滅している”ゆえにことばによる考察の対象にはできない、しないと暗に断っておいた。小論は、ことばで思考する日常性と対比することによって無分別の境地をいささかなりとも浮上させることを狙っているわけだが、本節ではこれと関係の深い論点の一つを押さえておきたいと思う。

この種の体験知は現代哲学においてしばしば話題となる個人的な感

覚や感情を――例えば誰かが「歯が痛い」、「心が痛む」として、当人のその痛みを――他人が感じることができないという私秘性の問題とどこか通じるところがある。今はその相違点の詳細については問わないが、ともかくもこの種の知はことばで十分に表現しにくく伝えにくいがゆえに本人以外の者、あるいは未体得の者には追尾が容易でないという共通点を有するわけである。それで、追尾が容易でない分、推測の間口を広くとるしかないが、ここでは「空の境地の実現が体得知の一種と見なしうることにもっと注意を払ってもいいのではないか」と、まさしく体験知の私秘性という面から押さえておきたい。

体得知――体得的に得られる知とは例えば「自転車の乗り方、泳ぎ方を知っている」という場合の知であって、それは「私は自転車に乗ることができる」「泳ぐことができる」ということにほかならないが、かといってこの知を例えば子供にことばだけで伝授しようとすれば、不可能に近いことだと思わねばなるまい。もちろん「バランスがどうの、重心がどうの」とことばも使う。しかるに、そんなことばによる理解を離れて（――「重心」などのことばを知らずとも）私が自転車に乗る知を修得したのは確かだし、相手の子が実際に自転車に乗れないならば「知を伝えた、教えた」ことにはならない。

一般に体得知とはある技の修得知であるから、ことば（によるコミュニケーション）にも頼りはするが、それは禅のある境地の実現のために公案などを活用するのと同じで、ある技、ある瞑想の境地の会得は基本的に私的であり、それ自身では（特に他者に対して）何も語らない。だから、それはやはり「ことばを離れている」と言わざるをえないのである。職人技や名人芸と言われる技能の修得も難度の差はあれ、「泳ぐことができる（という知）」と基本的には同じで、その修得や伝授に関して、それらも「ことばを超えている」(1)。

また、このことに東洋と西洋の違いがあるわけがない。にもかかわ

らず、ここで「体得知（優遇）の文化」と言ってみたいのは、西洋的な哲学・科学が "What is it ?" の答え（類・種＝自性の述定）を中心に階層（ヒエラルキー）を成して構成されてきたに対して、ヨーガ・禅による「無分別の境の体得」を頂点とした、広く技のコツの修得を重視する "how to do" の文化がこの地では長らく涵養され(2)、時に過剰と思えるほどに尊重されてきたのではないか？と思うからである。この文化にあっては例えば職人技一つをとってみても、その技の修得と実現は私秘的なものであるとして（——確かにこれで正しい）、それを何とか言語化——換言すれば公共化・情報化することを潔く諦めるという風潮が強かったのではないだろうか。

　いや、何もそれではいけないなどと言おうというわけでは毛頭なく、「分別を否定する（不用とする）境の実現」が完全に日常離れ、浮き世離れした、その一端を想像することさえも拒む知の境地では決してないと言いたいだけなのである。しかるに、この地では悟道に対する尊崇の念が絡んで——要するに仏道文化を尊重するあまり、成道の一過程の相当に幅のある境地をやたらと神秘化・神聖化し、「ゆえにことばでは→理屈・論理では到底及ばない」とあまりにも諦めよく "納得" してきた嫌いがあるのではないか。無分別の境ともなれば、確かに日常的とは言えないことは間違いなかろう。しかしここでは、この何とも接近しがたい悟達の過程的な境地を技の修得知・体得知というありふれた暗黙知（tacit knowledge）の一種だと見なすことも十分可能で、やたらと神秘・神聖視化するばかりが能でないと言いたいわけである(3)。そして、ある境を実体験したことが皆無でも、不十分ながら自分で試してみたり、他の別種の体得知の修得経験を活かして、文学をはじめとする仏書などの古典——即ち、ことばにも接することによって類推をたくましくし、「見性、身心脱落」などの境地が、もちろんおぼろげでしかないが、ある程度は推量・想像できないことも

176

ないのではないか？と、——つまるところ、筆者は、今まであまり省みられなかった糸口からの新たな推量の可能性をこの場でアピールしてみたいだけなのである(4)。

　しかしながら、この「暗黙知・私秘的な体得知ゆえに分別否定（分別不用）の状態知はことばを離れざるをえない」は小論冒頭での問題提起（＝「仏陀が言説で説かれなかった法とはいかなる法か？」）に対する"答えの基盤"であるから、やはり重要だと考えられる。例えば真宗において「報謝の念仏」と言うが、果たして自分がこれを実現する（技の）コツを知っていると言えるかどうか。周囲にそのコツを伝授することはもちろん、自分ができていると自身で解し、保証しても何にもならないとすれば、「報謝の念仏の仕方（ハウツー）の知を私は持つ」とは、そうそうは言えない。けれども、その体得の境を漠然とした「以心伝心」も交えて或る程度推量することぐらいは私にもできると言いたい(5)。それゆえ、分別否定（不用）の状態知に対しても、一般的な暗黙知の面からのアプローチを試みるならば、空なる無分別の境の"神秘の厚いヴェール"も少しは風通しよく揺らぐであろう。

　（１）従来の哲学や古典的な科学で論じられてきた通常の知識、認識論に対して、「ハウツーの知識」があることを指摘したのは日常言語学派の G. ライル（1900〜1976）である。

　（２）禅宗では「ともかく座れ」と教えられるという。念仏することも同じかもしれないが、私のような者には座禅の仕方・様式は相当に習熟の必要な一つの技・技能だと思えてならない。

　（３）職人技の会得に通じる仏の悟りの境地は私的で、他者に対して何も語らない。仏一人の場合ならそれで十分なのであろうが、特に真宗のような他力教にあっては、仏が"自らの完結を自ら破って"私たちに語り（働き）かけ、誓願を含む諸情報の共有化に努めてもらうように仏に期待するしかない。また、普通の信徒の私的な信心の相互表出・コミュニケートのためにも私たちは公共的なことばに頼らざる

をえないのである。つまりここは、各自の深浅のある瞑想や信心という私的体験をことばで表出することに、私的に体得する以上の価値を何ら求めない体得文化と、何とかことばで表出しようとする思いとの間に横たわる大きな分断線・対比性を目にする地点である（——私どもは"解釈・理解を求め、試みる者"として相変わらず後者の側に立っている）。

（4）無分別の境が体得知だと強調するのは「専ら神秘化して崇めたてを強要することをできるだけ避け、日常レベルからの推量が可能となる糸口と基盤を見出す」が本節の狙いだからである。たかが私的にすぎぬ歯痛を、汎神論的一元論の有機的な関連性を強調して、晦渋にも、「世界の痛み」と捉えることが優れた哲学とは思えない。

（5）前節では、流動して名状しがたい世界を「ことばで記述しようとしても、できない」と述べた。しかし職人にとって技を修得する際の心の変化を記述・報告することがそれほど必要ではないように、修行者にあっても瞑想体験を重ねれば、瞑想時の世界を記述しようとする気もやがて失せるだろう。そんな場合、「心中の世界をことばで表現しようとは思わない、しない」という諦念的な、見切りに近い意思の方が勝り、「ことばで表現できない」というより、むしろ「（無理に）表現しない」ことが当たり前になるというのが、瞑想体験の豊富な方の実情ではないだろうか。


## 3—2．「八不」は縁起の単なる自性か？

「考察一．2—2」で述定言明と存在言明が転換する現象について述べた（18頁）。動詞「bhū」は英語の「be」に相当するが、「「be」が「である」と「がある」の両義に使われることは印欧語に特有のことで、日本語ではこのような現象はあまり生じない」と気楽に考えていてはならないだろう。これらにそれぞれの否定「でない」と「がない」とを加え、かつまた否定には種別があって、なかでも非定立的否定は無自性論にあっても脈絡や概念枠次第でその成立が有望視され、しか

もこの否定が空の成立に深くかかわっているとなれば、「不〜」なる
典型的な否定辞が現われる帰敬偈が私たちにとってやはり重要なもの
として浮上してくる。

> **不滅にして不生、不断にして不常、不一にして不異、不来にして**
> **不去、戯論(プラパンチャ)寂滅にして吉祥なる縁起をお説きになっ**
> **た、説法者中の最高の説法者である仏陀に敬礼いたします。**

の傍線部が有名な「八不」である。別訳を参照しても明らかだが、傍
線部は「縁起」にかかる形容詞節だから、縁起の記述・述べ方の一つ
と言える。つまり「八不」は"縁起"の固有の性質、独自性→"自性
である"とされているわけである。しかしこれは、今まで『中頌』の
内容にできるだけ沿おうと努めてきた私どもにとっては、そう簡単に
受け容れられる、納得できるという筋合いのものではないのではない
だろうか。「一切が無自性で空であるはずなのに、その根拠・論拠た
る縁起(状態)に自性があるとは!?」というわけである(1)。

　この場合、私どもとしては「固有の性質が自性である」ということ
ばの使用約束(「考察一.　2―1」、15〜16頁)に関して違反はしていな
い。しかるにこうなった、こうなっているのだから、解釈者として今
まで維持してきた「ラディカルな段階を解釈の基本に据える立場」を
このまま保って、この帰敬偈の場合や次の「考察三」で取り上げる『中
頌』第二十六章に対して、むしろ龍樹(や中観派の注釈者)を"不徹
底だ"と批判する側に回るべきか――それとも文献学の域を越えない
ように、「龍樹のことば遣いや考えに忠実であれば、かくかくである
としか言えない」との報告だけにとどめておくべきか――どちらの岐
路を採るかの選択を迫られているわけである。それで筆者としては前
者の「場合によっては龍樹を批判的に扱っても可」という側を選択し

たい。なぜならこっちの方が小論の「無自性・空を日常人としてできるだけ"分別的に理解"しよう」との基本路線に適うからであり、この際、より一貫した論述の進行を可能にすると思うからである。

　　（1）実際にはこのような事例は原典注釈書（『中頌』の注釈書に限らず、部派のも含む）に頻繁に見受けられ、「無自性であること、空であること」を自性とすることは珍しいことではない。空性を自性としていると一応は見ていい偈として「22.14、16」を挙げることができる。「13.3」偈にも同様の用法が見られるが、これは対論者側の偈である。ただ、本註の趣旨の間接的な文献的例証にはなるであろう。

　それで前者の選択肢を優先して選ぶとなると、

　　世界（の諸事物・諸事象）は縁起している。→縁起世界は無自性・空である。

において、傍線部が波線部の自性・固有性であるなら、——主語である「世界」が夢幻であるかどうかに関わりなく——このような自性に関する主述的な分別判断に何ほどの意味があろうか——ということになる。そうすると、

　　縁起（する世界）は不滅にして不生、不断にして不常、不一にして不異、不来にして不去である。

と、「縁起（する）」と形容されて（＝自性を帰されて語られて）いる世界の諸事象に傍線部のような自性をさらに帰属させて分別しても、その分別的思考、あるいは理解しようとする意思は無意味に近いということになる。分別を旨とする私たちとしては、この傍線部を文献学的に受け容れるしかないのだが、それでも、分別を旨とする・しないにかかわらず、この「八不」は"縁起"の属性を専ら記述・述定しているだけではどうもなさそうであるとも気づくのである。また「この連続する「不」はどうも非定立的否定であるようだ」と指摘するだけに終わっても不十分であって(1)、『中頌』全体の核心である"分別的

思考の非成立・無意味なこと”を言語行為的に説示している——その
象徴句がこれである——と、むしろ分別的に受けとめた方がいいと、
ここはやはり慎重に歩を進めるべきである。

　　（1）「不生不滅」がポジティヴには何も含意しない非定立的否定だ
　　とすると、絶対神の「永久不滅、永遠」になぞらえて、「縁起・真如
　　は不生不滅」に「永遠の真理性」を修辞法的に含意させ、これの言い
　　換えだと考えるのは重大な過失であることになる。問題は「非定立的
　　否定なら、その後の議論はどうなるか？」である。ともあれ、ここで
　　は「不生不滅」の主語が「縁起」であろうと「法性、涅槃、真如」で
　　あろうと、「不生不滅」を、これらが戯論を離れていることを強調的
　　に説示するための句だと見なしたい。「不生不滅」については「考察
　　三．4—1」で再び言及し、「思考の壊滅状態を“言語行為的に”説
　　示する“自性記述句”」と解す方向をより明確にする。


　　ただ、この種のことに備えて、ある程度の布石を私どもは既に打っ
てきた。もし「八不」の「不」が非定立的否定だとすれば、「八不」
は、諸事象の生滅などに関して「分別的に語るな、考えるな」という
否定命令的な言語行為をも遂行していると解すことができるはずであ
る。即ち、形としては「八不」は「縁起」の自性を記述しているのだ
が、記述とは別の機能も同時に果たしている言明だと見なしうるので
あって、この類いの言明については「〜は化作されたものにすぎない
→〜を実体的に考えるな」（84頁）などで見てきた通りである。それ
で、この趣旨に沿う簡単な事例を追加すれば、ある立て看板に、

　　「ここはゴミ捨て場ではありません」
とあるとき、これは形としては「ここ」の記述文であるが、「ここに
ゴミを捨てるな！」という命令を婉曲に述べた言語行為を遂行してい
る文でもある。

　　しかるに、この「「八不」は自性か？」との問いはやはり面倒な問

いなのである。というのも、これと似たところで「「空」や「無自性」
も自性か？」と問われるならば、「八不」を「縁起状態の自性」と認
める立場をとった私どもとしては、「空（である）」が自性であること
はもちろん、「「無自性（である）」も自性である」と認めざるをえな
いのであって、そうなると「無自性なる自性」という何やらパラドキ
シカルな──つまり「無自性なる自性がある、そんな有自性状態に世
界はある」と考えざるをえなくなってくるのである。また、「「無意味
（である）」という自性」も認めざるをえなくなるとすれば、「「無意味
（である）」はそれ自体が無意味であるのか、有意味なのか？」という
例の「すべては無意味である」なる言明内容の自己適用の問題が再浮
上してくる。そして、これがしばしば慣用的に言われる「**空亦復空**」
が、「〈無意味である〉もまた無意味である」ということならば、私ど
もは次のような諸事象の記述に関する疑問とどうしても対峙しなけれ
ばならない。

　〔30〕〈縁起する諸々の事物は無意味（＝空）である〉は無意味
　　（＝空）である──か？

　これが有する面倒な重複性をあらためて確認すると、〔30〕は主述
形式に基づく疑問文であり、その限りで分別的思考文であるのだから、
本考察「1」冒頭で述べた「一切の主述判断は成立せず、無意味であ
る」なる判断自らに自らの主張を適用する際に生じるパラドックスの
類い──あの論理的なパラドックスに陥ることを免れえないことは明
らかであって、同じようにパラドキシカルにしか思えない次の疑問文、
即ち、

　〔31〕〈主述形式をとる一切の分別的思考は無意味である〉は無
　　意味である──か？

に私どもが否応なしに直面するのは避けることができないと思われ
る。

　だが、繰り返すが、このような一連の疑問に応えるべく私たちが打っておいた布石はそれなりに有効なのであって、〔30〕や〔31〕のように主述形式に則って疑問を発する行為に対しては「錯雑した疑いなども懐くな！」と、一蹴するに等しい言語行為でもって返すのが龍樹らしい応え方であろうと述べてきたのである（131〜132頁、164頁）。また、「有るのでも、無いのでもない（不有不無）」なる件の“論理則破りに見える常套句”が龍樹に対するまともな解釈にはなるまいとマイナス評価を下してきたことも、私どもが予め打っておいた布石の一部である。即ち、この「不有不無」を八不に連なる第九、第十の否定的な連言句と見なして悪い理由は何一つなく、そうだとなれば、これは「〈不有不無〉などと言うな」と等しいのだし、むしろ「分別的に考えるな」と言語行為的に命じられた方が遥かに分かりやすい。したがって「空」も、実質的に「無自性である、無意味である」という非定立的否定に等しいなら、〔30〕や〔31〕のような主述形式の問いに対しては「黙れ（一問答無用）！」と一喝した方が『中頌』が言わんとすることを端的に表わすのではあるまいか(1)。

　　（1）「無」に関する本考察「3」に言い加えるが、「無亦復無」はもとより、普遍概念の有無などが論じられることも余りなかった特有の風土文化の中で、暢気に老荘の「無」で「空」を解そうとする人が有るが、かく言う当人の有をどう考えるのか？等々、哲学的に不得要領で、忌々しいとさえ思う。

### 3—2—1．「枚挙に関する修辞法」との解釈仮説

　これに対し、〔30〕や〔31〕のような問いを封ずる別の考え方もあることはある。それは「嘘つきのパラドックス」なる逆説的事態に陥るのを避けるために講じられる言語哲学で一般化している方策なのであるが、それは「これから言う私の発言を除いて、私の発言はすべて嘘である」と、述定「嘘である」の適用範囲から当の発言自体を除外

するという対処法である。このことを〔31〕に当てはめると、「〈主述形式を取るあらゆる分別的思考は無意味である〉というこの分別的言明を除いて、主述形式を取るあらゆる分別的思考は無意味である」と、自身をその適用範囲から外して言明すれば、とりあえずは逆説的事態に陥らずに済むわけである。かくして「あらゆる〜」なる言及領域に階層（type）を設けるタイプ理論(1)によって、あるいは述定部分を一階上のメタ言語と見なすことによって、通常の言語哲学の理屈の上では何とか対処できる。

　だが、「「空」についてそんな現代的な解決法まで中観派が考え（、精一杯の善意だと言わんばかりに「空亦復空」と注意を促し）ていたのか？」と多くの人は疑問に思うのではないか。自然言語にそんな階層があるか？は現代人でも問いたいところだし、それに、私たちのように日常性の目線で空たることにできるだけ迫ろうとする者にとって、想い描くように求められているのは、このように言及領域に階層を設けるという、いかにも人為的な工夫を凝らした解決法ではなくて──即ち、言語使用を全面的に容認した上でのパラドックスの打開策ではなくて、どこかで“戯思考を停止する”ことがそこからの脱出口となるような、つまり、分別的思考（やそれに基づく分別的疑問）が寂滅し自ずと沈黙に至ることが抜け道であるような──そんな“パラッドクスの解消法”なのである。それは概ね会得・瞑想文化に沿ったものであり、“ことばを離れた”暗黙知・体得知の領域にある事がらだと、本「考察二．３─１」の線に沿って見当をつけるのが最も妥当だと思われる。

　（1）B. ラッセルのタイプ理論については中村秀吉『パラドックス──論理分析への招待』（中公新書、1972年）。要するに「それ自身を除いて」と言い添えて、自身を当の命題の適用範囲から除いたり、引用符号をつけることによってパラドックスを避けうる。後者につき、

例えば形容詞「長い」は「おどろおどろしい」に比べると短い形容詞
であるが、このとき「長いは短い」はパラドキシカルだけれども、「「長
い」は短い」の述語「短い」は「長い」という語に関する語であり、
メタ言語である。


　これを裏づけるのは、矛盾律などの遵守を最優先事項とする全体論
的解釈について説明した際に引用した（145頁）次の偈の棒線部であ
る。


　〔真実には、如来や五蘊が〕（1）「空である」と言われるべきで
ない。あるいは、（2）「空でない」とも言われるべきでない。さら
に、（3）「空でもあり、空でもない」とも（4）「空でもなく、空
でないこともない」とも言われるべきではない。（22.11abc）


　そこでも述べたように、この補訳部分にある「真実には」とは「勝
義としては」の意であって、要するにこれは方便としてなら「空であ
る」「空でない」等と俗諦ふうに啓発しても許されるのだが、勝義と
してはどんな方便であれ「言われるべきでない（→不立文字）」と述
べているのであって、許されるのはあくまでも「段階を考慮した教化
の仕方・方法として」である。しかしながら（1）と（2）はまだし
も、やはり大いに気にかかるのは矛盾表現であるとしか思えない（3）
や（4）であって、これらはいくら「相手次第（の教化の仕方）」を
名目にして提示を許されているにすぎないとしても、（3）や（4）
までもあたかも高級者向けの霊妙な俗諦であるかのごとくに許容して
いるd句が問題である。


　しかし、〔教化されるべき衆生の程度に応じて、言葉によって〕知

**らしめるために〔これらの四句を〕述べるのである。**（22. 11d）

そしてさらに引っかかってしまうのが同時に引用した「18. 8」偈であった。

**（1）「一切は真実である。」いや、（2）「一切は真実でない。」そして、（3）「一切は真実であり、かつ、真実でない。」さらに、（4）「一切は真実でもなく、真実でないこともない。」これが〔諸〕仏の〔教化対象に応じた〕段階的な教えである。**（18. 8）

「18. 8」中の「真実」は「空、真如、縁起、涅槃、法性」などで置き換え可能と思えるが、最後のd句が（3）、（4）なる"教え方"をそのまま是認している分、例えば「無自性であり、かつ無自性でない」という矛盾しているとしか思えない言い方をあっさりと認めていると解せるわけである。だがそうなら、矛盾律破りや排中律破りの形を呈す「不有不無」や「八不」を「22. 11」よりもはっきりと容認しているのだから、もしも「〈不有不無〉や〈八不〉のような言い方は俗諦としてなら大っぴらに許される」と解そうとする人がいれば、その人には本偈は恰好の文献的根拠となるであろう。しかしそうなると、そのラディカルな非成立・不用性を強調して「あらゆる言語表現は勝義としては容認できないと龍樹は考えていた」を解釈仮説系の中心に据え、これにアクセントを置いて『中頌』の解釈をまとめようと目論んでいる小論にはまったく不都合な偈でしかないわけである。
　しかるに「任意の事象について相関的ないかなる述定的自性も不成立」のはずなのに、このように"方便的な提示"を名目に或る述定の効能を語るのは、やはり元来が無理すじの話なのではあるまいか？
それで、本「考察二. 2—3」（150頁）の議論を蒸し返しても進展が

ないので、ここでは（3）や（4）のような矛盾した述定表現が現われる提題の仕方は「述定に関して考えうる場合の網羅の仕方に関する一種の修辞法であろう」との"副次的な解釈仮説"(1)を立て、この仮説でもってどこまで説得性のある議論ができるかを考えてみようと思う。要するに「龍樹は矛盾状態に寛容であり、諸命題が矛盾形を呈していても平気なのであって、（3）、（4）はその直接の証拠である」と見るのではなく、問題はむしろ「述定に関する場合の枚挙の仕方」それ自体にあると考えてみたいわけである(2)。

　「考えうるあらゆる場合の枚挙の仕方」に修辞法が絡む事情は多分に次のようであろう。——普通なら「〈空（真実）である〉か、〈空（真実）でない〉かのいずれかである」という具合に排中律に則って言えば、述定の仕方について考えうる場合のすべてを尽くしたのであり(3)、それで「場合の枚挙」の話は終わりのはずである。そこへ各々が矛盾形を呈しており、しかも結局は同値と思われる（3）と（4）をわざわざ付加して、「これらは教化対象に応じた段階的な提示法だ」と言われても、そう言われた側は「変な提示の仕方」と思わざるをえないのではないだろうか。つまりこの種の「場合の枚挙の仕方」は、釈迦と同時代のサンジャヤの論法を何の論理的反省も改善も加えないまま踏襲しているだけと考えられ、こんなうぶにすぎる"あらゆる場合の網羅の仕方"に従うしかなかったのか?! と（現代の）普通の人なら"相手の程度"を大いに疑問視するはずなのである。そうでないとすれば、まるで時が止まったかのようなこんな変な提示の仕方に穏やかに応対できるほどに仏教者に求められる人格的寛容性を自分が高めえたかどうか——修道者たる己れがテストされていると思うほかないだろう。そもそも論理的に可能な場合の枚挙の仕方が人の能力や修養度に左右されるわけがない。実際、多くの研究者がこの論法のあまりの素朴さに首を傾げてきたはずである。だから（3）と（4）は、こ

とばとこれに伴う論理性をも勝義としてはラディカルに無効化しよう
とする龍樹の「禅定の境体得の勝義性」の強調——「大乗仏直伝」を
謳う企てに当時の“枚挙に関する公認の習慣的論法”がまったく追い
つけていない状況にあった(4)（——ところが一面、自分の無自性論
の立場それ自体をぼやかす、晦ますという意味で相性がいいように思
える面もあって、以後も中観派はこの状況を改善しようとせず、最後
までこの“悪しき伝統”を脱しえなかった）と考えるのが最も妥当な
のではないだろうか。

　もとよりインドの論理学史をたどる力は筆者にはないが、それでも
先の仮説に沿って思い切りよく言うなら、（3）や（4）の付加は「あ
りうる場合の方々が一の余計な可能性に備えた原初的にすぎる枚挙
——まさに“（丁寧に）過ぎたるは及ばざるがごとし”を地で行くよ
うな修辞的論法」と見るのが最も妥当と思えるのであって、実際「（3）、
（4）の教化対象」に関するチャンドラキールティの注釈は期待外れ
なほどに簡単である(5)。それに一体、“程度の高い”どんな人がこん
な矛盾律破りめいた言い方で啓発されて、「はい、前よりもよく分か
ります」と応えるというのだろうか？　仮に私が教化対象なら、私は
「矛盾としか思えない（3）や（4）は、有りえないのだから世俗“諦”
として絶対に認めない」と、そして「私のような部外者や初心者に奥
行きに富む空境の今後の教え方を予告されても、何のことやら、いっ
そう分からなくなる」と（中観の件の“特定の立場の無さ、主張の無
さ”を装う韜晦趣味——その典型がサンジャヤ由来のこのウナギ論法
の採用——を抱き合わせて）難じ、加えて「効果的な教化を名目にこ
の程度提示の仕方を口先だけで変えたぐらいで、会得する空境に段
階を異にするほどの劇的で顕著な差がホントに出ますか？」と尋ねて、
「ご趣旨は瞑想の階梯にいわく言いがたしの奥行きがあるということ
ですね」と言う。

188

　あるいは、「こうして念を押すかように“丁寧に”仰るのは“こと
ば・論理では伝えられない（不立文字）”と教示するためというのな
ら、こんな紛らわしい思わせぶりの教え方ではなく、むしろ直接的に
そう言って下さる方が、つまり「入門の段階で教える側のこの先の教
え方まであれこれと詮索し気を揉むな！」と言語行為的にはっきりと
警告して下さる方が、私たちとしてはよく分かります」と付け加える。
要するに（3）や（4）は「世俗的表現による提示の仕方の場合を尽
くす」という、場合の網羅の意味を込めた修辞法的な（不精確で、不
要でさえある）言い方にすぎぬと考えるのが妥当であって、そうとで
も解さない限りは、これらは「俗諦」たる当たり前の条件さえ満たし
ておらず、教化者・話者たる龍樹をこちらは大いに信頼しているのに、
その信頼を台無しにしかねない言い草——龍樹自作自演の“トロイの
木馬（149頁）のごとき（有害＜）無用の長物”なのである。

　実際、偉大な禅師に「真実とは、空とは何ぞや、返答は如何？」と
尋ねたとして、「莫妄想、ことばで分別的に分かろうとするな、言語
道を断て！」と一喝された方が、空とはどんな境地であり、それを体
得的に会得することがいかに重要であるかが、何となくではあれ、こ
ちらとしてはむしろよく分かるというものでなかろうか。私が子供に
水泳を教えるとして、うまく泳げない子が「泳ぎとは何ぞや」と尋ね
てきたら、「理屈で考えるな。息継ぎの練習のためにも、ともかくも
水に入ってみろ」と指導する。間違っても「泳ぐに非ず、泳がないに
非ず」とは言わないし、教える際の言い方のパターンを少し変えたぐ
らいで、より上手に泳ぐなどの行程に富む泳ぎ方の伝授が完了すると
も端から思わない（——だから（3）と（4）は、何らかの役割を果
たしているとしても、それは修辞法的な役割でしかないであろう）。

　さらに念押しのために言う——小論では一貫して「いかなる述定も、
したがっていかなる主述的な思考も成立しない」が『中頌』の最要の

説示内容だと主張してきたのだから、この見地に立てば、前節の「空亦復空」でも示したように、（1）と（2）、即ち「空（真実）である」、「空（真実）でない」でさえ "まともな（俗諦的）述定" としての成立が十分に危ぶまれるわけである。ましてや論理則侵犯の（3）、（4）など、俗諦（的述定）の資格などまったくないと初めから見るのが妥当ではないのだろうか？　したがってこの場合、こんなふうに白々しくも提題してみせる龍樹に対して「何ともお人が悪い方ですね」とやんわりと評することも十分ありうることだと思われる。

　もちろん龍樹は無分別の境の体得を最勝義とした仏意を忘れて分別論争にかまけているとしか見えない当時の内外の状況に対して、目には目をとばかりに議論を仕掛けたのだろうから、この四句分別に見られる当時はポピュラーな "場合の枚挙の仕方" そのものを根本から批判しようとは思わなかったのだろうが、後代の私どもからすると、教化対象の能力や程度に関わりなく、こんな修辞法的な言い方がそもそも適切だったのか？――教化に際してはことばにも依存しなければならないのならばなおのこと、「このような言い方自体が俗諦に求められる当然の資格を満たしていない」と当時でも（、そして自らの所説に沿うという最重要な方面からしても）否定的に判断しえたはずだから、サンジャヤ流のかくなる四通りの提示法自体に当初からもっと批判的で辛辣であってもよかったのに！――と残念にさえ思ってしまうのである。

　それで、この問題を先の「2―3」節で述べた「全体論的な解釈の模索」（小論151〜152頁）に結びつけ、「引っかかりの原因は乙＝龍樹の側にあるのか、解釈者たる甲＝私どもにあるのか？」と問うなら、修辞法について甲の側に認識不足があったという点では私どもに落ち度があったのだが、サンジャヤの論法を無批判に踏襲した点では龍樹自身にも大いに責任があるのである。（ただし、この論法の採用によっ

て自分の"無主張なる立場"をさらに晦ますという"メリット"があり、龍樹─中観はそれを"狙った"とも言えよう。)

　加えて、中観解釈の混迷が今もって続いていると思うにつけ、(3)、(4)はことばによる教化法としては説得力がまったくないとさえ思うのであり、また、「不有不無」や「八不」と同じく言語行為的に見ても「不得要領で紛糾を招く」としか思えないのであって、直観的にも明らかに違和感しかないサンジャヤの論法に便乗などせず、「空にして、不空」、「不空にして、不空に非ず」という論理則破り＝咀嚼不能で、思考が立ち往生する状態に私どもを別角度の論点からストレートに追い込んで、「だから「分別的思考（のみ）に頼るレベルで問題を追究するな、あがくな、黙せよ」と私は始めから言っている」と、より直截な言語行為で命令・一喝した方が、変な形で"論理性"が絡まない分、まだしも（良心的で）分かりやすかったと思う。

　いずれにせよ、この種の問題は「空」を日常言語のレベルで理解しようとする私たちの解釈の仕方に絡んだ問題であることは間違いない。ただ、場合の枚挙が絡むこの修辞法の問題が帰謬法の定番であるところの四句分別、三句分別と(6)どこかで繋がっているのではないか？と考え始めると、事態はいっそう輻輳して困惑するしかないのだが、瞑想体験に欠ける第三者としては、この関わり具合が龍樹の議論の全体の成否にどこまで影響を及ぼすのか？は、今後の宿題にしておいた方が適切ではないかと思う(7)。ともあれ真俗二諦の接合面の問題には緊張感を持って接しなければならないが、この問題はもともとが「八不が縁起する諸事物の自性と言えるか？」なる論点に大いに関連する問題でもあり、「あらゆる場合を網羅する」際に龍樹が採った論法・慣行的枚挙法の古めかしさに批判的な眼差しを向けたとしても、そういうアプローチの仕方も現代なら十分にありうることを示しえたと思われるので、いささか批判性を強めて次の「考察三」に移る。

（1）「副次的」とは、「龍樹は矛盾律を意識的に侵犯しようとはしていない」を主要な解釈仮説とした場合、「その周辺に位置する仮説」との意である。当節の最後の註（7）を参照されたい。

（2）ここにはさまざまな疑問点が重なる。現代なら「（1）か（2）」で「あらゆる場合を尽くした」のだし、㋑三値論理でも（3）はともかく（4）は言わないと思う。要するに枚挙の提示の仕方が"丁寧すぎる"わけだが、これは㋺例えば"遥か昔"と言えば済むものを"十劫の昔、五劫思惟"と、なるほど具体的ではあるが、その分"ホント？"と思わざるをえない"過剰な丁寧さ"を思い起こさせ、㋑も独特の古代的な思考様式・表現様式なのでは？との漠然たる疑問を誘う。ところが「ことばによる教示法の枚挙」ならば、㋩「あるものは空だが、その他は空でない」のような量化に基づく選択肢が（3）などの代わりに入ってもいいはずなのに、これが入っていない（この量化の問題は次註参照）。それで、後代のディグナーガの九句因説さえ、「あらゆる場合の枚挙」に際して"しらみつぶし"──つまり半ば経験的に検討し、必ずしも"論理的"とは言えないことを思えば、龍樹の「場合の枚挙の仕方」は現代の論理学からして相当に問題含みだと見てもいいのではないのだろうか。したがってまた、この"教化段階の差に応じて"について、中観派が本当に四段階を考えていたのかも大いに疑問で、（1）〜（4）は何らかの段階差を"形よく分別してみせた"までのことであり、字面通りに考える必要はないと思う。

これにもう少し付言すると、この「教化対象の程度に応じて」なる対機説法的な教えの出し方が第十八章「自己と法の考察」、第二十二章「如来の考察」のいずれにおいても極めて唐突であって、両章とも如来や法などについて、その妥当な自性・述定は何かという問題に対して「そもそも自性なんてすべて非成立」なる文脈の中にまったく突然の感じで出てくる。「四つの（論理的な）述定の可能性など、相手が誰であれ、どんな程度であれ、不成立！」と切り捨てれば、より一貫しており、分かり易かったであろうのに、対機説法型の四つの可能性が（、しかも四つとも）公認済みのように説かれるとは⁉──龍樹自身の基本的立場からして不自然だし（──これについては直ぐに小

192

論本文で後述）、このことに触れない注釈も不自然だな、とさえ思う。
後註（７）も参照。

（３）ただし、「18.8」偈は「一切（の事象）は」を主語とする全称
命題なので余計に面倒である。つまり（２）「一切は真実でない」の
「ない」の解し方によって、これが（５）「真実でないような、そんな
事物がある」（部分否定）場合を意味するのか、実質（２）に等しい
ところの（６）「一切は虚偽である＝一切は不真実（＝空）である」
（全否定）を意味するのか——俄（にわ）かには判別しにくい。（しかも（６）
は自己矛盾的命題である。）それで、ここでの論点が二種の否定の区
別ではなく、場合の枚挙だとしたら、部分否定と取れないことはない。
すると、（４）の後半文「一切は真実でないこともない」の棒線部に
なると、考えうる場合の数が増え、考えるべき場合の数が四句だけで
は済まなくなり、いっそう煩雑になると思われる。もとより、量化の
視点などは現代の視点であって、当時は（その後も）不十分であった
視点でしかないかもしれないが、ともかくも古風なサンジャヤの枚挙
の仕方に従って（１）～（４）の四句だけで「考えうる場合の枚挙が
完了している」とは断言しにくい。それで、仮に部分否定も考慮すべ
きだとなると、この問題は第三考察「３」の註（３）（小論220～221頁）
に通じることになるが、問題が全称の否定のみならず、形式的な論理
一般の未整備に及ぶとなると、少なくとも問題が多分に「教化対象の
程度の問題」に尽きるとは言えなくなると思われる。正直、そのよう
に大きな問題はとても今の筆者の手に負えない。

（４）前註を引き継ぐなら、無自性論という大出力のエンジンを開
発したのに、肝心のエンジンを搭載する金属—論理部門（考えられる
あらゆる場合の枚挙の論法を含む論理部門）の開発がまったく追いつ
いていない状態とでも喩えられよう。ことのついでに龍樹の「韜晦趣
味」に触れておくと、「考察一．３—５」（67頁）で述べたように、彼
にあっては「いかなる主義主張も自らの立場としない」との“建て前”
が重要と考えられており、「無自性論」をことば・論として明確な形
で表に出すのを憚った（——大っぴらに「論」と言うと矛盾すると思っ
た）ものと推測される。もし言語行為論を十分に弁えておれば、立場

を晦ます必要などなかったと筆者は残念に思う。

（5）小論冒頭紹介の本多恵『チャンドラキールティ　中論註和訳』（国書刊行会）、335～336頁。

（6）桂・五島氏の解説書の152頁、197頁にこの問題の一般的な説明がある。小論の大体の完成後、桂氏から C. Rahlwes, Nāgārjuna's Negation, in *Journal of Indian Philosophy*（2022）50を頂いた。研究史に不案内の筆者には不明な箇所も多かったが、二種の否定、四句、三句分別について詳細に論述されており、小論で取り上げた「22.11、18.8」偈についても十分な言及がある。

（7）従来、筆者は「場合の枚挙」に（3）や（4）のような矛盾律破りが現われる問題をあまり考えず、二諦の別で片づくものと思っていた。しかし龍樹が考える世俗諦とは経量部などのそれとは異なり、「考察三」209頁の表の「Ⅰ―ⅱ」段階を核とした否定命令的な一群の言語行為と特定化されるのでは？と考えるに至って、（3）、（4）は「矛盾→偽」ゆえに「諦」にもならないと思うようになった。この（3）、（4）の問題は、本文で述べた通り四句分別、三句分別が帰謬論証にも用いられていることからして全体の議論の相当深部に及ぶのではないかと懸念したりもするが、問題は問題であるにせよ、勘としては、小論の全体的構想に大きな変更を加えなければならないとまでは言えないだろうと思う。いずれにせよ中観が愛用する四句分別型の帰謬論証全般に波及するか否か？――波及するとすれば、どの程度か？――までは能力的に十分に考えられなかった。それでとりあえず「副次的な解釈仮説」（下記の〔H₃〕）の形で述べたわけである。

ここで小論が採った解釈仮説系のうちの幾つかと、これに関連する論点を示しておくと、

〔H₁〕龍樹は時代背景からして近現代の私たちのように論理則（や推論規則）をメタ思考に関わるものとして意識していたわけではないが、論理則の遵守には概ね忠実である、あるいは概ね遵守しようとしている（と言える。……このH₁が「提題者である龍樹に対する（概ねの）信頼仮説」である……頭から全部受容すると、私どもは批判的吟味もできず、「探究」にならない）。

〔H₂〕しかるに龍樹にとって最大の関心事は論争において相手を詰まらせ、対論者に反論のことばを失わせることである。だから、時に「遵守すべき論理則に反するのでは？」と私どもが思ってしまう対論者批判も割合平気で述べる。

以上と関連して、特に排中律について言うなら、

〔H₃（＝H₂の副次的解釈仮説）〕「割合平気である」からサンジャヤ由来の（3）、（4）のような、形からすれば明らかに排中律破りである言い方をさほど吟味することもなく、伝統的な「場合の枚挙の仕方」として踏襲した。

さらに、「〈Pであるのでも、Pでないのでもない〉ことは<u>ない</u>」、あるいは件の「〈不有不無〉ということは<u>ない</u>」について言えば、この傍線部は非定立的否定で、「黙れ」と解すのが最善であり、私どもを排中律破りの進退不能状態に追い込んで黙らせるという言語行為を遂行しているはずなのだが、龍樹自身がこの種の論理則破りを口にするのに現代人ほどに神経質でなかったようで、「不有不無」との言い方に割合平気だったとも考えられる。その如実な現われが「八不」であり、帰敬偈や最終偈に「八不」が「仏陀が縁起の自性を説いた」という形で提示されているのは周知のことである。それで、縁起する世界の自性の一切を語れないのだから、「「八不」はあれこれ語るな、分別的に詮索するな！を実質的に意味する」と考えるべきなのだけれども、後述のように、「世界の自性」をかく「八不」と説示すること自体が「ことばの全面否定の不徹底、一種の不整合」と見なしうるがゆえに、「八不」を小論209頁の表の「Ⅰ―ⅱ」段階の中に入れる。

もう少しH₂について言うと、龍樹とてスーパーマンでない。時代環境を超えて一人で論理の根本のすべてを意識し、論理体系として視野に収めることなど、期待するだけ野暮である。小論で述べてきたように『中頌』の第一目的は主述的思考・概念的思考の停止という（大乗仏直伝と龍樹が思う）禅定―空の境地の体験の勝義性を示すことにあるのであって、後代の中観派も巻き込まれた因明を含む「総合的知識論」を展開することではまったくない。主述形式の知識・認識（＜意業）の不成立を言語行為的に説示することが彼の無自性論なのであ

る。だから、その空境の内実を「知識として語る」ことにもまったく
と言えるほどに「無関心を通した」と思う。その意味で禅定―空の境
地において「その私秘的な知が論理則に適っているか否か」などは彼
の与り知らぬ現代の問いでしかない。しかるに現代人が自ら"無心の
境"に入り、「この境では論理が破綻を来たすか？」をテーマに自身
で調べても、それはとりもなおさず「有心の状態」でしかないから、
「絶言の空境の内実」は第三者が調査するしかないが、それは今後の
生理学的・心理学的探究に期待するしかないことを意味する。いま弁
証法的観念論者が「瞑想の神秘」をことさらに強調し、「論理や論理
的思考の破綻」を個人的にいくら吹聴しても、「超越・破綻している」
なる個的体験が自分以外の誰に対しても妥当すると思うこと自体が楽
観的にすぎる。また、そもそも、かくなる見解が日本人のこの百年来
の文化的先入見に基づいていないと客観的に証明することはむずかし
い。

〔付論〕　ものとこと――論理性はことばの使用に伴う

＊矛盾律と排中律は否定文を必ず伴うから、これらが関わるのは単なる
"もの―概念"ではなく、"こと―事象"である。"こと"は文で表わ
されるが、文の複合において論理則と論理性が問題になる。小論では
前考察「３―３」以来、ことばと論理性の問題が浮上していたが、こ
こで〔付論〕の形で「ものとこと」、即ち「語・語句と文」の関係に
ついてまとめておきたい。活字を小さくしたのは、この〔付論〕を読
みとばしても、全体の流れの把握に支障なしと思うからである。

　「P」と「not-P（＝非P）」という二つの概念ならば、対立概念であ
ることは明らかだが、「矛」と「盾（＜非矛）」なる概念を並置しただ
けで「矛盾する」のではないように、二つが矛盾するのは、同一の主
語について、同時に同一観点から「（～は）Pである」と「（～は）非
Pである」、または「（～は）Pでない」という二つの述定（文関数）
が並置された時――つまり矛と盾のあの売り文句（＜文）が並置され

た時である。ある事象を述べる文（命題）とは、文関数の空所が満た
されて飽和したものにほかならないから、この場合の空所「〜」が同
一物で満たされてでき上がる二文は当然のことながら矛盾に陥る。文
関数とは「不飽和な文」であり、一面では概念、したがって語句と見
なしていい場合もあるが、この名を与えたフレーゲの主旨からすると、
文の側により近いと見なすべきであろう。

　ウィトゲンシュタインは『論理哲学論考』冒頭で世界を“もの”の
集まりとは見なさず、フレーゲの考えを踏襲する形で「事態の集まり
である」と宣した。世界が諸物からではなく諸事象・諸事態から成る
という着想は、諸物に対応する語や語句（あるいは概念や観念）を考
察の中心にするのでなくて、文・言明をその中心に据えるということ
にほかならない。それゆえウィトゲンシュタインは、師ではあったが
ライバルでもあったラッセルをも包含する従来型の概念中心の存在論
に明確な一大転換を迫ったと見なしてもよい。そして、このことの応
用の一端として、既に私どもは「あいつは人であり、人でない」なる
二文の「人」に観点をずらした意味を与えて“矛盾なく解釈している”
のであり、また、例えば次の文（124頁に記載）、

　　〔19〕困窮した彼は親戚の家に無心に行く途中、無心に遊ぶ子供
　　　　たちを見て涙が溢れた。そんな彼が遊行の旅に出て、数年後に
　　　　は無心の境地を体得した。

の意味の理解においても既に応用しているのである。つまり、このよ
うに社会的約束ごととして一定の意味を有す語が組み合わされた文を
解すとき、内的要素である諸々の語にあらためてその役割（≒意味）
を与え直す――という意味論をいま後ろ楯にしているわけだが、これ
らの要素文の意味の繋がりに齟齬や矛盾が生じないようにと配慮し
て、ことに「無心」に異なった要素的な意味上の役割を与え直す――
という思考手順を踏んでいることに留意すべきである。実際、まった
く同じ意味を与えたら、〔19〕は意味が通じず、わけが分からぬ文で
しかない。

　しかるに当然のことだが、龍樹がいくら他学派の考えの矛盾を衝く
という意味で矛盾律の侵犯や遵守に敏感であったとはいえ、彼の議論
にこのような"こと"中心の革新性を求めるのは時代錯誤でしかなく、
龍樹はやはり語句中心の——したがって概念中心の世界の中で議論を
戦わせていたと見なすのがごく自然なことである⑴。だが、語句中
心でありながら、なぜある"こと"と他の"こと"——ある命題と他
の命題との並立関係（＜結合関係＜こと）の成否を議論することがで
きたのか？と問われれば、プラトンのイデア論が概念中心の哲学であ
りながら矛盾を論ずることに過不足がなかったように、原則Δを基点
とする彼の無自性論は、「自性—他性、有—無、異—同」など、確か
に概念（の成立の否定）中心ではあるけれども、それは直ちに述定（の
成立の否定）中心の議論に翻案することができ、したがってまた複数
の"こと・事象（→ 文・言明の成立の否定）"を中心とする議論にも
十分に堪えることができたと答えるべきであろう。「矛盾する」とは、
ある事象文とその否定的な事象文の関係の仕方・結合の仕方に対する
メタ言語的な判定語である。

　それゆえここでは複数の命題の論理的な結合関係のあり方が問題に
なることは明らかである。それで、中観仏教における排中律や矛盾律
の認否という解釈問題をテーマとしている今、龍樹もまたことば・馬
に乗って思考する限りにおいて、思考（＝馬上）の規準である論理に
則らざるをえないことを——即ち、ことばによって思考する（＞対論
者を批判する）とは論理的であらざるをえないことを——あらためて
注意喚起するために、話材をもの・概念とこと・事象がどうしても交
差する因果関係にとることにする。この〔付論〕の議論でも、私ども
の陰の論敵は、中観仏教を躊躇なく弁証法的一元論と見なす西田亜流
の"観念論"哲学である。

　（1）141頁註（4）で述べたように、"こと"を、即ち文・命題を意
　識的に議論の中心に置くという考えは時代的にまだまだ先のはずであ
　る。また、このようなことを意識的に論ずるということは、矛盾律な

どの命題間の関係・ことの是非を論ずるにとどまらず、その是非を裁定する規準（理）に注目し、その規準を専ら問うという、通常の思考よりも一段高いメタ思考に関わるから、（アリストテレスは別格として）インドの当時の学匠がこのメタ思考の規準に関する議論を意識的に展開していたとは思えない。だから、「その規準を破ってやれ」と意識的に思うはずがない。ただ、こういうメタ的議論はしなかったとしても、それは矛盾に無関心であったということを全然意味しない。論理則の遵守は思考する者（＝馬上にある者）のルールであって、これをまったく意識しない子供でも「まともな思考」ができないわけではないのである。

　率直に言えば、龍樹は「思考とは少なくとも論理則という理に基づいて営まれる」という本論の主張を、単に逆方向から説示しているだけだと言っていいかもしれない。反対に、「主述文が不成立ゆえに思考はすべて不成立」との龍樹の説示は原則Δを"理"として展開されていると思う。それゆえ「龍樹は思考の論理則という理を破ってみせた」はやはり変な"賞讃"である。彼は部派や外教の思考内の矛盾を指摘することによって「お前さんたちはまともに思考していると自負しているようだが、肝心の矛盾律などの思考の理を守っていないじゃないか」と痛烈に皮肉り、返す刀で無分別（＝脱戯論）の境の体得が釈迦の徒には最重要だと言っているのである。この場合「ある境地や技の体得がどうして"矛盾律を破る"ことになるのか？」が筆者の素朴にして真面目な疑問なのである。——暗黙の体得知については既述したが、ヘーゲル哲学全盛の昔はとっくに過ぎたのに、この種の"東洋文化・日本人の精神文化の優位性"の"賞讃"的評価を、その亜流たる西田の観念論的一元論を含めて、今もって固守しようと頑張って、どんな意味があるのか、ひいきの引き倒しではないのだろうか？


　先行事象と後続事象の間に因果関係があるかないかを確定することは意外とむずかしく、経験を積み重ねても十分でない。「大事故に遭わないのは交通安全のお札を下げているおかげである」と嬉しそうに

言われても、こんな因果関係のつけ方は笑止であろう。薬害や公害訴訟に見られるように、ある事象が先行しているからといって、それが一般的な原因や条件だと精確に特定することはむずかしい。「何と何の間に因果性があるか——因果関係をつけるとは詰まるところ習慣にすぎない」と見なした D. ヒューム（1711〜1777）の考察を引き合いに出すまでもなく、経験の積み重ねは、結局のところ帰納法による曖昧な、よくも悪くも推断的な仮説を生むにとどまるのである。確かに例えば物理的現象である燃焼についてその三つの必要条件が確定しているような場合もあるが、これは単に経験や観察によって確定したのではなく、燃焼現象を取りまく多くの経験的な理論的諸仮説が支え合って半ば演繹的・論理的に引き出され、その真理性が保証されているという面が大いにある。だから単なる観察レベルの経験の繰り返しによってその因果性が確定するというものではない(1)。「関係が曖昧だから、とりあえず因果関係があると言う（だけ——その関係が詳細化すれば、格上の"より理論的な仮説"になり、例えば「タバコ、喫煙、肺がん」なる日常的因果概念に取って代わって、「変異DNA、ニコチン、タール」などの新しい理論語が登場する——）」という半分皮肉を込めた意見さえあるのが因果関係をめぐる現状である。

　インド論理学で定番の「火（の在る所）」と「煙（の在る所）」についても単なる随伴関係があると言うのか、火と煙の間に（もっと精査の必要な）物理的にして直接的な因果関係があることを根拠に随伴・遍充性が主張されているのか？——「火と煙の在る所」の「場所（喩例が「かまど」、所証は「あの山に」という相当な広域）」の特定の仕方さえもが極めて不明確であることも手伝って、現代人でもこの二者の関係を素朴に首肯すべきか、困ってしまうが、結局これは、この二つの事物・事象間の関係を日常の概念レベルでいくら調査・観察しても、それは経験的探究の域を出ず、関係の仕方がいわゆる"論理"の埒外にあることを示唆していると思われる。

　仏教で言う縁起が第一義としては時間的な因果関係——したがって

200

相当に曖昧であらざるをえない――を意味することに異論はなかろう。「（ト）これあれば、かれあり。（チ）これなければ、かれなし」と言うときの「これ、かれ」は継時的な事物・事象であると見るのが普通であって、十二支縁起はこの縁起の定式を拡張したものにほかならない。

〔32〕（リ）**無明があれば行あり、行あれば識あり、識あれば名色あり、…⑤六処、⑥触、⑦受、⑧愛、⑨取、⑩有、⑪生、…⑫老死がある。しかし、**

**（ヌ）無明がなければ行なく、行なければ識なく、……、老死なし。**

周知のように（リ）を「順観」、（ヌ）を「逆観」と言うが、これらの各項は因果的事物を時間的な生起の順で並べていると解されるのであり、「無明を主要な因として行（形成作用）が生じる」等々と理解される。即ち、後続する「行」の生成のためには「無明」以外のさまざまな付帯条件（諸縁）が揃う必要があるのであって、これがかくなる「因果関係」である限り、この縁起を構成する諸概念のそれぞれが相当に漠然としており、したがって後続する事項の生起のための諸縁が何々であるのか、一般的に確定することさえ著しく明確性を欠く。

ところが中観派の「縁起」を考える場合、その縁起に対する見方に極めて高い論理性が浸透していることに注目しなければならない。この種の論点については小論では特に「考察一．3―3」辺りから一貫して強調してきたのだが、その強い論理性をあらためて確認するために「15.3」偈（38頁）を若干アレンジして再掲する。

〔33〕〔（ル）**ものに固有の性質（自性）があれば、他者の性質（他性）もある（はずである）。しかし〕（ヲ）ものに固有の性質がなければ、他者の性質もない**(2)。〔　〕は筆者）

この〔33〕も、〔32〕と同じく「（ト）これあれば、かれあり。（チ）これなければ、かれなし」なる縁起の定式の応用形であることは見て取りやすい。しかるに〔32〕と異なるのはその論理性であって、「（ル）

あるものに自性があれば、他の事物の他性もある（はずである）。しかし、（ヲ）任意の事物が自性を欠くのであれば、他の事物の他性もない」なる命題に肯くのに、諸事象をくまなく観察し、経験を積み重ねて仮説として提示しなければならないということはないのであって、このゆえに〔33〕には論理性があると言っているわけである。因みに、「特徴づけられるものがあり得ないなら、特徴づけるものも不可能である」（「5.4」偈、23頁）もまったく同種の相関的論理性に基づく「縁起的命題」である(3)。

　それで、〔33〕が縁起説に則っていることは縁起の定式を踏襲していることからして明らかであるけれども、その論理性がどこから発生してくるのか？をあらためて考えてみると、少なくともその一部はやはり「これあれば、かれあり」なる縁起の定式そのものから発生していると見なすのが妥当であろう。即ち「これ」と「かれ」（、そして「有る」と「無い」）の二項は相関していると見なしうるのであって、その点で「自（性）―他（性）」と同様であり、縁起の定式には論理的相関性があると解しうるのである。もちろん先述したように、「これ、かれ」を時間系列の中に位置づけて、その物理的因果性を論ずることもできる。したがって縁起の定式は論理性と因果性（、これらはほぼ「こと」と「もの」に対応）の両方の側面を兼ね備えていると言っていいのであって、龍樹・中観派は縁起を語る際に、それまでとかく注目されてきた継時的因果性のみならず、その論理性にも（時代環境からして特に意識したというわけではなかろうが）注目し、これを十分に活用していると考えられるのである。

　だが、中観派における「縁起の論理性」は単に縁起の定式からたまたま発出するというものではなく、その論理性はことばの使用に伴って必然的に付随するものなのではないか――と言い足したい。この論点は小論冒頭で掲げた「ことばと思考」、あるいは「ことば・思考と空・無分別の境との境界域」に関わる大きなテーマの一部であるが、論理性が思考に必然的に伴うからこそ、相手を論理的に破綻させるこ

とが可能なことを再確認しておく。

（1）考察一．「3―4」、54頁でこれに触れたが、特に部派の時系列的因果のつけ方は、時代を勘案しても相当に「？」で、どんな現象でも結果に合わせた「後付け」の好みの説明をつけることができ、一般性を欠くゆえに類似現象に対する予知力・予知性に大いに欠ける。特に異熟因果に関してこの弊害が顕著で、「水子の祟り」など何とでも因果的説明をつけうるが、後付けの性格を免れえないゆえに、"荒唐無稽な因果的説明"に陥るのを防ぐ有効な手立てがない。

（2）（ル）と（ヲ）を併せると「自性があれば、そしてその時に限り他性がある」となる。すぐ後述するように、〔33〕は必要十分条件を、〔32〕は時系列の因果性を述べていることに留意。

（3）「有無」に関する「15.5」偈（48頁）、「異同」に関する「14.5～6」偈（57頁）も同様である。


　ある固有の性質を持つ事物について仮に「火（である）」という記号・ことばをあてがうとする。するとこれは、「火でないもの（→あれは火でない）」との区別がもう既についていることを意味し、「火とそうでないもの（→これは火であり、そしてあれは火でない）」なる連言の結合子（connective）はもとより、そのとき視野に入っていない事物について「（それは）火であるか、火でないかのいずれかである」という形で選言を表わす結合子、及び排中律の登場を当然視することに繋がるわけである。そして排中律と並んで矛盾律という論理則がことばの中に登場することもまた論理的に当然視されることだろう。つまりこの場合、修辞法の可能性を予め排除しておくならば、目前の事物について「それは火であって、かつ火でない」などと述べることは"わけが分からない"こと、"思考が立ち往生せざるをえない"ことであって、これは「火」と「火でないもの」との区別、即ち「自性―他性」や「異―同」の分別が既についているとの前提に反した言明であることになるからである。

　また、「火とそうでないもの」との分別がついているとの前提の下

では、「(ル) ある事物が火であるならば、その事物と異なる事物は"火以外の何らかの自性"、即ち"火でないもの"という他性を有する」はずなのである。かくして条件を表わす「ならば」もことばに伴って論理語・論理的結合子として導入されることは当然であると考えられる（——この条件文がまさしく〔33〕であって、これは龍樹が"論理的に思考している"ことを如実に示す）。そうすると、ことばとは或る物や固有の性質に対する記号や符牒、概念の単なる寄せ集めではなくて、否定語などの論理結合子や文法、論理則——即ち意味論のみならず統語論をも伴う包括的なものなのだから——つまり、これで少なくとも命題論理の成立に必要な役者も小道具も全部そろったのだから(1)、ことばには論理性が否応なしに付随するのであって、そういうものとして龍樹は「ことばを否定し、ことばに付随する思考も否定（不要と）した」と考えなければならないのである。

　ただし小論でこれまで何度も注意を促してきたように、「ことば・思考を否定した」とは、論理則を"超越＝無視したり、論理則を自由に操る"などのとんでもない事態を意味しないのであって、むしろ龍樹は私どもを論理則侵犯の言明に直面させて、ことばや（日常）思考からの離脱を言語行為的に勧告するわけである。例えば原則Δに同調し、〔33〕の（ヲ）「Pなる自性が（存在しえないゆえに）不成立ならば、Pでない（not-P）なる他性も（存在しえず）不成立」に肯くとすれば、自―他性ともに不成立なのだから、「考察二．１」（91頁）で述べたように、誰でも「Pでもなく、Pでないのでもない」という排中律の侵犯が懸念される命題に機械的に——つまり、実際に（空なる）瞑想の境地に耽らずとも——至るであろう。これを受けての次なる龍樹の対応はいたって単純で、「かくして（論理則破り状態になり）思考が立ち往生するから、一般に"ことばでは勝義の法性は語りえず、体得できない"と私は言っている」に尽きるのである。

　ここには例えば「現在のフランス王は禿であることもなく、禿でないこともない」という連言を、ラッセルによる確定記述理論を知る以

前の私どもが排中律を侵さずに何とか理解しようとして、「この文は
〈現在のフランス王は鬘を着けている〉ことを修辞法的に述べている
と解する以外にない」などの解釈（？──ラッセルが記した実際の
ジョーク、162頁で既述）を思案の果てにひねり出す必要などはまっ
たくないのである。"金の切れ目が縁の切れ目"──「論理の見た目
にプラスするどうにもならぬ破綻(2)＝論理の切れ目が、ことばとの
切れ目」であって、龍樹・中観派は八不や「不有不無」に代表される
ところの見た目に論理則を侵犯していて、かつ、不得要領でしかない
命題へと平然と私どもを追いやって「言語道断（どんな言語的表現の
仕方もないぞ）！」を突きつける──つまりは「縁起する世界のさま
をことば（やそれに伴う論理性）でもって考えても無駄！」という否
定命令的な言語行為に連動・転化させるのである。

　この連動・転化は、瞑想の境の体得を至上のこととして当然視する
古代インドの文化環境において実にあっさりと、換言すれば電撃的、
論理的に果たされており、「ことばを離れる」ことについてしばしば
連想される訣別の悲愴感や一部の解説書に散見される"弁証法的な勿
体ぶり"は何も見られない。龍樹にとってことばに乗馬し、そして下
馬する──下馬して、また乗馬することは修養を深める一連の過程の
一こまにすぎず、下馬の際に一回一回まなじりを決して、馬（論理性
を伴うことば）に惜別の念を表明する必要などはないのである。その
反対に、龍樹は馬上にある限りは論理性や論理則に忠実であることを
私どもに求め、論理則破りが十分に疑われる言明に私どもを飄々と導
いて、下馬し瞑想することの勝義性と仏教におけるその正統性を言語
行為的に説示しているまでのことである。

　（1）周知のように、命題論理学に続いて、あとは主述という命題
の内部構造の分析のために、「すべての（all）〜は／どの（every）
〜も」なる全称量化（記号…「(x)」、または「(∀x)」）と「ある（some）
〜は」なる存在量化（記号…「(∃x)」）を導入すれば、述語論理学
が成立する。

　（2）この場合の「どうにもならぬ破綻」の中に例えば「人非人」
や「君は他人でない」などは入れていない。確かに「人非人」は「見
た目に破綻している」には違いないが、これは直ちに修辞法的な別の
解釈が可能である。ここで「どうにもならぬ破綻」として主に思い浮
かべているのは「現仏王は禿でも非禿でもない」や「生まず女の生ん
だ子は色白でもなく、色白でないのでもない」などである。本考察「2
―3―2」で述べたように、「論理的に破綻しているとどうしても見
える」のが（A類と）C類で、「修辞法によって述べる際の観点を異
ならせたことが、脈絡などからして割りと容易に分かる」のがB類
である。


　しかるに、修習の長い道のりを考慮する場合、やはり縁起の時間性
を忘れてはならない。即ち、

　〔33〕〔（ル）ものに固有の性質（自性）があれば、他者の性質（他
　　　性）もある（はずである）。しかし〕（ヲ）ものに固有の性質が
　　　なければ、他者の性質もない。

について、これが縁起の定式の論理性を継承していることは今述べた
通りだが、論理性と同時にその時間的因果性をも反映していると見な
しうるということを再度強調しておきたいのであって、修習階梯を修
道者がたどって変容していく可能性をも確実に含蓄しているのが縁起
の定式なのである。つまり（ル）を十二支縁起〔32〕の（リ）なる順
観＝時間的な流転門に引き当て、この門は有自性論の途、即ち自性実
体を仮構し、主述形式で戯思考して業を発動させ続ける執着・煩悩の
途（苦諦・集諦）、──対するに（ヲ）を逆観＝還滅門に対応させる
ならば、それは無自性論の仏道に通じるのであって、「戒・定」の修
養を「慧」でもって積んでいけば、まさしくそれは還滅の道を時間的
にたどることになるわけである。

# 考察三．無自性観に対する諸否の行方

## 1．相対的自性の認否と第二十六章

「考察一．3」冒頭で（22頁）、「龍樹の否定的議論を破壊の度合い
に従って幾つかに段階を分けて検討する」という旨を述べた。これま
での考察が「思考のラディカルな無意味化」の検討であって、このこ
とに心底納得し随順するなら、（ある事態を「〜ということはない」
と俯瞰的に否定する或る種の非定立的否定文に対する処し方もほぼ見
えてきたから）どのようなことばもいかなる主述思考も成立しないこ
とは確かであろう。ところが、このようなラディカルな思考の破壊・
無意味化とは一線を画すような偈も見出される。例えば、

　　行為の対象を縁として、行為者〔という概念・名称〕は起こり、
　その行為者を縁として、行為の対象〔という概念・名称〕は起こる。
　〔このような相互依存関係〕以外に両者が成立する根拠を我々は見
　出さない。(8.12)

とあるが、この偈だけを取り出すと、「行為者」と「行為の対象」は
相関的な依存関係のもとでしか成立しない概念、つまり相関的概念で
しかないのではあるが、それでもそういう論理的に相関する観点のも
とで（あるいは、相関する概念枠のもとで）なら、「相対的な自性」
として一応は成立する（と認められる）とも読めるのである。しかし
このように相対的な自性が（相関性という縁起関係によって＝縁起を
根拠として）一応は成立すると認めるなら、これらに例えば「行為手段」

という第三の相関する概念を加えて、それも相対的自性があると見なしても許されるだろうこと、ところがそれならば、「視覚対象・視覚器官・見る者」の分別も"相関的な成立根拠が見出される"ことになってしまって、それだと「視覚対象・視覚器官・見る者が互いに結合することはない」と各々の自性の結合に関する分別の非成立を説示している「14.1」偈、そしてその他圧倒的に多くの偈の趣旨に合わないことになってしまう。つまり"相対的自性の成立"を認めるなら、これに基づく「相関的主述文の成立」も認めることになるが、そのような主述文を、世俗諦にすぎぬとするにせよ(1)、大甘(おおあま)に認めてしまえば、ことばによる記述機能全般を勝義としては断固として認めてこなかったこれまでのラディカルな考察全体がまったくの水泡に帰すとさえ思う(2)。

それゆえ、「相対的自性」を認めているかのような「8.12」に代表される偈をどう解すかが問題になるが、これまでの小論の流れからして、「こんなのは言わば龍樹の筆の滑り」で一件落着といきたいところである。龍樹のラディカルな説示の勢いからすれば、これは当然の措置のように思われ、破壊の度合いで段階を分けることなど、それ自体がおかしな作業であろう。ところが、『中頌』第二十六章には初期仏教以来の「十二支縁起」がまさしく"分別して相関的に"連ねてあり、これも龍樹の真意だとすれば、「8.12」をあながち口の滑りとも言えなくなってしまうのである。それゆえこの偈を相対的自性に関する異論的な考えを述べた偈と解したとしても、それだけで問題は終わらないわけで、まさしくこれが、小論で右頁表のように分別的概念・ことばの無意味化の度合い――即ち、「相対的自性」なるものを一切認めないか、部分的に一応は認めるか――をめぐって、段階を分けて検討せざるをえない理由である。

| I 段階 | ことば・思考の否定・無意味化を強調する。 |
|---|---|
| I―i | 一切の分別をラディカルに無意味化。……「仏はいかなる法も本当はことばで説かなかった」に基づく。小論が龍樹・中観の解釈に際して採るべきと思う基本的立場であり、ことば・分別的思考を全否定するという徹底性の観点からして、時には龍樹の説示に対する批判的視点を提供することになる。 |
| I―ii | 自性の存在をきっぱりと否定し、「概念的思考は無意味、黙せよ！」と言語行為的に修道者を厳しく教導することに違いはないが、「13.3」「22.14、16」偈の「空」や「無自性」なる概念となると、一種の分別的自性として認めていると考えざるをえず、「I―i」の立場が若干不徹底では？と疑いうる段階。 |
| II 段階 | 「8.12」や十二支縁起を記す第二十六章などのように「相対的、相関的自性」を認めているのではないか？と疑われる段階。相対的自性として認めなければ「I―i～ii」に向かい、その反対に相関的な概念、自性として認めれば、主述分別性がより顕著になって、IIIへ向かうという、向かう先が不定の段階。 |

＊ある種の非定立的否定を含む論理性の活用は基本的に「I―ii～II」段階にあると見なす。しかし、「教化」を名目にした「18.8」偈（146、185頁）などの（3）や（4）は端的に矛盾であり、「矛盾→偽」ゆえに次のIII段階にも入らないが、一種の修辞法と見、文献的記載事実として認めるだけである。

（1）中観における世俗諦についてはもっと究明と整理が必要である。現段階では「I―ii」を世俗"諦"の核心と見なし、単なる縁起的言語表現——例えば「ある行為者Aがハサミで紙を切った」「あの山に火あり。煙が立ち上るゆえに」などが経量部的な感覚でいくら「真」だとしても、これらが自性間の相互関係を述べている限り、龍樹にあっては「俗諦」にもならないと見る。また、本「考察三．4―1」、239頁の註（1）も参照。

（2）相対的自性を認める相互依存性を縁起とする見解は、大体のところ表の「II段階」に相応すると思われるが、この段階は相対的な

210

主述分別文を許すのだから、「相関性→無自性」の龍樹本来の縁起観はこの種の自性分別を世俗諦としても認めたがらぬと思う（前註、及び小論45頁註（１）参照）。

　議論進行のために「Ⅲ段階」を記しておく。龍樹はこの段階の思考判断を一切認めない。

| Ⅲ段階 | 自性＝差異は諸々の個物や諸概念に付随する（それゆえ述語論理の適用が可能である）が、特に概念の自性の存在に甘い。その容認の範囲や程度に従って、段階をさらに分けることができる。 |
|---|---|
| Ⅲ―ⅰ | 唯名論の立場であって、分別的なことばは認めるが、それが表わす概念の実在性には懐疑的、批判的。 |
| Ⅲ―ⅱ | 概念実在論であって、広く自性の存在を認める。特にイデア・エイドス・句義など「種・属」と言われる分類的な概念の実在性を言う。 |

　＊既述のようにこの段階区分もそれほど明確なものではない。「円である三角形」は「矛盾→偽」としても、「現仏王、幽霊」等の内包的な意味を普遍として認めるか否かは実在論内でも態度が分かれる。

　因みに、日ごろ哲学に馴染みのない人は「何が存在する（と認める）か？」に関わるこの種の問題を突きつけられたとき、「Ⅲ―ⅱ」は"哲学という極端"に嵌っていると見なし、「Ⅲ―ⅰ（唯名論）」が妥当と思いがちである。しかるに仏教者のプライドで唯名論の上のⅡ段階に踏みとどまろうと頑張ってみても、分別的なことば・概念によって生活している限り、「相対的」であれ何であれ、諸事象に固有の自性があることを実質的に認めているのだから、Ⅲ段階への滑落を防ぐのはむずかしい。上述の「8.12」や第二十六章「十二支縁起の考察」はそんな分別的な相対的自性を認めていると見た方が妥当とも思え、それなら不定のⅡ段階を滑落してⅢに既に落ち込んでいる可能性が十分に

あると指摘したのである。

　もともとⅡ段階は「穏健」と言えば、そうであるが、「Ⅰ―ⅰ」からすれば"ラディカルな離反"である。けれども仏教を学ぶ際の実際問題として、教説に対する仏教者の普通の思考・判断が働きうる地平は、ひいき目でもⅡ段階、妥当なところで「Ⅲ―ⅰ」段階と思えるのであって、常識的に見て、特に初学者の学修やその進展の過程において重要なのはⅡ以下の段階であり、とっぱなから「Ⅰ―ⅰ」というのではないはずである。瞑想階梯・学修の深化に伴い、学生たち（がくしょう）はⅡ、または「Ⅲ―ⅰ」の段階を「愚かな分別だった」と否定するほどの理知的鋭利さの会得・体現を求められるのであるが、しかしこのような求め自体が、先ほどの「空亦復空」、自性空に絡んだ疑念・困惑を否応なしに惹起するものであり、日常的なレベルでできるだけ空性に迫ってみたいと考える私どもにとっては、（瞑想の境地に関する体験知が決定的に不足していることもあって）"無意味"をめぐる問題が現実的にはまだわだかまったままになっているという事情がある。

　しかるに、何であれこのように諸段階をバラバラなものとして考えるのでは、何のまとまりも統一感も与えない。そこでこれに何らかの統一感をもたらす視点が必要と思えるのだが、その際に「空亦復空→無意味もまた無意味（、もまた無意味、…）」（なる空の自性）の不得要領さからの抜け道、即ち「空」にも自性があるのでは？というパラドキシカルな疑念からの抜け道が、龍樹にあっては「思考の寂滅」であることに鑑み、これまでも注目してきた言語行為の議論をもう一度振り返ってみることによって、実質的に新たな考察を始めたいと思う。というのも、ⅢやⅡの段階を完全否定して「Ⅰ―ⅰ」の段階を説示するという議論の状況・手順が、騒がしい授業中に「静かに！」と先生が声を発する状況と本当によく似ているのである。

## 2．この種の言語行為がはらむ問題点

　あらためて述べるならば、「静かに！」は、この言を発することによって先生が静粛な状態を招来しようとしているのだから、これは「注意・命令する」という言語行為を行っていると見なすべきである。「Ⅰ―ⅱ」段階も基本的には「黙りなさい！、ことばで分別的に考えるな」とことばで言語行為を遂行している段階、そして「Ⅰ―ⅰ」段階はその落ち着き先なのであって、事態を記述（叙述）しているのではない。つまり、これは日常言語派の見解でもあるのだが、あることば・文に関して、「これは記述文、あれは言語行為」という具合に、当のことばにどちらか一方の機能をきれいに帰属させうるというものでは必ずしもなく、記述機能も言語行為の機能も果たしている言明が相当に多くあって、例えば、

　　**「これは実際にあった話ではありません」**（→「くれぐれも真似し
　　ないように」）

　　**「記憶にございません」**（→「これ以上たずねるな。たずねても無
　　駄だ」）

などにおいても二機能の並行を見てとることができるのである。そして帰敬偈の八不や「空」も、形としては「縁起」の"自性"を記述しているかに見えるのであるが、実質的には「ことば・分別的思考、及び推論的思考の無意味さ」を説示している――要するに「考えても無駄、考えるな！」と、先生が学生に言っているのに等しいと見なしうるわけである。このことについては「考察二」でも述べてきた。この言語行為に関してさらに敷衍するならば、龍樹をはじめとする中観の先生方は、諸行無常・縁起を考えさせるために十二支縁起などの基本的な教説を教え、次に「相対的自性」なるものが成立するか？と問い、理屈の上で非成立であると十分に考えさせて、「Ⅰ―ⅰ」（または「Ⅰ―ⅱ」）へと誘導するのであって、これを縮めて言うと「よーく考え

て、考えるな！」と、あるいは「考えなくなるように、よーく考えよ！」
と言っているのである。

　しかし、これではいくら言語行為論を持ち出して「Ⅰ—ⅰ～ⅱ」段
階の「ことばに依る説示行為に論理的矛盾はない」と弁護したとして
も、「（ことばで）考える」ことを要請されているのか、「考えない＝
分別しない」ことを指図（prescribe）されているのか、とまどう学
生がいても不思議はないし、また、この学派学校の評判からしても拙
いであろう。これでは、段階を踏んだ教育手順が売りで、世界の階層
的な存在構造に関する一応の"分別的知識"を——最終的にはこれら
を夢幻と見なすとはいえ——提示してみせるという点でまだしも取っ
つきやすい"経量—唯識"学校に多数の生徒をとられても仕方あるま
い。つまり、素質も根気も並みの生徒を困らせるのは、並立しにくい
としか思えない被指令行為を（同時的に）遂行することを求められた
ような、そんなとまどいなのである。

　繰り返すが、この状況は先生が「よく考えて、熱心に討論せよ」と
推奨し、自分も討論に参加するとしながら、討論が少し熱を帯び始め
るやいなや「黙せよ！、一切考えるな」と、両立しにくい(1)二つの
ことの同時的な実行を指図されているのに似ている。このような事態
に陥るのは、「ことば・思考一般の陥る避けがたい逆説的事態に因る」
と、高尚にむずかしく捉えるよりも、当たり前に、指図する側の言語
行為にもともと何らかの無理強いがあり、指令した内容の実行がしに
くいような難点が潜んでいると捉えた方が分かりやすい。

　（1）論理的矛盾というのでは全然ないから、実際に実行できる可
　能性を否定してはいない。中観派に限らず、いずれの学派・宗派も「結
　果的に考えなくなる状態に至ることを目指して修養する——日々を生
　きる」を"仏道"として掲げるのだから、現代人にも実行が不可能な
　わけではない。来世での成仏を仏力に託す浄土教徒然りである。

## 2―1．介さざるをえないことば

　以上の検討が非定立的否定→否定命令的な言語行為に関するこれまでの議論と合流していることは明らかで、日常的な思考のレベルで理解と解釈を試みている私どもにも、中観派に対する率直な感想を述べてみる余裕がようやく出てきたように思う。

　筆者自身は中観派の「Ⅰ」段階の説示に大きな魅力を感じている。その魅力とは「長期的な体得的追究に値するからこそ勝義」との瞑想体験至上の文化的立場を徹底するという哲学的なひたむきな魅力である。しかるにこの魅力を理論的整合性の観点から眺めたとき、特に第二十六章に代表される「Ⅱ」段階にいかなる評価を下せばいいか？――これが問題となるのであった。それで、この問題をめぐっては後世の増補説や龍樹の初期作と見なすなどの諸説があるようなのだが(1)、もし"それなりに整合性がある"という見解に与するとすれば、それは修習者に向けた段階的な修道論を背景に置いて考えるよりないのではないかと思われる。つまり、いきなり「Ⅰ―ⅱ」段階――「黙せよ！」の段階から仏道教育を始めようとしても、それは無理というものであり、初学者に対してはまずは縁起観の基本である四聖諦や十二支縁起を縁起概念として教えることから始めねばならないだろう。さらに、口頭で伝授してこれらはそれで終わりというのではなく、修習の段階が進んでも、十二支縁起や四聖諦こそが人の変容の実相に適った縁起であるとの基本に沿って瞑想を繰り返し、解脱への途をたどっているとの実感を着実に深めていったと推測できるから、そういう面で『中頌』に「Ⅱ」段階が挿んであるとしても、それほど不自然なわけでもなかろう。わけても「考察二．3―1」で見てきたように、修養論に関して龍樹、及び中観派は初期仏教以来の伝統に忠実（≒保守的）であろうとした節があるとすれば、なおさらである。

　けれども、此岸に留まる私たちにとっての「Ⅰ―ⅰ」段階の魅力は

もう一つあって、それは私たちが凡夫ゆえに仏に惹かれるのと同じように、"私"には「Ⅰ―ⅰ」段階の実現などはとても無理だと自覚するがゆえの魅力であり、ラディカルな「Ⅰ―ⅰ」と日常的思考との対照性を鮮やかに浮かび上がらせることによって、分別的に思考する＝主述形式で思考するとはどういうことかを、それこそ根底から考える上で非常に参考になるという意味で大きな魅力があると言ってきたのである(2)。加えてこの"日常の立場"――即ち、政治経済体制を含む精神文化の雑種性をさらに一段と加速させている現代の私どもの立場――から思い切りよく言うなら、「よく考えて（、…）一切考えるな」という両立実行のしにくさを内蔵しているとしか思えない指令内容に関して、「ひたすらこれを実践して、社会とのかかわりを断たなければ」と思う人も今やもう稀だとすれば、仮に龍樹の意向のままにことばによる戯思考の全否定状態を追究し、その立場での整合性を徹底するなら、どこにどんな問題が出てくるか？を私どもに根本から考えさせるがゆえに"魅力的なのだ"と逆説的に言いたい。――言語に関する思想史の見直しを迫って比較思想にも一石を投ずるばかりでなく、唯識との遠近を含めた多角的な仏教研究の展開にも資するところが大のはずである。――それゆえ小論では以後も「日常の立場から理解することによって無分別の境を逆照射する」という既定方針を踏襲する。

　それで、バラバラに見える「Ⅰ～Ⅱ」の段階に"統一感を与える"という前掲の課題に立ち戻りつつ、なぜこのようにどこか尻込みするしかない説示になるのか？と考えてみると、やはり「Ⅰ―ⅰ」段階の強調のしすぎ、もしくは「静かに！」なる説示の仕方の急ぎすぎ、即ち、主述形式の思考が有自性論に立脚しているゆえに戯論であり、戯思考である諸文の相互の論理性も不用なことに基づいて"問答無用"へと直ちに進める、その進め方に問題の一半があると思えてならない

216

のである(3)。既に述べたように「しっかり考えれば、「考えるのは無駄！」と分かるだろう」と言わんばかりの、並立しにくい二つの指令内容を上手に実行できるのかにも問題があるのは確かであり、少しばかり「しっかりと考えた」くらいで、これが要請通りに首尾よく実行できるのであれば、中観学校のどの学生も苦労しなかっただろう。けれども問題の本筋は「ことばや分別的思考をラディカルに無意味化する」という学派学校の方針そのものの中にもあるようにも思う。

　　（１）桂・五島前掲書、201頁。一貫性という面からは第二十六章などはない方が『中頌』の一貫性がより出ると思える。ただしこの問題を除外しても、後述のように教説として「縁起」「此縁性」、「空」などの分別的なことばを表に出さざるをえないという問題は依然として残る。

　　（２）空・聖道門の対極の立場を在俗仏教の徹底、親鸞の考えと見なした。後出「４―３」を参照。

　　（３）テレビが普及し始めたころ、力道山の空手チョップは反則攻撃の相手を懲らしめる「正義の鉄拳」であった。沖レフェリーは空手チョップを反則として力道山にいつも注意を与えたが、私などは「もっとヤレーッ！」と熱狂した口である。炸裂する"空"チョップなる「破邪の鉄拳」が反則か、反則スレスレの「宝刀の技」か、今も"微妙"に思う。ともあれ「論理を超越した論理」などと旧態依然、無責任に囃し立てているだけだとすれば、解釈史の上での進展がない。

　端的に言うと、無常観・縁起観を一つの「観」として受け容れるということは、特に中観派にあっては原則Δ（＝他に依存して、それが存在する（〜である）ようでは、それを"独立存在"とは言わせない（34頁））を受け容れることである。もっと正確に言えば、原則Δは縁起観という「観」をきつめに換言したものである。観であれ原則であれ、それはもともと一つの観や原則にすぎないから、何の議論も要らずに「無条件で正しい」と思える代物ではない。それで、縁起観を特

定の「観方（みかた）」として正しいと認めさせる——そう認めるように要請するには、これと異なる他の観とを区別して、「pratītya-samutpāda」「idaṃ-pratyayatā」などと、少なくともことばで表に出さざるをえないわけである。前者は「諸々のものに縁って生ずること」、後者は「これ（ら）に依っていること」ほどの意だが、もう既に複数の分別される事物の存在を含意しているのには目をつぶるとしても、この通り特定のことばで提示し（、分別的に自分で考え、周囲に考えさせ）ることが不可欠なわけである。(梵天勧請というエピソードが示すように、釈迦がその私秘的な覚りの境をことばを通して周囲に伝えようと決断しなかったならば、仏教はなかったであろう)。

　このような事情は「縁起、此縁性」なる訳語でも同様で、この通り「起、此」という自性（固有の概念）が表に露出していて、これと相関する“他”である「非—起（不—生）、非—此」との分別上の“異なり”を既に含意している。それだから、このように「縁起」と言うこと自体が「(自）他、異（同）」という分別を含意せざるをえないことに「分別的な思考・ことばの一切を否定し無意味化する」ことの問題性——パラドキシカル性が象徴されていると思えてならない(1)。

　確かに、「縁起」や「此縁性」のような教えの核心部を通常の教化目的のことばと同列視して、等しなみに「俗諦（ぞくたい）」と括（くく）っていいものかどうか？は問題ではある。しかし一般的に言って、何らかのことばを表に露出させないことには、仏教の教えも教育も成り立つわけがない。有り体（てい）に言えば、その露出面が「Ⅰ—ⅱ」、及び「Ⅱ」（以下）の段階である。それで、それを露出させないことには、縁起という特定の世界観、空・無自性論に何ら有効な活躍の場はなく、また「当の観・教え・論についても寂滅せよ」なる要請的言語行為に、これが本来持っているはずの意義を——即ち、この要請的言明の背景を成している仏教という大きな脈絡の意味を——失わせてしまうことになるのでは？

と大いに懸念する。(——これは中観に対する私ども普通人の疑問で
もあり、批判にもなりうる)。

　果たして以上が「「I—i」「I—ii」「II」なる段階に"統一感"
を与える」ことになるのかどうか、あまり自信はないが、II段階に位
置する第二十六章や四聖諦が分別的であるにもかかわらず全体の中に
挟んであるのは、これらが修道面の基本指針でもあったからだろうが、
これを除いて考えたとしても、果たして龍樹・中観派が分別的仏説(≒
論理性を伴う分別的なことば)を完全に棄却しえたと言えるものかど
うか?——そしてこれがどの程度の世俗諦なら認容されるかに関する
問題点として存続してきたのでは?とも思う。だからまた、中国仏教
者が想定したように「空・仮・中の円融」や「ことばの復活、日常論
理や日常性の復活」という大団円の話ではなく、むしろこの場合の"説
示する"という言語行為に根本的な裂け目が潜んでいることを強く匂
わせる、そんな"統一性"である。

　　(1)　長期的な修習の段階的な深まりを考えれば問題はないだろう
　　が、今これは考慮外である。


　これにさらに推測を加えるなら、龍樹は「縁起(の諸概念)」には
甘かったが、「自性」ということばに代表される世界の構成物に関す
る固定的分類・安定的な概念階層にはことのほか辛かったのではない
か?と思われる。前者は諸事象の変動性を——その輪郭線の朦朧化と
変幻性を漂わせるに対して、「五蘊、十二処」などは同じく初期から
の仏説であるとはいえ、平板にして静的な分類でしかないとも言える
のであって、ここには特に修習者の縁起的な変貌可能性があまり感得
できない。「六因・四縁」となればなおさらで、部派はこれをことさ
らに刹那単位に切り刻み、"縁起の流動性"を思念上で造作しようし
たのだが、このような"縁起観の演出"は過剰で、わざとらしさが目

立つだけである。

　したがって一面からすれば同じような類別性を含意しているにもか
かわらず、「十二支縁起―四聖諦」が肯定的に扱われているのは、こ
れらが当事者としてくぐると思われる流転門や還滅門という縁起の変
容プロセスを十二項で概念的に点描する伝統に従ったにすぎず、各支
をさらに明確にしようとしてもさほどの意味もなく、そのようなこと
にこだわるべきでもないと鷹揚（おうよう）に構えて、原初の仏意に沿えばそれで
いいと見なしていたのではないかと思われる。変化を"虚仮の遷ろい"
に過ぎぬとする「縁起」や、茫漠として、名状しようとの意思さえも
失わせる「空」は龍樹が（まだしも）許容すること（概念）であっ
たのだろう。それゆえ以上のことは、闊達に論戦を挑み、馬上豪快に
疾駆したと見える龍樹にあっても、単に初期仏教に忠実であろうとし
たのでなく、これこそが釈迦の真意だと自ら確信しえた仏説を取捨選
択しようとしたことを窺わせるわけである。


## 3．詭弁気味の議論・勇み足の議論

　ともあれ龍樹―中観派は無分別の状態に深まりがあることを前提し
つつも、これを『中頌』で示した偈の背景に沈めて「Ⅰ―ⅱ」段階の
議論を押し進めた。原則△に基づく無自性論は「勝義である戯論の寂
滅」を説示する言わば原点・基点であって、これが「自他、異同、有
無」などの各個撃破（ピースミール）の議論へと展開するわけである。しかしその押し
進め方は"しゃにむに"と思える場合もあって、私どもからすれば強
弁・詭弁にしか見えない場合もあり、実際に現代の研究者の中にはそ
れを指摘される方もおられる(1)。筆者も賛成であって、部分的にそれ
を繰り返すことになる(2)が、以下に簡略に再説してみよう。例えば、


　　**実に、視覚器官は自分自身を見ることはない。およそ自分自身を**

## 見ないものがどうして他のものを見るであろうか。(3.2)

が詭弁的と思われても仕方がない典型的な偈である。言いたいことは何となく分かる。分かるが、「自身を見ない」から「見るものでない」を胸のすく思いで受け容れる人は、よほど根っからの龍樹ファンに違いない。誰の目であろうが、自身は見えないような構造になっている。鏡も使っていないのに自身が見えたら、その目はおかしいし、また逆に、無限に自身が映ってしまい、不便極まりない。目のみならず、知る主体としての「識・心」が「自身を知ることがない（＜自身を必ずしも知ることがない）」ことは真宗者の常識である。自身のことをすべて知るなら"凡夫"でない[3]。

（１）梶山雄一「詭弁とナーガールジュナ」（『理想』（特集＝「空」の思想）、610号（理想社、1984年）、桂紹隆『インド人の論理学——問答法から帰納法へ』（中公新書、1998年）、157頁。

（２）前掲拙著『現代の無我論』、75〜84頁。

（３）一つの機会と思い、ここで中観派を解釈する際の問題点と思えることを付言する。「3.2」偈は「見るものである眼にも見えないものがある」の意、つまり部分否定的な事実を念頭においていると思えるのだが、全否定になっていることが大いに気になる。似た事例としてブッダパーリタ（仏護）の解説（桂・五島、149頁）に「諸法が他より生ずることはない。すべてのものがすべてのものから生じてくる（つまり、何でも何からでも生じてくる）という承認できない結果になってしまうから」が挙げられる。普通なら、傍線部の「他より」は「幾つかの他の因縁より」と解すべきだと思うのだが、いきなり「すべての他より」という具合に議論が全否定へと跳んでいる。即ち全称文と存在量化文（＝全称文の否定）の区別があまり明確でないのでは？と思う。その他にも「飛躍では？」と疑われる事例は「3.5」偈や解説書の164頁に見出される。もしこれを「飛躍で誤り」と見なすとすれば、それは多分に否定全称文をめぐる当時のインドの論理学的な水

準を反映していると考えざるをえないが、もしそうなら、ことはかくなる局所的誤りにとどまらず、「考察二．1—1」最末尾の註（3）（110頁）の議論のみならず、この辺りの叙述の中心に据えた「論理に対する龍樹の手綱捌きの巧拙・信頼度」にも関わるゆえに、今後究明の必要があると思う。ただし筆者としては、すぐに後述の解釈 $\mu$ で、あるいは「4—1」（235〜236頁）で示すように、当の文が述語論理的にどう分析されようと、これが相関的自性に関する主述分別文であることに変わりはなく、これを頭から否定するのが龍樹なのだから、これを龍樹—中観派の議論の特色と見なすべきではないか——との考えに傾いている。


　確かに、これを詭弁・強弁と評するかどうかは意見が分かれるかもしれない。しかし、龍樹が『中頌』第三章で説示したかったことは、「十二処」なる各々に、即ち"相対的自性"を有すと伝統的に思われてきた分別概念に「自性はない」と示すことであったのだから、この種の「見るものが見ることはない」という類いの議論は、「自性など端から認められない、ありえない」という原則Δに付随する、せいぜいがダメ押しの議論でしかないわけである。考えてもみよ——そもそも「見るもの」「見ること」が主語と述語の関係で（部分）肯定か（部分）否定か——どのような結合関係で配列されていようとも、そんな分別的概念はまず二つとも成立しない——成立しないと考えよ！というのが原則Δであった。だから、「見るもの」がどうその機能を発揮しようがしまいが、この分別概念が（単独で）成立しないとする時点で、「見るものが見るか、見ないか」という主述（的疑問）文は既に議論が必要なことではないのである。どっちだってどうせ端から成り立たないのだから、「見るものが（場合によって）見ない」ことがあろうがなかろうが、初めからこの種の主述的な分析—総合判断はすべておかしいという地点へ強引に引きずっていくのが、少なくとも私ど

もにとって魅力溢れる「I—i」のラディカルな龍樹である。しかしそうだとすると、「行く者が行くか、行かないか」という有名な議論も同様なのではないか？と考えられる。

**まず、（1）「歩行者が歩く」ことはない。（2）「非歩行者が歩く」ことはない。**（2.8）

この場合、「歩行者」も「歩く」も初めから分別概念であるのだから、こんな主述形式に基づく分析—総合判断など、もともと成立しないと考えるしかないはずである。それで、この線に沿う「2.8」偈の解釈を「解釈$\mu$」と名づけ(1)、他方、チャンドラキールティなどの注釈に基づく現代においても広く浸透している解釈の仕方を「解釈$\nu$」と名づけるなら、後者の解釈型は同一律との関係において「3.2」以上に厄介な問題を惹起する。

　　（1）解釈$\mu$は「2.8」偈の「（という）ことはない」を非定立的否定と解すから、「「歩行者が歩く」などと言うな、考えるな！」と頭から命じていると解すのであり、傍線文の真偽について「偽」と論ずる必要はない。また、前註の全称命題などをめぐる論理学的糾明も行う必要がない。

## 3—1. トートロジーの禁止は是認できるか？

この$\nu$型の解釈は、まず本偈の（1）において「歩く者が歩く」のは、「歩く」ことの繰り返しにすぎないから、あるいは、「歩く」働きが重ねて述べてあるから、おかしいと言う。なるほど繰り返しであり重複だから、「馬から落ちて落馬した」と同じようにおかしいかもしれない。後代にまとめられたインドの論証学でも、この種の言い草は「ダメ」なのだそうである(1)。しかし私どもはこの種の繰り返しを「禁止」するほどにダメと思っていないどころか、同一律とはまさに繰り

返しであって、「p は p」（、正確には「p ならば p」）が「禁止」なら、
"同語反復的（トートロジカル）" な性格を持つ論理的真理のすべてが
ダメになってしまおう。論理的真理の内には数学も含まれる。

　　（1）前掲桂書（中公新書）、109、121頁。対するに解釈 μ は「歩く
　　者、歩くこと」のように個々の自性の分別的な概念化を認めない。こ
　　の方が龍樹らしい否定の仕方だと以下で述べる。


　"当たり前・自明・必然" という性格を持つ論理的真理（理性的真
理）が、観察や観測など広い意味で経験によってその真偽が初めて確
かめられる経験的真理と大いに異なることは哲学では昔から分かって
いたが、論理学や数学の命題が同語反復的であることをはっきりと指
摘したのはウィトゲンシュタイン（『論理哲学論考』、1921）で、ちょ
うど百年ほど前のことである。論理的真理と経験的真理の違いはどの
本にも書いてあること(1)だから、詳しくは後で確かめてもらうこと
にして、ここでは簡単に述べておく。

　　（1）しるに、かねて紹介のように論理的真理と経験的真理の間
　　に区別はあるが、生物と非生物の間に明確な線が引けないのと同様に
　　明確な境界線は引けず、その意味で論理的真理として冠たる矛盾律な
　　ども経験的な仮説性を完全に払拭し切れていないというのがクワイン
　　の考えで、これが定説化しているのが現状である。だから、両者の違
　　いは弁えねばならないが、きれいな分断線が引けると思うのも変であ
　　る。これについては「考察二．2―2」で触れた「クワインの全体論」
　　（142頁、註（5））を参照。また、桂・五島著、217頁以下の解釈の論
　　点史を参照。


　「私の姉は私より年上である」は当たり前のことだが、この「自明
性、必然性」は、「姉」が「(a) 私と父母（のいずれか）を同じくし、
(b) 女性で (c) 年上の人」を意味するからであって、「a にして b に

してcなるものは、cである」と、一部を繰り返しているにすぎないことに由来する。対するに、「私の姉は若いころ美人であった」は、本当かどうか、若い頃の姉を見知っていた人たちの証言を求めたり、古写真を見たりせねばならない。つまり、この言明が真かどうかは経験的な証拠を必要とする。因みに、私には姉はいない。いないが、「姉がいたら、その人は私より年上」という意味で「私の姉は私より年上」は「真」である。「姉」ということばの使用の約束に基づいて、当たり前のこととしてこれは決まっている。対するに、私の姉はいないのだから、美人だったかどうかの裏づけのための経験的証拠など見出せるわけがない(1)。

　（1）"私"を見て、「この人の姉なら」と推測できれば、"私"が経験的証拠になるが、残念ながら兄弟姉妹が必ず似ているわけでもない。ところで、そういうわけで私にとって「私の姉」は「考察二．1─1」の104頁の註（5）で言及した"empty subject"であるが、だからといって「私の姉は女性である（＝私に姉がいるならば、それは女性である）」が直ちに無意味というわけではなく、真偽を論じることができる言明文だということを再確認してほしい。既述のように「現在のフランス王」「生まず女の生んだ子」などの概念も直ちに無意味だということはなく、これらを主語とする文も直ちに無意味であったり、真偽不明であったりすることはない。

　同様に「1＋1」は、私たちのような素人レベルなら、「2」と約束で決まっていると考えていい。また、ユークリッド幾何では「三角形の内角の和は二直角」と決まっているのであって、「実測（＜経験）すると、その和がバラバラだったが、平均値が180°なのであって、この三角形は200°の珍種！」ということは（必然的に）ありえない。その図形は（測定ミスや足し算のミスでないとすれば、もともと）三角形でなかった、ということでしかない。この場合、「三角形の内角の

和は二直角」と決まっているのは、ユークリッド幾何の五つの公理という約束に基づく。だから、三角形の内角の和が二直角なら、四角形、五角形のそれは実測しなくても当たり前に（論理的に）360°、540°になる。しかるに、「五角形とはその内角の和が六直角の図形」はトートロジカルに真で、当たり前・つまらないことだとなるが、つまらないこととは思わない人が多いだろう(1)。それゆえ、繰り返し<sup>トートロジー</sup>は「おかしいから禁止」はやはりおかしい。

　このことは次の（2）に関する議論からも言える。（2）の「非歩行者」を単純に「歩かない者」としてみよう。しかし、アルプスの少女の友・クララは長年「歩かない者」であったにもかかわらず「歩く（歩いた）」。「眠り姫は（眠りから覚めて）眠っていない」。「自動車は（操作しないと）自動しない」、「学ぶ気のない学生」……このように、主語の属性・自性と述語で述べていること（自性）が食い違い、矛盾を来たすと思えるような場合でも、私どもはこの種の言語表現を認めないわけではない。──したがってまた、（1）のような繰り返し表現も認めないということはない。

　そもそも私たちが思考する際に主語としてピックアップするものは、諸事象の継時的な流れの中で一定程度持続して自分の気を引いたものであって、例えば街頭でなら、歩く人たちの流れから外れて、こちらへ歩いて来る「あの歩行者」がそれである。この歩行者につき、「あの歩行者は横断歩道の前で立ち止まり（＝歩かないで）、またゆっくり歩いて、こちらに来て、あっちに去っていった」と言う。これは決しておかしい言い草ではない。

　時間を刹那に細分して、主語対象のみならず述語の表わす動きや状態変化までも構成要素に分解しようとした部派の最大の問題点は、刹那滅論が無常観の忠実な理論的実行であるかのようでありながら、主述の概念的思考を何ら問題視しなかったゆえに、龍樹はこれを有自性

論に陥って無常観に反するとしたのである。「2.8」偈はそんな部派を小ばかにして遊んでいるようにも思える(2)。ただし私たちも主述文で思考していることは部派と同じ、あるいは部派以上に気のおもむくままにルーズに主述を選定しているのであって、そういうことからしても部派を嘲笑して、それで済ませられることでは決してないのである。即ち、私たちは時間的にも空間的にもひとまとまりの持続体だと本能的に見なしたものをキャッチして(3)、それを主語の位置に据え、それが連続的に状態変化していくさまを主―述文にすることによって概念的に思惟しているのであって、何を主語にするか述語に選ぶかは相当に任意であることが許されている。だからこの場合、「こっちに来た歩行者があっちへ去った」でも「来たものが去った」でも許されるはずであって、それゆえ解釈νのように「来者が去る」は矛盾で、「来者が来る」は作用の重複だから禁止とするのでは、日常思考のあり方をあまりに狭め、禁止制動をかけすぎており、そういう窮屈さの意味を込めて、「これは強論・詭弁に近い」と評すのである。

　それで、解釈νの本丸をもう少し攻めてみると、確かに（1）「歩行者が歩く」は当たり前すぎておかしいのである(4)。しかし、特に（1）は、これでもって思考や他人とのコミュニケーションが不能というほどにおかしくはなく、断固許されないというほどのことはないはずである。「馬から落ちて落馬した」がおかしいのは多分にことばの的確な使用法（意味）が未領解だからだろうが、丁寧に情報を伝えすぎで伝達効率が悪いというだけとも考えられるのであって、決して理解不能というほどのことはない。「アートマン」と言えば、仏教の脈絡ならば恒常不変と相場が決まっているのに、「恒常不変のアートマン」と重複的に形容したり、「後悔、先に立たず」を有意義な教訓と思うのは私ばかりではないはずである。「私の年上の姉」も「現在のフランス王は王である」も重複であって、新しい情報を何ら増やし

はしないが、"当たり前"のこととして「真」である。したがって文法的見地のみから（1）、（2）の括弧文を「偽」と咎めうると思うのはやはり強引であって、拙いのではないだろうか。例えば次の文を「偽」と断定しうる自信がおありだろうか？

　〔34〕しばらく立ち止まって（非歩行で）いた歩行者が歩く。

　ここには重複があり、破線部も主語の自性としてはそぐわないが、こんな理由でこの文を「偽」だと目くじらを立てる人など、そうもあるまい。

　それで、同一律破りの懸念という本丸の事情をもう少し述べるならば、この際「有自性論と無自性論のいずれを採ろうと、同一律は遵守されるべき論理則である」ことを強調しておきたいと思う。なるほど有自性論を採れば、「考察一．3―4」(51頁)で述べたように自性実体の同一性が保証されるのはほぼ当たり前なのだから、有自性論における同一律の遵守は当然視される事がらである。けれども無自性論を、あるいは流動的世界観を採ったとして、そのことが直ちに同一律の破棄に直結するか？――と言えば、そんなことはまったくないのであって、確かに流動的世界観に立てば、「これはさっきのあのあれである」と同定する（identify）ことがむずかしくなったり、同定しようとすること自体が無意味となってしまうかもしれない。けれども、的確に同定できない、同定しにくいことと同一律を破棄することとはまったく別次元のことであって、世界が変幻極まりないことを認めつつ、同一律を遵守することは十分に可能なのである。

　早い話、私なども仏教徒として無自性論や流動的無常観に共感を抱き理解を示しているつもりだが、だからといって同一律を破棄したり、破棄しようと思ったことなど一度もない。逆に、同一律を遵守しているからこそ世界を「流動、変幻」と形容することに意味が出てくるのであり、また「無自性論」や「無常観」を一つの立場と見なしたり、

それを一つの立場として維持することに意味が出てくるのである。龍樹も基本的には同じであろう。

この「2.8」偈の場合、龍樹やその注釈者は、有自性論者がその対論者（＝中観派）が少なくとも縁起観を支持しているものと見なして、その縁起的流動性の主張を理由に、「無自性論に立つことの代償は、同一律なる論理則を否定する虚無論に立つということなのだ」なる（一見なるほどと思える）咎め技を仕掛けてきたも同然だと中観派は見なし、先回りしてこの（1）「「歩行者が歩く」ことはない」なる返し技を仕掛けたとも考えられるわけである。しかしこの技は同一律やトートロジーの成立を否定するかのような印象を与えかねない。それだから（1）に関して私どもは「中観派は（相手の咎め技に対する）一見強烈な返し技を狙ったかようだが、それは概念の重複は不自然に感じられるという文法的違和感のみに訴えた技でしかなくて、勢いあまって逆に付け入る隙を与えかねない技、即ち同一律を認めない虚無論者<sup>ナースティカ</sup>と見なされかねない危険な技だった」と評すのである。つまり（1）は有自性論者に対する「先回りの返し技」と見なしうるのだが、「鮮やかな返し技一本」になっているとは言えないのであって、マニアックな技、強引すぎる「黙れ！」になってしまっているのではないかと思う(5)。

いくら中観派といえども、論理的整合性が問題となる議論・論争の場に身を置いて、なおかつ同一律を否定したと見るのであれば、例えば「論敵さえ定まらない」ことに、即ち「こいつが論破すべき、あのあいつだと同定する」ことさえできないことになってしまおうし、また論争において或ることを一つの主題として論ずる上でも馬鹿げたことにしかならないであろう。既述のように、時代状況からしても中観派に同一律（の遵守や破棄）という明確な形での論理則意識があったとはどうも思えない。だから（1）はやはり中観派の「勢いあまって

の勇み足の批判」で落着させた方が一番穏当と思えるのである。

　この場合、「2.8」偈の注釈者たちが文法的な違和感のみに訴える伝承の注釈（解釈ν）のみを記して、もっと有望そうな他のタイプの批判が忘れられたのでは？とさえ思う(6)。ともあれ（1）の括弧文が「偽」であるという診断がトートロジーや同一律の否定と解されてしまう可能性があるのでは、咎める代償が大きすぎであって、特に同一律を否定したとも見なしうるとすれば、「虚無論者」との悪評を本物にしてしまうことになりかねない。だからここはやはり「歩行者、歩く」と概念化して相関的な主述形式を取ろうとした段階で批判すべきであって、括弧文が主述思考の形を取ったこと自体を問題視すべきである。それゆえ（1）は、批判としては勢いあまっての“勇み足、余計なダメ出し”であり、ここでも論争のためには強弁めいた批判も辞さない中観派の一面が出ていると解したい。

　　（1）そのトートロジカル性からして「自明、当然であるはず」なのに、新情報を伝える総合文であるかのようである五角形の内角の和に関するこの事例は、分析的（＝論理的）真理と総合的（経験的）真理の間に「区別はあれど、明確な境がない」ことの一事例とも見なしうる。さらには分析性と総合性の間の境界は曖昧とするクワインの主張を支持する身近な事例とも見なしえよう。

　　（2）部派でも我々が言う意味の「流動的な運動、変化」が成立しにくい。というのも、利那滅論によれば「サニブラウンが走る」と言うよりも、彼を構成する無数のダルマが次利那に併走者のそれよりも前方に集団的に出現し続ける連続的現象が「彼がより速く走る」ことだからである。その意味で「走る彼（を構成する無数の諸ダルマ）は走らない」。したがって部派にあっても、「走る者は走らない」という矛盾律を侵すかのような理屈が成立するのだが、中観派が「2.8」偈の（2）で咎めているのはまずはこのような論理則の侵犯が疑われる事態であろう。けれども中観派が根本的に批判するのは、主語が何であれ、述語が「走る、走らない」であれ、分別的な主述文で述べない

と思考が成立しないことだろうと思われる。余談めくが、運動に関連して利那滅論におけるその他の不都合な点を述べておくと、「サニブラウンを構成する諸ダルマが併走者のそれよりも次利那に前方に出現し続けるのは何故なのか？」——この種の現象の説明が余りうまくつかない、即ち利那滅論だと、運動体が持つ持続的で方向性のある力（ベクトル）（パワー）が説明しにくいことを指摘しておいていい。この場合、普通なら、併走者に勝る勢い（パワー）を伴って運動している「サニブラウン」なる一つの時間的持続体を仮構し、定項化したそれを物理式という科学言語で表わす。利那滅論の場合、こう見なした上でこの「方向性を持つ力」を利那に細断した各単体に配して「勢いを伴って走る」という因果現象を説明すれば、利那滅論でも何とか対処可能かもしれない。しかしこういう思考操作が必要なことが、この説明が後付け（アド・ホック）でしかなく、「無常」以外に利那に切断すべき理由に乏しいことを如実に示す。他方、龍樹の立場なら、運動や流動的な変化はどう映るのか？を考えると、十二支縁起に見られるように「運動や世界の流動性」は暗に認めていると思えるが、それを「世界が」や「サニブラウンが」などを主語とした文にすることを拒み、主述文の無意味さを専ら説示するのみで、世界を瞑想し観ずる境地をただ勧めるだけだったと言えるだろう。

（3）「まとまりのある持続体と見る」のは「理論負荷的な（theory-laden）認識」のほんの一例であり、先入見を伴った認識と理解していいが、「利那滅との先入見」よりも遥かに心理学的な事実に裏づけされており、よほど無理がない。

（4）通常なら「（あの）歩行者」とは別の表示語を主語に捉え、「次郎が歩く」という総合文にして同語反復を避け、「あの歩行者」に関する新たな情報を伝える。しかるにこれも主述概念文である限り、「次郎、彼」等が時間的に同一性を保つ存在だとの存在論に立つと解される恐れがあり、無我─無自性論を基底に置こうとするなら、できるだけ避けたい言い方である。この恐れは主語が同語反復を結果する「歩行者」でも何ら変わらない。とはいえ中観のような徹底した無自性論も採れないなら、採りうる途は極端な唯名論以外になく、「分別的概念はアポーハなる他性排除に基づく形成作用（？）による仮構物にす

ぎぬ」と、怪しげな心的機能に訴えるしかない。235頁も参照。

（5）筆者としては「繰り返し→無意味、禁止」なる解釈νに私ども
は余りにも慣れきってきたのでは？と思う。その反面、論理則云々
というのは現代の視点であって、古代の論争とは「反則」も何も、と
もかくも相手を黙らせることに主眼が置かれていたと思えば、龍樹は
返し技を「鮮やかな技」に見せる芸達者な論師だったと一応の納得も
できる（小論193〜195頁、註（7）参照）。

（6）以下に示すμ型解釈のほかに「（概念である）「歩行者」が歩
く、ことはない」という具合に、当偈を「歩行者」「非歩行者」なる
概念に関する主述文と見なすなら、同一律云々の議論は回避されるの
では？と桂氏に尋ねたが、チャンドラキールティの注釈による限り、
その可能性はないとご返事をいただいた。だが、引用括弧をつける解
釈も十分成立するとの思いは拭えない。


一方、解釈μの方は小論の従来の主張に適った"王道的な解釈"と
言うことができ、「『歩行者が歩く』ことはない。『非歩行者が歩く』
ことはない」の破線部の否定を命題否定型の非定立的否定と解す点で
は解釈νと歩調を同じくするが、同一律などの論理則の遵守・侵犯
には直接的に関係しない。つまり、μはこの非定立的否定を「（いか
なる主述思考も不成立なのだから）傍線主語文のように言うな、考え
るな！」なる否定命令的な言語行為を遂行していると見なす型の解釈
であって、その強引さは、別種の強引さであるにせよ、解釈νの上
を行く。というのも、この場合「〜ということはない」によって否定
される主文の真偽にまったく関係なく、その主文が主述文、即ち自性
分別文だという、ただそれだけの理由で、この非定立的否定を「黙れ！」
なる言語行為に一気に転化させるからである。すると、先の〔34〕は
自性分別に基づく主述文であるという、ただそれだけの理由で「不成
立！」と断定され、これが次の文〔35〕破線部のように否定宣告され
て、「傍線部のように語るな、考えるな！」なる否定命令的な言語行

為が遂行される、ということになる(1)。

〔35〕「〔34〕**しばらく立ち止まって（非歩行で）いた歩行者が歩く**」**ことはない。**

しかるに、このμタイプの解釈は、なるほど『中頌』解釈の仕方として一貫性を有し、より妥当だと思えるのだが、あらためて日常の視点からこの種の解釈を眺めてみると、誰かが「あの歩行者」という具合に他の歩行者や周囲の建物、道路などと異なる持続的な固有の性質を持ったものとして分別し、「走る、立ち止まる」とは異なる特有の（＝自性的な）状態にある事物として分別しようとした途端に、「そのような一切の固有性・自性を認めるな！」と求められ——つまり、原則Δに抵触するぞと急ブレーキをかけられ、しかも文句を言うのも憚られるという状況に私どもを陥らせてしまうわけである。

けれども主述文で思考するしかない者としてはここで文句を言わなければ、主述文で思考することの"所期のとりあえずの"意義——さまざまに分別して、それらを総合する展開力において犬猫や虫けらの"思考"に遥かに優る（はずの）人間ならではの思考をする意義——さえ自らで否定してしまうことになりはしないだろうか。なるほど主述文で思考することの背景に控える存在論に相当な不審点がある（「考察一．2—1」、13〜15頁）ことは分かるが、私どもは原則Δに同調しないという態度をあえて選んだのだから、主述形式で思考する意義が全然ないとまで卑屈になる必要もまたないのである。

ただし、私どもとしては、中観を日常の目線で理解するために原則Δを受容するだけなのだから、その限りで見えてくる空の世界について、「主述思考、及びことばによる推論的思考もなかなか寄せつけず、無言で流動する不透明な世界」ぐらいは言ってもいいだろうが、推し量ってみるのはどこかこの辺りで止めておくのが分相応であろう。

（1）しかし「解釈νの王道的解釈からの逸脱」をチャンドラキールティなどの注釈者だけの責任にするつもりはない。「3.2」偈（219頁）では、次節「4―1」でも提示する（a）「ある見るものが（あるものを）見る」なる同語反復的な命題を龍樹自身が暗に肯定しているように思え――即ち（a）が主述分別文であることを理由にこれを否定しているとは思えず、龍樹自身の態度に曖昧さがあって、この曖昧さを断ち切るべく注釈者は解釈νのみを記したのか？とも思う。

## 4．思考の言語と『中頌』の帰謬法

　主―述文は私たちの思考の基本単位であって、周囲の全体から主語たるものを分析的に取り出し、その動きや状態変化を他の動きや変化とは異なる特有性を持った事物として述定して、一つの総合文にする。したがってこれが分別に基づく「分析―総合文」であること、また、この総合文それ自体が“一つの”総合文でしかなくて、やはり分別の範疇に属することは明らかである。そしてそうである限り、このような分別的思考は私どもの思考の全般を覆い、疑問を感ずること・論理的に推論すること・感情を抱くことを含めて思考すること全般がことばと不可分な営為なのであるなら、これらがまさしく「ことばの発現の仕方の多様性、多元性」であろう。これを龍樹は戯論、戯思考と否定したが、それはそれぞれのことばには分別的な自性が対応的に存在仮定されていると見なしたからである。

　しかし、果たしてこの自性の存在仮定がそのまま恒常実体の実在論に横滑りするものかどうか？――この点に関しては、唯名論の方針をとるにしても、唯名論も少なくとも基体的個物（自性）の実在を言う実体論に固有の問題を抱えているのだし(1)、また実際にどこまで唯名論を貫けるか？という切実な現実問題も加わって、ここは悩ましいことこの上ない問題領域なのである。しかるに龍樹に従えば、どんな有自性論も無常観・縁起観と完全に背反するのだから、原則Δなる要

請に全面的に同調するというのであれば、ことばは発現のしようがなく、発現しても（主述の相関関係が不成立で）無意味であるがゆえに、すべての思考が成立しない状態に追い込まれるのは明らかであろう。

実際には体得知の深まりのプロセスを重視する修道論を背景に置かないと誤解を与えかねない第二十六章などがあり、龍樹自らが要請した原則Δに必ずしもそぐわないのではないかと、あるいは、前節で述べたようにわざわざ危ない橋を渡って、同一律の侵犯を懸念させるかのような派手なパフォーマンス（返し技）を披露してみせる場合もあったのではないか？など、若干の危うさを覚えさせる点も幾つかあるのだが、しかしこういうことは騎乗の勢いあまっての勇み足とも考えられるのであって、いかに偉大な思索者であろうと、ときに「？」なことをやらかしてしまうものだと、逆に親しみさえ覚える。

かく龍樹に対して少し醒めた評を下す根底には、私どもは原則Δの主旨は理解できるけれども、これに同調しない、していないとの思いがあるからである。日ごろを振り返れば、私たちはΔに同調していないし、そうしようと少しは思ったとしても、現実には同調できまい。そういうことをまったく意にかけずに一方的に中観礼讃ができる人を、やはり私はあまり理解できないし、信用もできない。それは「戯の礼讃」のように思う(2)。礼讃者から見れば、私の理解の仕方は臆面もなく戯思考を満載した怪しからぬものにすぎないだろう。だが、龍樹の徹底した無自性論を礼讃しながら自らは"われ知らず有自性論者"でしかない方に、"戯思考"と批判されても、私としてはさほどに痛くもないのである(3)。

私も縁起観を選択している。また、無常観を正しい観として周囲にもそれなりに奨める。しかるに、縁起観を採るということと要請的な原則Δを受け容れることとは異なる（と分別する）。私は分別によって生きているし、分別に生きようと意思している仏教徒である。

　（1）アリストテレス的な主述形式を中心とした存在論（実体論―有自性論）に特有の問題点、不審点があることについては「考察一．3―3」で既述。しかるに正直なところ、まさしく無自性論も含めて「哲学的に見て、文句のつけようのない百点満点の存在論などないだろう」と思う。

　（2）礼讃の内容もさることながら、「龍樹師は凄い！」と分別して礼讃しているからである。

　（3）当初からの立場であるからが主たる理由。加えて、例えば「あなたのは戯思考に過ぎぬ」との評価は、かくなる評価者が私の立場（分別）に与したことを示すからである。


## 4―1．帰敬偈における中間領域の排除

　引き続き帰敬偈について考える。帰敬偈では「八不」が通常の帰謬論証に現われる矛盾命題のように機能し、自身が否定命令的な言語行為文に転化する。したがって「八不」は、『中頌』の説示全体が帰謬法的な性格を帯びることの露払いの役を担っているとまずは言える。

　少し逆戻りするが、「2.8」偈について、これは勇み足、その意味で不要な議論の気配が濃厚であると述べた。それで、"勇み足"と言えばただそれだけのことのように思うかもしれないが、見方によってはこの問題は「俗諦の資格、要件」の問題と絡んでくるゆえに相当に根深いともいえるので(1)、このことを次の文で念のため指摘しておく。

　〔36〕「(ある) 見るものが (ある見えるものを) 見る(a)」ことはない。

　この中の主語文 (a) は「3.2」偈 (219頁) の暗黙の主張を「2.8」偈の（1）でなぞったのであり、筆者としては初期経典にも見出せそうな俗諦的な文として提示したのだが、この〔36〕の真偽とその言語行為的な宣告について、次のように三通りの立場を比較してみる。

　(a) につき、まず①龍樹ファンたる ν 型支持者は、語・意味の重複

ゆえにこれを「偽」とし、〔36〕全体を「真」と判別する。対するに、
②私どもは（a）が同語反復的でほぼ自明のことゆえに（a）を「真」
と、それゆえ〔36〕を「偽」と判定する。だが、③龍樹は（a）が主
述文であるというただそれだけの理由で、その真偽に関わりなくこれ
を一刀両断にし、「（a）のように言うな、黙れ！」と否定命令的に宣
告するわけである。するとこの手順は、

　　〔13′〕「**現在のフランス王は禿である**(b)」（という）ことはない。

なる当初は"暴れ馬"に映った（b）に対する手順を思い出させるだ
ろう。即ち、これに述語論理的分析を施すと（b）は「偽」、これを
否定した〔13′〕は「真」という具合にそこでは議論が推移したのだ
が、龍樹は躊躇なく「どう分析しようが、（b）は主述文で戯論・無
意味！」と切り捨てたのだった。それでいま問題としたいのは〔36〕
に対する①龍樹ファンの対応であって、①龍樹ファンが龍樹の③なる
不愛想な対応にどうにか肯くためには、〔36〕の（a）を少なくとも「偽」
と判別しなければならない。そこで、前節の批判的考察からして今や
もう（a）は明らかに「真」なる"従順な良馬"のはずなのに、「同語
反復ゆえに従順すぎるのが逆に欠点——だから、偽！」のように強引
に否定してみせるのが①解釈νなのであって、ゆえにこそ小論ではこ
れを「誤解を与えてしまう余計な議論」と評したのである。

　他方、③のμ型の解釈にあっては（「24.15」偈（113頁）で龍樹が皮
肉った通りであり、）暴れ馬だろうが、「従順すぎるのが玉に瑕の馬」
と貶されようが、馬は馬！——これが馬、即ち主述概念文であること
に変わりはないのであって、過度の御しやすさはまったく議論に関係
しないはずなのである。即ち、述語論理による分析やその真理値の逆
転などは龍樹の与り知らぬことである。（考察二「2—3—2」（166
頁）でも、私たちの分別思考は、その真偽など問題とせずに投げ込ま
れる龍樹の豪速球をただ見送るばかりと示した。）

　だが、検討の対象が単に分別的な主述文であることのみを理由に否定命令的な言語行為を遂行する龍樹の議論の強引さこそがまさに目下の私どもが問題とするところであって、「3―1」での筆者の批判は、冗長さを嫌うという見地とはまったく別の「トートロジーの真なることを認め、同一律を守る（べし）」という、より原則的な見地に立っているだけなのである。対するに、龍樹の議論を頭から受容して、これに乗っかるだけなら、ただただ龍樹・中観に追随して「2.8」偈や〔36〕に肯くしかないが、それはもはや「肯きはするが、肯いたら、この先どうなるの？」との不安も同居してのことだろう。それで、龍樹ファンが「どこへ連れられていくのか、ホントは私、わけがあまり分からんのですが…」とこぼすと、「そうでしょう。だから初めから言っているのです、わけが分かろうなんて無駄。体得されるべき空やその内実を分別的に考えて理解しようなんて無意味だ」と返ってくるわけである。――「う〜ん、なるほど…？…、でも、ねぇ…？…」。

　「初めから」とは帰敬偈の初めからの意で、龍樹の返事に嘘はない。「（イ）不生不滅、（ロ）不常不断、（ハ）不一不異、（ニ）不来不去」に「（ホ）不有不無」(2)や「（ヘ）不善不悪」などを加えてもいいはずである。この内の（ハ）（ニ）（ホ）については小論で適宜触れたが、小論の解説の成否に関わりなく、やはり大切なことは「生―滅」以下がすべて対概念であり、並置すれば矛盾してしまうことである。これに「不」や「非」をつけて、「不生―不滅」としても、これらも常識的には矛盾している（即ち、矛盾した文関数→「偽」、あるいは「黙れ！」との糾し）と見ていい点で変わりはない。要するに、これまでの議論の運びからして、これらの「不」は非定立的否定だと思われ、インドの文法家によれば、かく否定することによって何か他の事物が含意されるということはないはずである。

　ただ、「考察二．　2―1」（121〜128頁）の検討からすれば、非定立

的否定であっても、脈絡や状況次第で「何らかの命題を修辞的に、あるいは連想的に含意する」場合もあるかもしれないと——この点を小論では曖昧なままにしてきたわけである。それで、この曖昧さに乗じて、例えば（ヘ）「不善不悪」は「無記、中立」という第三の立場を、（イ）の「不生不滅」は「永遠の真理」を意味すると解すなど、「善悪や生滅のどちらでもない」という属性を修辞法的に含意すると考えるかもしれない(3)。だが、非定立的否定であっても、このように「中立」や「永遠性」などを含意しうるか？について、私どもは曖昧なままにしておいてよく、このことに関して現代人としての一般的な最終見解を急いで出す必要はない。

　けれどもしかし、少なくとも上記の「八不」などの場合には、「縁ってあるものなら、それに自性はない（と見なすべき）」とする原則Δをもう一度思い返すべきである。即ち、この原則に従えば、「縁ってある」のは対概念ばかりではなく、対のいずれにも属さない“第三のもの・こと”なるものは、なるほど考えうるとしても、まさに「対に縁って＝相関性によって第三、ことばの概念枠に縁って中間」なのであり、それはもし「過去と未来」「生相と滅相」が成立しないならば、「現在」「住相」も成立しない——無意味化するのと同じである。だから原始仏教の「無記」とは「第三の（独自の）領域」を含意するというのではなくて、むしろ「答えない、ことばにしても無駄」ということであろうし(4)、その方が原意にも適い、非定立的否定の「含意をめぐる文法家の定説」にも適うのではないか。

　上記の中では（ロ）「不常不断」の議論がまだ残っているかもしれない。（ロ）は（ハ）と並んでまさしく縁起して遷ろっている状態を形容し（——つまり、縁起の“自性”を述定し）ていると十分に考えうるのであるが、しかしこのことについては、たった今これも対（概

念枠)に縁って考えうるものであることを述べたばかりであり、また、「縁起観」という固有の「観」についての議論（本「考察三．2―1」、216～217頁）で批判的に述べた通りであって、龍樹の原則Δからすれば（ロ）は縁起する諸事象の単に記述的な自性であってはならないのである（――原則Δに基づき、"本来的な自性"としては少なくとも認めるべきではないのである）。それゆえ「常住、断滅」の二論を含めた一切の戯論を寂滅すべきことを他の「不」のつく対概念とともに説示している――その手始めが帰敬偈であるわけである。「八不」、「十不」は縁起状態の記述であるよりもむしろ、いかなる主述的な思考も無意味であり、最終的には（＝勝義としては）主述思考・ことば全般に伴う論理性・論理的思考も不要にして無用であるということを説示している言語行為と見なすべきことは既述した。

（1）ここではこの問題が「俗諦の資格、要件」に直結すると述べるにとどめるが、龍樹の立場は特に後の経量部的な知識論を痛撃する。なぜなら「シンシャパー樹は木である」「煙が昇るあの山は火を有す」などが分別の複合知である限り、これらは「世俗"諦"」の資格がないことになるからである。だからこそ「易々と龍樹に肯くな」と当初から筆者は警告しているのだが、結局この問題は、龍樹の考える世俗諦とは本考察三冒頭の表（209頁）の「Ⅰ―ⅱ」段階を核とする否定的な、かなり狭い範囲の言明に集約されるのでは？との筆者の予想と結びつく。ただ、そうなると、ことばに伴う論理則や推論規則が世俗諦に入るのか否か？に関して筆者はまたまた迷う。

もう一つの疑点・問題点は、〔36〕の（a）のような概念複合的な分別知を認めないのが龍樹本来の立場なのだが、異説との意見もある「8.12」偈（207頁）の線でゆくと、（a）は「見るもの、見られるもの、見る」なる三者の"相互依存（的縁起）関係"を述べているだけとも解しうるので、語句・意味の重複問題に触れることなく「（a）は真」と認める異説の――つまり「歩行者が歩く」を単に概念の相互依存（的縁起）関係を述べているだけの真なる文と認める（中観派内の？）異

説の論客が居ても不思議はないことである。ともあれ筆者は「2.8」偈について「「主述形式をとって語ろうとしても、それは元来が不成立」との龍樹本来の立場を貫いた方が一貫性の点でよかった」と依然として言いたい。いずれにせよ「2.8」偈は成立するが、強論に入ると思う。

（2）復習すると、「不有不無」は「この（空）華は赤いことも赤くないこともない」なる「幻影語法」（157頁）において典型的な「排中律破り」として現われる。他方、「それは空華であるか、そもそも空華などが在るのか？」が先立つ問題であり、その答えがどちらでも、この問いを含めて主述形を取っていて、「黙れ！」なる否定命令の対象である限り「戯論にすぎない」わけである。

（3）非定立的否定である「不生不滅」を、絶対神の「永遠なる自性」の修辞・含意的記述と見なすべきでないことについては小論180頁註（1）。同様に「不善不悪」を「中立なる自性」の記述と見なさぬゆえに、『中頌』第六、十六〜十七、二十三章などがあると考えていいだろう。

（4）このことは「中観、中道」の「中」にも当てはまるはずである。通常、「中」は中頌「15.7」偈によって常住論と断滅論のいずれでもない「中＝離二辺」と解される。これを「二点 A、B の中点 M」との連想で考えると、常住論と断滅論という二論が先行して主張され、それからやおら「いずれでもない中間」が考え出され、主張されるようになると思いやすい。しかし「A、B、M は一連の同等の三点」であるのと同様に常住論と断滅論とが先行する二論と考える必要はない。そもそもこんな二論——その極点が「一切が恒常なる有」、「一切が無」で「変化は一切なし」である二論など、まともに主張しうる論とはとても思えない。なぜなら、かく主張し出すこと自体がとりもなおさず"変化"を意味し、変化を招来する。これは「有は有、無は無」としつつも、生滅変化を臆見と断ずるパルメニデスの上を行く"極論"である。ともあれ A、B、M が一連のものとして「相互に縁ってある」のなら、中観派の「中」も同工異曲で、「仮にことばで分別的に自称するとしても、本来的には無意味な仮称で空」ということの最小限に

切り詰めた表現にすぎないと見なした方が正解に近いだろう。それゆえ「中」とは「言詮不能、言表不可、いかなる論でもない」の言い換えだと見なした方が、まだしも『中頌』の全体的な流れに沿うと思われる。また、考察一．69頁註（3）で引用の「19.4」偈に「上・中・下、…など〔互いに相対的な三概念を扱う〕場合も…同じ（で、「自性」の観点からして有りえない）」とあるのを参照。

　「なーるほどねぇ……、でも……」と、それでもまだ納得がいかず、逡巡していると、「まだ腑に落ちませんか？　仕方がないですね、では次の章に行って、別のことをテーマにして同じように説示しましょう」と『中頌』で教導してくれるのだから、どこまでも限りなく優しい龍樹である。この優しさに触れては、「"別の"こと？"別の（異なった）"テーマって、そもそも有りうるんだっけ？」と少しばかり浮かびかけた疑問も、自分の心・思念の片隅に追いやるしかない。やがて「八宗の祖」、「七高僧の第一祖」の礼讃・合掌のうちに(1)、そのうちどこかに置き忘れてしまう。

　　（1）念仏による易行道を説いたとされる『十住毘婆沙論』その他が龍樹に帰せられている。けれども筆者はこの方面に疎く、大方の方向性として桂・五島氏の解説書345頁辺りの叙述に従うが、真宗者にとり龍樹は聖道門の困難さを意図せず如実に教えた人物として「高僧」と敬うに十分値する。

## 4―2．『中頌』全体の帰謬法的な特徴
　さて、「『中頌』の帰謬法的な全体的性格」とは、思考の営みがすべて矛盾状態に陥ることを念頭に置いてのことにほかならない。ただ、くれぐれも誤解のないように注意を重ねるが、「矛盾状態」とは今ほど「八不」で見たように論理則侵犯のまったくの不良状態であって、"矛盾律を超えたという（ヘンな）賞讃"に値する状態では決してなく、「思考の全面的な壊滅状態を呈す」(1)――「思考が立ち往生し、

進むも退くもにっちもさっちも行かない不得要領の状態に全面的に陥る」と——その特徴を述べた方がいいかもしれない(2)。

　ただし、本「考察三. 2—1」で述べたように『中頌』では原則Δをこちら側が十分に納得できるほどに貫徹していないと思え、多分に初学者の学修や修道面の必要からして、縁起観という特定の観、及びこれに伴うことば・思考を第二十六章や「空」ということば、あるいは帰敬偈の形で残さざるをえなかったと思われるので、「全面的」とは必ずしも言いがたい。しかるにこのような側面を除けば、龍樹の本意は「仏陀は、どこにおいても、誰に対しても、いかなる法も（本当は）説かれたことはないのである」（「25.24」偈、4〜5頁）という無分別の境の体得の勝義性を説示することにあった——と見なしうると思う。

　他方、通常の帰謬法論証であれば、推論を進めて矛盾式を引き出し、この矛盾を帰結させたのは前提文（仮定的前提）のせいだと見なし、この前提文の否定文を結論する。そして前提文の不成立なる状況のもとで新たな思考を開始するわけである。ところが、「八不」に如実に象徴されるように「自性を仮定した思考の全面的な破壊・無意味化」という事態に陥るとなると、「新たな（仕方の）主述思考・概念的思考」が（でき）ないわけで、この点が通常の帰謬法による論証と大いに異なる——ということになる。

　通常の帰謬法を例示する。——殺人犯を捜査・推理しているとする。これまでの捜査から、扼殺で、それは単独犯によって行われた（p）ことがほぼ確かだと分かってきている。そして担当刑事は「Wが扼殺実行犯である（q）」と目星をつけて重点的にWの身辺を捜査したとする。しかし身辺捜査しているうちにWには確かなアリバイがあることが判明した。つまり「Wは扼殺実行犯でない（not-q）」と判明したわけである。ここに帰謬法が登場するのであって、その経緯をた

どるために「犯行時刻に W は犯行現場にいた (r)」を追加すると、「W が実行犯である (q) ならば、W はそのとき犯行現場にいた (r)」はずなのに、確かなアリバイが証明されたのだから、「犯行時刻に W は犯行現場にいなかった (not-r)」。——すると（「q ならば r」≡「not-r ならば not-q」ゆえに）刑事は「not-q」と推さざるをえなくなり、これと「q」という目星（仮定前提）を連言にした矛盾する推論式に逢着することになる。そこで、こんな拙い状態に至った理由は？と考えると、当初の目星（＝仮定前提）「W が扼殺実行犯である (q)」がもともと拙かったのだとすぐに思い至るから、仮定前提「q」の否定文、即ち「W は扼殺実行犯ではない (not-q)」と結論する——。

　しかし帰謬法の大いに面倒なところは、「q、かつ not-q」ゆえに "仮定前提（目星）の否定文" が結論されたのだが、矛盾式に至らしめた仮定的前提は「q」という "目星" だけではないという点にある。つまり「扼殺は単独犯によって行われた (p)」も仮定前提の中に入っているのであって、これを "ほぼ確か" と安直に見なしているから「not-q」と簡単に結論できたのである。だが、p が実は確かでなかったという場合もありうる。即ち、

　　**前提「p、かつ q」→（推論の進み）→「q、かつ not-q」という矛盾式に逢着**

なのであって、否定されるべく注目されるべきものは、前提の全体である H（「p、かつ q」）であり、まず結論されるべきは、全体である H の否定文（「「p、かつ q」でない」）なのである(3)。この場合、W が誰かに殺人を依頼し、現場に行かず、したがって「W が扼殺実行犯でない」＝「「not-q」が真」の可能性があるわけであって、p が疑いうる場合は、これまでとは違った捜査、別の推理を行わなければならない。このような場合を除去するためには、p が "ほぼ確か" ではなくて、"絶対に確か、間違いなく真" であることを補助捜査や推理

で示すことができるのでなければならない(4)。

（1）「壊滅状態、立ち往生の状態」を手っとり早く理解しようとして、「幻覚だと強く疑われる状況での思考状態」を類比的にあてがおうとする人もいるかもしれないが、幻影語法は小論161～162頁で述べた〔B類〕に過ぎず、帰謬論法において矛盾に逢着した際の「立ち往生状態」がやはり最も適切だと思える。次々註も参照。

（2）ただし、「立ち往生の不得要領の状態に陥る」のは、私どもが知識というものは主述形式で述べられると思う傾向が強いからであろう。「考察二．3―1」で触れた体得知の修得に馴れた方――例えば瞑想体験の豊富な人や技の「知」は体得してこそのものと思っている職人やスポーツマンが"しどろもどろの状態になる"とは思えない。彼らが試行錯誤の果てに、「帰謬法的な結論として"思考の全面的な破壊・無意味化"状態に陥る」など、あまり聞いたことかない。

（3）帰謬法では、この事例なら「「p、かつ q」ではない」のような仮定前提の否定が必ず出てくる。また、この前に必ず「q、かつ not-q」なる矛盾式とその否定「「q、かつ not-q」ではない」（矛盾律）が現われる。この中の少なくとも傍線部は非定立的否定である。なぜなら、こう否定しても、次に移るべき思考プロセスを含意していないからである。実際に「q、かつ not-q」なる矛盾式に逢着して、次にどう考えるべきか、立ち往生してしまい、不得要領の状態に陥る場合が多いことを思えば、ポジティヴに次のプロセスを含意してはいまい。

問題は、傍線部の非定立的否定を、波線部を主部とする述定と見なすとき、これは主述形式の文と見なすことになるが、これが「いかなる主述文も不成立」という龍樹の立場に抵触するのではないか？、それゆえにまた「（主述形式で述べざるをえない一部の）非定立的否定はそもそも不成立なのではないか？」という疑問に私どもと龍樹がどう応えるかであった。――龍樹の根本的な応えは「黙せよ」だろう。問題は私どもだが、このことに関しては「同じルールのもとで戦う」力士と柔道愛好者の喩え（「考察二．2―3―2」、166～167頁）を是非とも再度参照してほしい。つまり問題は相変わらず主述思考、論理

原則や論理に基づく推論的思考、及び「嘘つきのパラドックス」に代表される主張の自己適用の問題などであると指摘されるかもしれないが、これらはいずれも馬上にある者の手綱の捌き方（柔道技）の問題であって、下馬状態の者＝土俵上を本来の場とする者には直接に関与することのない論点だということが肝心な点である。ただし、これでもって「中観派は（思考—）論理を超越している、ことばによる思考のルールを無視している」にはならないことにあらためて注意を促しておきたい。

　（4）ｐが真であるとしても、理屈の上では「Ｗはワープ・瞬間移動できない」なども"全体の仮説前提群"の中に入っているので、形としてはもっと面倒だと言える。


　このｐのような前提を「補助仮説」と一般に言うが、この脈絡・流れの中で言いたい趣旨は、以上のように通常の論証法としての帰謬法は、推論過程で矛盾式に逢着した場合には推理（思考）の原点に戻って、仮定的諸前提のどれがおかしいのか？——すべての前提がおかしい（＝偽である）場合もある——そしてそのおかしな仮定前提を特定できたら、それを否定して出てきた結論のもとで、新たに思索（——Ｗは誰に殺人を依頼したか？など）を開始するのが帰謬法なのであるが、中観派の場合は、この「新たな思索・思考」の、特に主述の分別に基づく思考の原理的な非成立・無意味さをラディカルに説示しているのであって、これが普通の帰謬法とはまったく違う特異な点であると、また、このゆえに小論では「思考破壊」の説示であると述べてきたのである。それで、まとめとして『中頌』の帰謬法的な全体的性格を示しておこう。ここで注目してほしいのは、「八不」は単に露払いの役を果たしているだけではないということである。

　【1＝結論したいこと】：無分別の境地はことばによる戯思考・戯論

では証得できない。

【2＝結論したいことの【1】を強めに換言したと思われる付随的要請】：原則Δを受け容れ、ことばやその多様な発現である思考の構成要素にそれぞれの自性があるとは認めない（。なぜなら、ことばや思考の構成要素に対応するそれぞれ相関的な諸物・諸事象にも自性があるとは認められない、認めはしないからである）。

【3＝仮定前提】：仮に、無分別の境地がことばや思考によって証得できるとする。

【4】：しかるに、ことばや思考は本来的に分別に基づいており（←それぞれの自性を仮定しないと成立しないものであり）、無分別の境地を敢えてことばや思考の対象にしようとすれば、「空（なる自）性」や「八不」、「不有不無」、あるいは「四不生」などの四句・三句分別に代表されるように、"（主述形式で）思考・理解しようとしても、どうにも不可解で不得要領の状態"に陥る。これは普通の帰謬法で逢着する矛盾式よりも全面的にして深刻な状態である。

【5＝結論】：ゆえに、【3】の仮定前提は否定され、<u>【1】が言語行為的に説示された</u>。（即ち、伝統的に「不立文字、絶言絶慮」と言われてきた境地が暗示された。）また、この結論を引き出すに当たっての、<u>要請としての【2】の"正当性"</u>が明らかになった。

　この推論において、可能性として問題になりうることは【2】、【4】、【5】のいずれでもありうる。しかし小論では一貫して【2】が根源的な問題であるだろうとしてきた。【2】の要請的原則Δを受け容れなければ、この推論を受け容れなければならないことはないからである。実際、無常観・縁起観を自分の事象観・世界観として採るとしても、"ラディカルな縁起観"に付随する原則Δを（→無自性・空観を）

必ず採らなければならないことはない。正直に言って私はこの原則Δに第三者然とした評価を下す自信がないが、若干のコメントを付加しておくと、やはりこれは一種の「律」、あるいは「理」と見ていいと──そして、その理解のためには物理的な因果律と比定するのが最も有効だと思う。注意すべきは、私どもはこれまで原則Δについて"日常思考に対し破壊的"なるネガティヴな面に注目してきたけれども、無分別の境を勝義と称揚する文化にあっては、この原則はことばに対する単なる不信ではなく、思考をいつでも麻痺・凍結、または無価値化させうる律だという点である。

　「律」と言えば、思考を進める上での論理法則をまず思い浮かべる。これを"法則"ということばの類推からあたかも自然法則のように"（思考に関する）事実法則"と捉えるのではなく、むしろ「律」と見なすべきだということについてはこれまで折に触れて述べてきた。この線で言うと、「物理的因果律」とは（第一原因とされる絶対神には通常は適用不可であるとされるなど）その適用の普遍性・広汎性において論理的な律よりも劣るが(1)、「何か或る物理的現象が生じたとしたら、その現象には必ず原因があると考えよ、そう見なせ」と律しているのであって、「物理的現象の生起を考える際の心得」というほどの意味の「律」である。換言すれば「無原因で物理的事象が生ずるはずがない」と予め思考態度を決めて、その事象の生起の原因を考えてみる、探ってみるというのがこの律であろう(2)。

　それで、「原則Δとはこの因果律である」との理解も成立するやに思えるが、「考察一. 3─3」以来述べてきたことからすれば、その適用対象の事物が物理的な因果関係に限定されず、いわゆる論理的、同時的な事物も含まれて然るべきであり、しかも単に「何か原因があるはずだ」で終わるのではなく、あることが「〜に縁って生じる」、あるいは「〜に縁って…である」のであれば、当の事物はもちろんの

こと、それと相関する事物も「ともに無自性と見なせ、共倒れだと思え！」という要請だというのが原則Δの最大の特徴なのである。したがってこの原則Δを「普通に思考するならそこに何らかの相関性を見出すはずの複数の事物を「無自性、空」と切り捨て、思考の不成立を当然と見なす縁起律」(3)と特別視して捉えた方がより適切なわけだが、これは通常の単に無常を説く縁起観を越え、「諸事物が無自性であって、主述文なる言語表現で捕らえるその網目を幻のごとくに（、あるいは「メガロパ」などと名づけられて、ただ海中を浮遊するだけの微小な幼生のように）概念的思惟という網目をすり抜けるゆえに、まともな思考成体として具体的な形を成すには至らぬと心得よ」とまで要求する律・理であること(4)——そして「覚者の境の体得を至上と尊びつつ事物を観るときは、こう観ることを習慣とせよ」とまで要請している律だということに大いに注意を払うべきである。それゆえ、習慣的律として日常世界への適用が求められる無自性観なるこの縁起観は、現象の生起には必ず何らかの原因があるはずだと見なす通常の因果律的な縁起観よりも、思考が麻痺状態に陥ることに、より価値を置く厳しい縁起観だと言えよう。

　ともあれ、この原則の扱い方こそが『中頌』や中観派に常に潜在している問題であることは確かである。それは【1】「結論したいこと」に密着している原則であり、それに至る過程で“絶大な切れ味を発揮する鋭利な武器”である。仮に【1】の「結論したいこと」に同調し、首尾よく【5】の棒線部の結論に至ったとすれば、その人にとってはこの武器の鋭利さは、その正当性をも併せて証明することになるだろうという推断を込めて、波線部も【5】に加えた。

　多分に私どもはこの原則を日常の事実からして受け容れていないし、仮に受け容れようと思っても、実際問題としては恐らく（“受け容れた”と思うほどには）受け容れることができまい(5)。しかし私

は、この原則は中観派を理解するのに極めて有効だと考えるし、また、この原則を含めて『中頌』—中観派を理解しようとすることは、自分の思考のあり方を省みるにとどまらず、通常の人間の思考の本能的なあり方に対する省察を根源まで遡る非常によい手立て・機会を与えてくれると思う。その時が、さらに『中頌』の意義が顕われる時と言うべきかもしれない。

　実際、龍樹の『中頌』を"対抗的に理解する"ために、私は自分がやっと貯め込んだ貯金のほとんどをはたいた（。その反面で得たところも多かった）(6)。その貯金はやがて役立つか、どう役立たせうるかの当てもないまま、論理実証主義や分析哲学を少しずつかじりながら貯め込んだものである。そんな"当てなし貯金"だったし、私の貯金にすぎないのだからまったく貧弱なものなのだが、それでも分析哲学の成果やその基本姿勢を受けてのものであることは間違いない。

　　（1）パスカルも影響を受けたとされる異端のジャンセニズムは神の絶対性を強調して、神は論理的な律、即ち論理法則も自らの自由の支配下にあるとしたようである。「論理からの超越」を龍樹に対する賞讃としたい人はまさか龍樹を論理をも操る絶対神と同等視したいわけではあるまい。

　　（2）ここまでなら、ごく普通の仏教的な律、換言すれば「無常観、縁起観」であって、私も仏教徒だから、そう物事を観ようと律していると言える。「観」とは第一義的には「そのように見なそう」ということであり、「私はそのように観ます」との決意・心得であって、（もちろん相当程度の事実的裏打ちを伴うからこそ、その「観」を選択し、保持すると決意するのだが）無常であることが客観的に絶対に事実正しいとか、科学的に100％検証されたということではない。

　　（3）推論を含む思考を闊達に操ったにもかかわらず、龍樹に対し私どもは"思考の無価値化の称揚"の意味を込めて「思考の破壊者」と言わざるをえず、本「考察三. 2—1」（216〜217頁）で述べたようにパラドキシカルな感をどうしても拭うことができないが、これは

現代の私どもが無分別の境の実現に「渇仰」していないからであろう。ともあれ純粋に第三者然の立場で解説するのはむずかしい。

（４）「理（ことわり、ロゴス）」は「断り」と語源的に通じるそうである。それなら、まさしく「創（はじ）めに断りあり」がピッタリ（？）くる。

（５）「原則Δを受け容れられない」ことに拘るのは筆者が真宗者でありたいと思っていることが大きい。中観と真宗者との関わりについては後述する。拙著『他力を』でもこれを別の角度から述べたが、小論で真宗者の関わり方の一つのモデルと、このモデルを採る理由を示しえたと思う。

（６）小論を書き進めるに当たり、毎度のことだが、龍樹の強烈な論旨・論法の前に幾度も立ち止まらざるをえなかった。言語行為、ことばの論理的相関性、論理則の遵守の問題などを"通しで検討しよう"と意図した今回、幸いに、龍樹の主張には従来の通念よりも単純明快で強い一貫性があると再確認できたと一応思う。また、「何が存在するか？、存在すると言われうるか？」という存在論の基本にあらためて触れたような気がしたにとどまらず、述語論理の存在論的な論争点を実感することによって、概念実在論と唯名論の争いの流れを汲むラッセルの問題意識、ウィトゲンシュタインの『論考』の意義、そしてクワインのテーゼが提示された背景を、さらにはこれらに「存在の幻影視、虚ろ化」を織り込んで考えることによって、かつてよりも生々しく実感することができた。まさしく龍樹のおかげである。生分（なま）かりでしかなかった意味論についても、語の意味のズレを考えるに当たり、ようやくその意義が少しばかり実感できたと思う。

　何度か言ってきたが、現代でも唯名論の支持者は少数派である。これは唯名論となると、それだけ議論が複雑になるという事情も絡む。仏教学者は心情的に唯名論に味方しがちだが、これでいけるとの理由が例えばアポーハ論だとすれば、果たしてどうか？　「アポーハの手順」とは「アポーハ・ロンダリング」とでも名づけたい心的手順——つまりは"概念・普遍の形成過程に「アポーハ」という心的な排除の操作が入り、これにより胡散（うさん）臭い概念が「無害な概念」として使用可

となる"のがアポーハ論だとすれば、普遍抽象論と裏腹の普遍捨象論とそうも違うとは思えず、龍樹ならば間違いなく「手順を複雑化して見えにくくしただけの有自性論」と断言すると思う。経量部的な態度と唯識を使い分けしているようだから「まあ、いいか」というところであり、これは実質的に実在論的だと言うしかない。現代では「語句を中心にして、それが表示するものが意味として存在するか」よりも、語句が構成する文を中心にして意味が論じられる傾向が強くなっている。さらには個々の文が構成する「一つの理論」において個々の文の意味が決まり、語句の意味も決まる——これによって「何が存在する（と考える）か」に答えるという考え方が強くなっていると言える。けれどもこのように意味論が変化してきているとしても、概念的思惟が思考において重要な役割を果たすという、概念に対する基本的評価は何ら変える必要がないと思える。

## 4－3．批判的精神は相関的思惟に宿る

　分析哲学は「言語哲学」とも「科学哲学」とも言われるが、この名の通り科学の知を尊重し、そこに現われることば・命題を手掛かりにその思考内容を分析するのだから、宗教とは方向が逆であるというのが大方の見方であろう。いわんや『中頌』は知識・思考を真っ向から否定するのだから、探求・哲学（愛知）と真逆であるように思える。しかし真逆であるからこそ、龍樹の志向するところを何ほどか顕わにすることができたと信ずる。分析哲学は実存主義やマルクス主義などの特定の「観」をほぼそのままに正当化しようとする哲学ではなくて、その中核的な世界観や人間観、及びそれらの脇をかためる命題文・思考文を分析的・批判的(1)に論じて、それが内蔵する問題点を基本線から検討したり、よりしっかりと根拠づけようとする方法的な意識が極めて強い哲学である。それゆえその吟味・検討は中心命題を形成する「ことば」に対する批判的分析——「言語批判・思想批判」の形を取るわけだが、特定の観に初めからあまり囚われることのない

批判的な性格を私なりに受けとめ、仏教や真宗という一つの観・一つの宗教に向き合ってきた。

　周知のように浄土真宗にあっては個人が現生で無分別の境の体得を追求したり、過度に追慕したりすることを戒めてさえいる。それで、法然―親鸞の浄土教における「批判的精神」を考える場合、浄土教の台頭は、顕密仏教体制(2)、及び呪術宗教に対する「己れの成仏可能性の確かな根拠を探ね求める在俗仏教徒」の批判的精神の発露と見なしうることにまず留意すべきであろう。この場合、とりわけ親鸞の批判的姿勢は徹底していたから、同様に在俗でしかない周囲の衆生を視野に収めて、「日常人であらざるをえない私どもはどうあがいても煩悩を離れられない」と見切ったということは、大乗に根ざす人間主義に立って、呪術的祈禱宗教に堕して名目化するばかりの聖道門に対する批判的な告発を行ったと理解してよいと思う。

　小論は、親鸞のこの批判的人間観を言語活動の面から正当化を図ったまでの議論にすぎない。つまり人間はせめぎ合う正邪・善悪に関する諸々の価値観を既に有する世界の中にたまたま生き遇わせるのだが、仏の大悲の精神に在俗者たる己れの確かな活路を見出そうとするならば、無分別の空を体得的に追求したり焦がれたりするのではなく、「私は概念的思惟に依って分別・評価し、それに執らわれて悲嘆を含む諸感情を発現せざるをえない社会的個人（個的人間）でしかない」(3)という形で親鸞の考えに同意し、それを正当化しようとした議論にすぎないのである。したがって小論が単にことばに対する見方にとどまらず、実践面での批判性の重視に通じることをもう少しよく了解するためには、「人間は諸々の社会的な価値観のせめぎ合いの中で考え悩む葦である」を中間に挟んでみればいいのであって、思考活動はことばに依って遂行されるほかないと大枠の方向性を絞っていった小論の主旨に共感していただければ、それで十分である。だから最後に「自

我意識を持つ社会的個人である」ことと批判性や他力性との関連についてまとめておきたい。

　　（1）「批判的」とは真偽や確かさがよく分からない対象に対して、その議論を正当化する理由や根拠を検討し吟味する姿勢を言う。カントの「純粋理性批判」は「理性なる能力」を検討する。

　　（2）顕密仏教（体制）については黒田俊雄『王法と仏法——中世史の構図』（法蔵館文庫、2020）。

　　（3）「自力—他力」は成道への方途に関する相関概念であり、「主体性」とはカテゴリーの種類が基本的に異なるから、「主体的な他力の道」は矛盾しないというのが以下の主張の一つの要点である。犢子部の「プドガラ（pudgala、人我）」を彷彿とさせるパーソンについては考察一「3—3—1」、註（5）（46頁）を参照。そこでも述べたように小論は現代のプドガラ論と見ていい。


## 4—3—1．キルケゴールに見る他力性

　自我意識・自己意識に代表される内省的思考は人間が犬猫とは異なることの証とされる。しかしパーソンであるとは一方で「自—他」「異—同」をはじめとする相関性にまみれながら生きるということでもある。したがって「自」ならぬ他者や周囲の社会との間に対立と軋轢が生じ、率先、協調という正の関係性の裏に迎合、服従をも見ることができるような、そんな複雑な形も交えて「他」と何とか調整を図ろうと繰り返し努めるのが個的人間であるとも言える。だが、軋轢をもたらすのは外界の「他」のみならず、自己意識もまた「自内の他」を分別的に構想し、しばしばこの「自内の他」が深刻な摩擦を引き起こす。だから単純に「自内で自—他に分離・分裂する」から苦の因になるのではなく、正邪、善悪などに関して互いに相容れない倫理観、信条信念が「自内の自—他」に絡みつき、自内の自他が外的な「諸々の他」の影武者であるかのように互いに入り乱れて対立するのである。した

がって中観によればプラパンチャでしかないとされる諸々の相関性こそが「あの自分、この自分」という具合に「異─同」などのこれまた相関的な諸概念をも動員し、犬猫にはない深刻な軋轢と葛藤を生じさせる主要な背景を成すわけである。

　そうすると、「自─他」なる相関概念でもって分別的に思考することは、一方では批判的精神の発揮の根幹でもあるのに、他方では苦の源泉でもあるという両面性を有すのであって、したがって社会的個人であろうとすることは、さまざまな両面価値的（アンビヴァレント）な状態を背負いこんで生きるとの覚悟を伴って然るべきだということになる。実際、小論では相関的思考をプラパンチャにすぎぬとする原則Δをそのまま受容しようとはせず、空＝無自性論を普通の思考レベルで理解するための原則だと限定的に捉え、普段の実行可能性に重点を置いて論述してきた。それで、もしも「社会的個人に関する一般論」を"今後にわたる在俗仏教徒の在り方"という問題と交差させてみようというのであれば、若干唐突ながら、キルケゴール（1813〜1855）の宗教的心情の移り行きをたどることが大いに参考になると思われる。

　キルケゴールは人間を「関係存在」と見た。言うまでもなくこの場合の「関係」とは対他関係、対自関係の両方に跨る。つまり個的人間であるとは対他意識と対自意識を持った存在であると見たのである。しかるに既述のように、関係存在であるゆえの意識、ことに対自意識にあっては、相対立する多様な「正邪、善悪」等の社会的にも相関的な分別的価値観がさまざまな濃淡で絡みついているのが人間の実情だから、関係存在であるということ自体が苦悩の源泉となり、もはや個人の手に負えないほどの深刻な葛藤状態に陥らせることもあるのであって、これをキルケゴールは「死に至る病」と言ったものと思われる。この辺り、苦悩の決定的要因である自我意識を空しくして自他の相関性を脱するという発想は文化の違いからして彼にはない。だが、

「それを補って余りある」と言いたいのだけれども、問題が次々に発生するのが現実であるにせよ、市民が主体である自由な社会の一員たろうと志向する気概——今後とも理念視すべき社会的気概——を彼と共有すると言えるほどに時代状況がそれなりに近いことに注目したいのである(1)。わけても小論では"かくかくであろうと決断する"を有力事例とする言語行為について述べてきたのだから、現代の在俗仏教において不足しているのは何か？を考えるに際して大いに参考にしたいのは、まさしくかくなる市民社会の一員たろうとの自覚と気概であり、彼の宗教心は私どもが主体的にして自由な社会人としての実践的なその示し方を考える上で有力なモデルになると思われる。

　それで、キリスト教文化の中で生きたキルケゴールにおいてはこの死病（——ここでは「死に至るまで担わざるをえない病」と解す）の苦境から、即ち自分が原罪者であるという棘一方の自覚から脱け出す方途は、自分が既に神に関係づけられていることにあらためて気づくこと——これしかなかったと思われる。彼は神との関係に初ごとのように気づくことによって、自分が関係存在であるとの認識を何ら変えることなく、つまり関係存在たる個的人間でしかないことを何ら否定することなく、死病が内面を蝕むばかりなまでに重篤化する以前の自己を——棘は棘のままに——回復しえたと考えたと思う。確か、神との関係において何とか自己回復が果たされたこの状態を、彼は「反復」と名づけたと記憶する。

　学生時代の理解を幾らも出ていないのでまったく自信がないが、仏教徒ならばこの辺りで「キルケゴールの宗教的心情の推移は他力的」との感想を懐くと思われる。実際、真宗徒との類似性が顕著である。まず、この種の心情にあっては当人が「自分は神によって関係づけられている存在」と気づく以前から、当人が既に神によって関係づけられていたと思うのが妥当だろうと思えるのであって、そう「気づく」

256

主体は紛れもなく当人なのだが、そう気づくように神が当人に働きか
けていた（はずだ）ということもその「気づき」の内に入れた方がい
いとすれば、まさしくもってこの種の宗教心の特徴は「他力的」であ
ろう。また、この"促し"なる関係づけが「神の愛」と言われうるな
ら、これは「仏の大悲」と翻案しうる。そうすると、人間たるゆえに
宿命的に「原罪者でしかない」ということと、（輪廻転生の結果）今
生では「人間」でしかなく、それゆえ（そのまま）「悪人」でしかな
いという点においても強い相似性を見出しうる⑵。この凡夫＝悪人
／罪人たることの自覚はその後もいささかも変わることなく、かくな
る心情の覚醒以後に積まれうるいわゆる善行（―功徳）の多寡にも左
右されない。

　つまりここで確認しておきたいことは、この「促し―反復」の後に
も批判的精神に何の翳りも見られないことを浄土教もキルケゴールの
宗教思想も構造として共有していることである。自己に対するその批
判性は「我は原罪者、悪人」という、そのまま捨て置けない棘の自己
評価の形を取るのだが、自分が自分一人の力ではどうにも収拾をつけ
られない"悪性者だ"というこの自覚は「促し―反復」の後に雲散
霧消するのではなく、逆に鮮明化さえする。だからこの際確認し直し
ておきたいことは、「自―他」なる、あるいは「善―悪」なる概念的
な意識は「反復」と言うにふさわしく、その相関的批判性を鈍らせる
ことはないということであって、それゆえにこそ親鸞は（布教に代表
される大乗的な活動を続けたにもかかわらず）終齢を迎えてなお「虚
仮不実のわが身にて清浄の心もさらになし」と己れを悲歎（＜批判）
しえたのだろう。それで、この和讃からも読み取れるように、他力的
な宗教にあっては一貫して「自―他」なる相関性（、加えて「正―邪、
善―悪」などの相関性）が変わることなく当人の心的なあり方の、つ
まり多様な思考活動を営む上での基盤となっており⑶、ことに親鸞

にあっては、人間（凡夫）が関係存在たることに根ざすこれらの相関性を離脱しえないことを強く意識・前提して己が信心を述懐していることに注目すべきである。

（1）「宗祖に倣う」はどの教団にも共通のことだろうが、時代、社会も考慮すべき要素だろう。ここで他力的なキルケゴール、及び市民社会を取り上げたのは、そういう狙いからである。

（2）しかるにキリスト教の場合、全知全能の創造主が自作の世界―人間に悪の種をあらかじめ仕込んだという点が、素朴な疑問ながらも、よく理解できない。対するに仏教の場合は、既に在った世界―幾多の道徳を既に有していた社会の中に仏が現われるのだから、十分に辻褄が合う。

（3）「客観的に不確かな他なるものの存在を信ずる」は科学一般で見られることだから、「宗教の徴表」としては広すぎる。宗教であるからには、「他による救い」なる要素が「自前の努力で備えられるもの・こと」なる要素に比して大きなウエイトを占め、優先されていなければならないと思うのだが、こういう観点からすると、聖道門が一般的な宗教の定義を満たすのか？が個人的によく分からない。もちろん「他なる釈迦の言を信じ、従う。他者が言うところの、例えば己れの内の仏性の存在を信ずる」ということは聖道門仏教にも見られるにせよ、この程度の「信念」なら“宗教”と言うにふさわしい一般的な徴表を満たしていないように思えてならない。法然、親鸞（に倣う浄土教徒）、そしてキルケゴール（に沿うキリスト教徒）においては、その宗教的な信念系の内の決定的な信念部分は「他」から与えられており、だからこそ「（他力）宗教」なのだと思う。もちろん怪しげな祈願宗教も“他力的である”のだろうが、その怪しさをチェックするのは、やはり「自他に対する批判性に富む自己であるはずだ」との線に沿ってのことである。

## 4―3―2．目指すは主体的な他力宗教者
もとより、かように悲歎を吐露しえたのは大悲の確かさ――他なる

仏から不断に呼びかけられ、力づけられているという関係の確かさに
対する絶大な信頼があったからこそであろうが、いま注目したいのは
彼が「自─他」を始めとする諸々の相関意識のもとで生き、愚禿たる
ことの悲歎・慚愧、及びそれと裏腹の信順の喜びという情動も含めて、
自分が人間として思考することを言わば当然の原点・所与としてその
宗教心を開陳していることである(1)。それで、もしこれが批判性を
伴った他力信心の最大の特徴であると、即ち、相関性が他力型の宗教
にとって否定しがたき基盤となっており、この基盤を崩しては "他"
力教が他力宗教の本質を失するのであれば、真宗徒でありながら自力
心の完全な追放を図って自己の主体性やアイデンティティを──「他」
に対する相関概念をゼロになるまで駆逐しようとする「没我・無私の
念仏」に拘泥したり、西田哲学などに触発されて「主客未分」の会得
を憧憬したりするのはまったく奇妙なことだと評するよりない。つま
り、これらにあっては無分別の境地、空に似た状態を善しとする聖道
門の考えになお相当に囚われていると思えてならないのであって、真
宗徒であるにもかかわらず、そんな "無念無想の念仏の境地" を一時
的にせよ体得しようと焦がれるのならば、それは浄土真宗の宗教的な
基本構図を破却することでしかないであろう。

　もちろん、没我の念仏を善しとする事情が分からないわけではない。
これが問題視するのは、他力の途を選択しながらも仏に救済されるこ
との確実な証（自己確証）を得るには、善行とされることを積み重ね
ることが一番だという自力的発想が内に兆しがちであることを自らが
よく知っているからであって(2)、こういう内なる自力性を払拭する
ための没我の念仏の強調なのだろうから、このこと自体は念仏者自身
が己れの心の在りようを問う問い方の一つだという意味で、かくなる
発想には同情さえ覚えるのである(3)。だが、自我意識を有するのが
人間の日常であるとすれば、このような悪性者ならではの或る意味で

小ざかしい自力性の混入を完全に排除できるものだろうか？　排除しきれないからこそ悪性者なのであり、だからこそ他なる仏からの「お前はそれで十分と思うか？」なる問いかけに（またも）応えるべく、己れの行為・行動を不断に吟味していく姿勢、即ち己れに対する批判性が大切だと言っているわけである(4)。仏は常に私の傍らにいる対話の相手であり、私はこの他なる主体者に対して時に「そんなこと言われたって。私には私なりの事情が…」などと抗弁・反抗したりもするのだが、まともな対他関係というものは基本的にこの種の呼応を繰り返すうちに（本人がそれと意識せずとも、いつしか）醸成されていくものだろうと私は信ずる。

　近年ボランティアなどの社会的活動の念仏者にとっての重要性が論じられ、同時にその際の心構えが議論されているが、善行功徳を積む手段と思ってボランティア活動を為すとすれば、それは自力的と言われても仕方ないから、確かに問題であろう。だが、仏や大菩薩ではないのだから、文字通りに何の見返りも期待せず"無心で"ボランティアに従事する奇特一方の行為を私たち凡夫＝悪人に漫然と求める方がおかしいのであって、困っている人を援助するという目的のほかに「自分が新しい体験をするため」とか「自分を成長させるため」とか、見方によっては自己本位とも言える動機が入っていたとしても、これを一方的に自力だと誰が咎めることができよう。ボランティア活動に従事した動機の中に自己本位で自力的な動機が混入していたとしても、実際にやってみれば（、他なる仏からの時に厳しい問いかけに応えざるをえず、）自己の行為・行動に批判的であるべしとの基本姿勢を大切にする限りにおいて、当人の当初の思いとは違った風景が現われるはずだと私は思う(5)。それはその種の活動を通して他者から予想外のことを学んだ、自分が何たるかを思いがけず考えてみる機会となった等々であって、生々しい現実との関わりを疎かにせず、現社会を批

判的な視点から見て自分の為しうべきことを考えてみるなど、当の行為に伴う慮外の副産物を手にすることを含めて、念仏者の普段の心構えは「仏の大悲に包まれて、この娑婆・苦海を私（ども）は悲喜こもごも生きる」に尽きると思う。だから他力の念仏者は主体性－自我性を捨てようといたずらにもがく必要はないのである(6)。

　（1）亀山純生「親鸞における〈浄土の論理〉の位置づけ」（関西唯物論研究会編『唯物論と現代』63号、2021.3.所収）が大乗仏教としての真宗における倫理を考察する上で大いに参考になる。

　（2）喜びの自内証はしばしば得られても、"不動の自内証"は念仏者が自己に対し批判的である限り、多分に得られないと思う。この点に関し、プロテスタントが救いの確約を自分だけで得られないゆえに勤勉に働き、働いた結果得た儲けを浪費せずに新たな生産に回す—を繰り返すことによって、当人たちが知らないうちに＝意図せずに資本の蓄積に貢献することになったとする M. ウェーバーの『プロテスタンティズムの倫理と資本主義の精神』と比較することができる。

　（3）念仏行為が念仏者間で"善行"と評価されるなら、「できるだけ多く念仏することに努める」というのが他力教の枠内で自力的に努力することが問題視される古典的な事例だろう。また、より確かな自内証を得ようとすることが主体的な行為とされ、かつまた「主体性は"ただ信順する"を旨とする他力性に馴染まない」と見なすとすれば、18世紀後半の「三業惑乱」に似た教義上の紛糾は現代でも表面化しうる。社会一般的に善行とされるボランティア活動への参加に念仏者の自発性≒主体性を嗅ぎとり、これを他力性との関連において疑問視するというのも、この問題の亜種と見なしうる。あるいは親鸞の三部経千回読誦の企てと思い直しのエピソードを想起する人もいると思うが、親鸞がどんな思考過程を経たにせよ、当人自身が"思い直した"のである。つまるところ、「自力－他力」は往生成仏の途のたどり方として対峙・相関するカテゴリーなのであり、他力は主体性や自主性・自発性と、水－油のごとくの関係にないこと、それゆえ「主体性のある他力念仏者」なる複合概念が十分に成立することを教義上で

もっと明確化する必要がある。

　（4）「没我の念仏」と似ているが、より妖しげな概念として「絶対他力」がある。しかしこれは思想史的に身元不明の汎神論的概念で、仏に同化・併呑されることをひたすら理想視し、「喜び、慚愧する主体」をも消去しようとする雰囲気に、あるいは私の主体性などまったくかりそめのもので、それはすべて仏の掌中にあるとする観念論的一元論、さらにはそれでなくとも心配な仏一存の宿命論的な風情を強く漂わせる語である。だが、いくら自力性の過度の混入に警戒すべきだとしても、信心の主体性さえ消去しよう、消去できると思うくらいなら、始めから原則Δを受容して自力聖道門をひたすら追究した方が無我論という理屈の上でも実践面でも遥かにすっきりとする。そもそもいかなる「相対的他力」に対して「絶対」と言うのかが明確でない。

　（5）外見的には同じように見える振舞いを ①「エチケットと思い、彼は老人に席を譲った。その結果、思いがけず感謝され、満足感を覚えた」と記述するか、②「彼は満足感を覚えるために老人に席を譲った（利己的行為）」と記述するか——つまりは当の行為の意図の取り方によって、その振舞いの相貌がガラリと変わる。この辺り、行為記述に関する分析哲学の議論が大いに参考になるので、関連する点をもう少し述べると、③「私はスイッチを押して部屋を明るくし、意図せず私の在宅を空き巣狙いに警告した」において、私がしたことは傍線部三つの行為だと思うかもしれないが、振舞いとしてはただ一つ「スイッチを押した」だけであり、電流のメカニズムや配線の具合、空き巣狙いの在・不在（つまり、その場の具体的な因果的状況）の詳細を知らずとも、私が室内を明るくし、そしてそんなことはまったく意識していなかったのだが、結果的に私の在宅を周囲に告げたのであり、これははっきりと私の無意図的行為である——等々がここでは重要である（詳しくは拙著『他力を』Ⅱ章を参照）。この線で ④「聴聞しているうちに仏の大悲に包まれているとの思いがこみ上げ、私は涙して合掌した」を考えてみると、三つの傍線部の振舞いの主体はいずれも私であり、しかも ④ は、⑤「私は聴聞して涙した」のごとくアコーディオンのように折り畳むことができ、「傍線部三つは別々の

行為」というよりも、私の一連の振舞いは「涙して聴聞した」という
ただ一つの振舞いに集約されると見なしうるわけである。さらにまた、
電流や配線の具体的状況をほとんど知らずとも、「私が部屋を明るく
した」ように、仏の大悲の謂れや私にまで届いたその因果の詳細を漠
然と知る（信じる）だけでしかないのに、「涙して合掌した」のであ
る。それで、かなりの風呂敷を広げることになるが、前註（３）も併せ
考えると、他力宗教における信心に付随する"感動"はすべからく大
体がこのように思いがけずに仏の大悲の一端に触れることによって生
じ、「涙する」などの当初は予想しなかった感情の揺さぶりを結果さ
せたりすることと大いに関連性があるのではないか？と考えたりす
る。他力的宗教心と無意図的な一連の行為、及びその記述との関係に
ついては今後もう少し考えたい。

　　（6）主体性を有し、時に自力性を丸出しにしたり、時に反抗的に
問いかける人間が相手だからこそ救いの主体である仏も働きかけがい
があるというものだろう。主体性に乏しく、口先"感謝"の、自他に
対する批判性を欠いた人間を相手にするだけでは仏である甲斐、張り
合いもなかろう。


　ボランティアなどの対他的活動に積極的に取り組もうとする念仏者
に対して自力的な主体性の混入を疑う人たちが、その冷やかな視線の
拠る辺としてしばしば引き合いに出すのが「中道」である。しかるに
「中道」はアリストテレスや儒教の「中庸」（メソテース）と同等視される場合が多
いけれども、小論の考察からすれば「それとは違う」と言わざるをえ
ない。なるほど何ごとに限らず一方に偏すべきでないことを多くの人
が倫理的信念、生活上の"知恵"としている。それで、いま自分がとっ
ている行動が「果たして中庸の徳に適うか？」は通常の人間関係にお
ける自戒反省の対象となるとしても、「中観・中道」でこの徳性をさ
らに根拠づけようとするのはどうなのだろうか。龍樹は原則Δに基づ
いて敢然と日常思考を離れるという"極端（——ただしこれこそが瞑

想優位の文化では本筋）"を方向づけたのであって、"どっちつかず・足して二で割る"を勧めたのでは決してなかった。

「人の思考対象は空、無自性であり、概念的分別思考はすべて戯論でしかない」に類する否定的な言明を辛うじて世俗諦として認めるだけの龍樹・中観仏教に与せず、ことばで思考を進めることを決意して選択した在俗の念仏者でありながら、何をいまさら「物我一如、忘我の念仏」だろうか。そしてまた、在俗の仏教者——即ち対他存在であり対自存在でもある仏教者としていま現実社会に対する関わり方を切実に問われている昨今、この"どっちつかず"なる中観（＜仏教）"理解"は件の「〜であるのでも、〜でないのでもない」と結びつき、決断らしい何の行動決断もしないことの便利な口実にさえなっている。しかし、「自—他」という相関的な概念的思惟の世界にどっぷりと浸りながら、「空、無自性」をも己れの弁解の中に取り込もうなどと何をいまさら蟲のいいことを——とここでも言いたい(1)。 最終的には、「4—1」末尾で述べたように、「不有不無」は本人にも多分に意味不明のまったく曖昧な修辞法の常套句でしかありえず、"中"を口実に思考停止を装って"中観の徒"を気どるのは滑稽でさえある。

現代の私どもが龍樹から学ぶべきは"どっちつかず"に厳しい批判的精神に満ちた主体性である。繰り返すが、この主体性とは、キルケゴールが人間を「関係存在」と言い当てた線に沿えば、内面の志向対象として"他化"する自己にも対自的に向き合うゆえに、この「他化した自己」をも含む多重的な「他」に批判的に相関せざるをえない——そんな主体性である。龍樹は当時の分別優位の大勢に敢然と批判の声をあげた。そもそも龍樹その人が"どっちつかず"ではまったくなかったのであり、大乗仏の真意と信ずるところを宣揚しようとの説示行為を行うに当たっては主体性をしっかと堅持していたのである。いわんや中観とは対極に位置し、主述的な思考を人間活動の基本と見

264

定めて、自他に代表される相関的な分別の中で生きるしかない念仏者であろうとするのに、主体性を欠いて何としよう。

　　（1）言うまでもなく、親鸞の「善悪のふたつ、総じてもつて存知せざるなり」（『歎異抄』後序）は無分別の境に立つゆえの言ではなく、善か悪か？——多くの相関性の間で彼がこれまでも転げ回り、今もそうであることの述懐と見るべきである。因みに中島岳志氏の『親鸞と日本主義』（新潮選書、2017）は、「だから、日本主義に陥らせた対他的な社会的関心のごときものを強調すべきでない」ではなく、「民主的な市民社会の構築に参加する他力念仏者の一人であるために、常に大悲の精神に照らして（＝仏に問い、問いかけられながら）対他・対自の両面で批判的精神を重視すべきだ」との警告を発している書だと捉えるべきである。なお、社会的存在としての念仏者に関する諸論点については拙著『他力を』の「Ⅳ．自他のリスポンシビリティと共感の行方——大庭健氏の倫理学書に依って」を参照。


　ことばの分析を手がかりに思考分析へと進める分析哲学、ことば・思考を勝義としては不要とする中観仏教、そして在俗主義の親鸞の三者に共通するのはその旺盛な批判的精神・吟味の精神である。なかでも中観派のそれは「反言語主義、反知識主義」という具合に「反」がつくゆえに特異であるが、しかし『中頌』が広義の「言語哲学＝言語批判の哲学」であることは間違いないし⑴、方法としての言語哲学をその分析に活用して何ら問題はないはずである。端的に言えば、遥か二〜三世紀の古代の論師に対するに、二十世紀以降の哲学の成果を活用してやっと何とか対抗しえた（ように思う）⑵のだから、中観派が「最高水準の」という意味で「古典」であることは疑いえない。このことは、仏教の中で現代でも強い関心を引き、いまだに十分な解明が為されているとはとても思えない最大筆頭格が空を標榜する中観派であることからしても、言えることだと思う。

　残念なことに、「空の解釈」に関してこの百年、自分の禅定体験を
錦の御旗に心一元論ふうの観念論的解釈が幅をきかせてきた。特に比
較哲学の分野では「場」だの「無」だの、どこまでが私的な心境でど
こまでが公共的な吟味に耐えうる概念なのか？——何の保証もない一
種の体験知"専横"主義が闊歩してきたように思う。だが、小論引用
の『中頌』の偈にはそんな"公的理解を拒む概念知"で固めた偈は見
当たらなかったし、『中頌』は逆に中観の議論が観念論ではないこと
を示している。もういい加減に"己れの心境を観念論的に綴る"こと
をもって空の解釈に充てるかのような風潮に見切りをつけ、「中観は
むしろ開かれた言語批判、思考批判を展開している」との解釈指針に
切り替えるべきだと思う。

　（1）「「最上級の意味での古典」的言語哲学」と見なしたいのは単
なるおためごかしからではない。小論の作成過程でこれまでよりもさ
らに強くした思いは「龍樹は本当によく人間の本質的な思考のあり方
を、直観的ではあれ、よく見抜いている」ということであった。実際、
思考のあり方に対して透徹した批判的眼力を持っていないと、これだ
けすっきりとした論陣を張ることができないと思えてならなかった。
感嘆しきりである。龍樹を「言語批判哲学の古典」と見る他の理由は、
この後の理論仏教がアポーハ、有相唯識・無相唯識などにおいて新
展開を見せ、その論点が現代の言語哲学にも通じると思われるのに、
比較分析の手がまだまだ及んでおらず、惜しいと思わざるをえないか
らである。また、中観派の場合は「論理則の遵守・侵犯」がどうして
も話題になるが、ブリティッシュ・ヘーゲリアンを、特にブラッドリー
を介在させて比較するというのも有望なテーマと思う。ブラッドリー
はヘーゲリアンながら、矛盾律は遵守しようとしているふうで、その
点で事象・事実の側における矛盾状態に甘かった西田と基本線で異な
る。思考の基本に関係するこのような諸方面の今後の研究への期待も
こめて、龍樹の『中頌』を古典と見なしたい。

　（2）かつて筆者は『現代の無我論』、「空へと至る基本的"論理"

と矛盾律」（『比較思想研究』第30号、2004）などで中観の空を論じた
ことがあり、それなりの輪郭を描いたと思っていたが、今回、小論を
書き進めるに当たり、それが極めて不充分なものであったと思い知ら
された。原則Δに思い至って、少しはまとまった理解・俯瞰的な眺望
を手にすることができたと思ったのだが、「禿の現仏王」と幻覚視を
比較対照するという着想をうまく処理できず、否定の別に関する誤解
もあって、うまく結論に結び付けられず、立ち往生に近い状態で混乱
した。特に後者の点についていろいろと根気よく注意を与え、多くの
ヒントを下さった桂氏に本当に感謝したい。


　もし、その説示内容を「哲学」や「主張」と言って許されるのなら
ば、中観“哲学”の魅力は何と言ってもその主張のストレートさ、及
び論争スタイルのスリリングさにある。単純で鋭角的な論法は古典に
特有の魅力を持ち、（唯識のように）入り組んでおらず、相手にまさ
しく有無を言わせない。こんな豪速球を自分などはとても投げられな
いとつくづく思う者が、これを讃えて何が不都合であろうか。――そ
れならばどうして自分がそう投げられるように努めないか、何故そう
できないかをもう一度踏まえ直すことが「中観哲学を日常人が“理解
する”」ことである。古典ゆえにさまざまな解釈を受けてきたが、小
論では、それが本当に豪速球であることを、従来の解釈・解説よりも
肌身で感じたこととして強調した。“見送り三振――人生アウト！”
で終わりたくないと懸命にバットを振ったら、それが小論になった。
バットに当たったのか、掠っただけか、ボールはどこへ転がっていっ
たのか、分別がつかないままにあっちのベースに向かって夢中で私は
走っている。

# あとがき

　今回の挑戦で一番印象に残り、これからも考えてみる必要があると思ったのは、

　　**〔空性を非難する〕あなたは、自分自身の誤りを我々に投げつけているのだ。あなたは、まさに馬に乗っていながら、その馬のことをすっかり忘れて〔「馬はどこにいる」と騒いで〕いるのだ。(24. 15)**
　　（小論113頁）

という偈である。「馬」が広義の「ことば」であることは明らかだが、問題は「馬に乗る」とはどういうことで、「馬上にあることを忘れる」とは何を忘れていることを当てこすっているのか？ということであろう。

　従来「ことば」というと、ことばが事物を言い表わすのに当の事物や事態の詳細を表現するには十分に届かないことをベースにしていたと思う。ことばによる記述や伝達の機能に注目すれば、確かにことばには限界がある。しかし記述報告の際の脱落部分の大小、不精確さが、龍樹がことばと見なすものの本質的な欠陥だというのではないのである。——筆者は今回ことばには言語行為の機能もあることに着目し、これを新しい得物として『中頌』に挑戦したが、正直に言うと、言語行為の機能を付加すれば十分に結論まで持っていけると楽観視していた。けれども、当初もくろんだ結論の近傍には至ったものの、中盤の展開がいま一つしっくりせず、なぜそうなるのか、理由の全体像が摑めないままに何度も書き直した。

　いま思うと、小論冒頭で「思考する」と「ことばで思考する」とを

同等視すると宣しながら、「ことばに基づいて論理的に推論する」という重要な思考（＝ことば）の役割を失念しており、それが数度の訂正を経ても中盤の展開に狂いを生じさせたのだと思う。「龍樹がことばに基づいて論理的に思考し、相手を論破している」と見なすとすれば、彼を矛盾律などの論理則を巧みに操る卓抜した騎乗者でもあったと見なすのは当然のことである。これを見落とすのは所詮「馬に乗って、その馬のことをすっかり忘れている」解釈に等しい。何であれ理解・解釈という思考の形態に推論は必須の付きものなのである。

　つまりこの偈は、龍樹自身が馬に乗ることを辞さないどころか、矛盾律などを巧みに操って相手を翻弄するほどに乗馬術にも長（た）けた戦士でもあったことを示唆してもいるのであり、したがってこの偈は、「ことば＝馬」と聞けば、「ことばを離れる、ことばは無用」という龍樹の結論のみに注目し、ことばを小ばかにして、日常においては相変わらず馬に乗っているにもかかわらず、騎乗術にはまったく疎く、ことばの役割を過小評価しがちな私どもに対する強烈な皮肉と取れるのである。

　もう一つ印象深いのは、桂・五島両氏の解説書に、

　〔それはあたかも〕**子供の生まれない女性の**〔生んだ〕**子供というあり得ない存在に関して、「その子は色が黒い」ということも「その子は色が白い」ということもできない**〔のと事態を丁度同じくする〕（小論111頁）

との条（くだり）を再発見したことである。一切を無自性・虚仮とする龍樹の「幻影視」を議論するに当たり、当初から「現在の禿のフランス王」を具体的な日常事例として挙げる構想を懐（いだ）いて中盤に臨んだものの、この直観を自身でうまく消化・処理できずに何度も行きつ戻りつを繰り返した。そんな中で見出したのが、「子供が生まれない女性の生んだ子」に関して肯定文と否定文を連ねたこの喩例である。これと「現在の禿

のフランス王」という二つの事例は先の偈に引っかけて言うなら、さしずめ"暴れ馬"というところであろう。この馬に対する龍樹の御し方はビシビシと鞭を入れ、馬が潰れたって構わないという騎乗方針で一貫しており、その調御法は他の普通の馬（文）に対するのと変わらない。ところが問題は私どもであって、こんな味のある面白い馬を"はみ出しの暴れ馬"として扱い、変に龍樹をまねて「無意味な馬」と貶すばかりで調御しようとするでもなく、オロオロと振り回されるだけ——ということがまさしく問題なのである。乗りこなすのでも潰すでもなく、うろたえるだけなら"優れた乗り手"はおろか、"まともな乗り手"との自負も危うい。ともあれ、この再発見によって、難所である中盤を何とか凌いで結論に繋ぐことができたと思う。

　読み返してみると、「通常の思考は戯論にすぎぬ」ことの電撃的拡張は論理性によって可能になったとする「考察一」は若干長く、また、論理に囚われないことを謳う弁証法亜流哲学からの反論が常に念頭にあった「考察二．2─3」の周辺はいかにもしかつめらしいことになってしまった。こうなったのは、一つには幻影論と無自性論が十分に相似性があるにもかかわらず、結局は「似て非」と警鐘を鳴らしておくことが、特に唯識─如来蔵思想との関係において重要と思ったからでもあるが、二つには「全体論的な解釈」という解釈モデルの理解の必要性を訴えたかったからでもある。科学哲学系統のこの解釈モデルを要領よく紹介することは筆者の力量の限界であるにもかかわらず、論理に則ることがいかに重要かを実感できるようにとの思いも捨てることもできず、解釈の基本をめぐっての自己確認のための議論になってしまった。だからこの辺りは当方の示唆通り、適当に流し読みで結構である。「考察三」は一部想定外の問題にぶつかり、もたついた箇所もあったけれども、全体的には結論に向けて割合のびのびと、しかも相当刺激的に書けたと思う。この楽しみのために論点が

多彩で力量試しの「考察二」を隘路にしてしまったと言えるかもしれない。それで、「考察三」の要旨をざっと頭に入れて、比較哲学の風呂敷を広げた感もある当の「考察二」の中盤、及び「付論」の内容を確かめるのも一つの読み方である。

　小論における筆者の中観理解の経緯をオセロに喩えると、盤面のある位置に白石を置いてみると、「よく分からなかった」黒石が数個まとまって裏返り、それによって黒石を裏返す手をまた思いつき、実際に置いてみると、思いもかけぬところの黒石まで裏返る——という楽しみを何度か味わった。もちろん裏返した石がまた黒石になるという事態もしばしば生じたけれども、それはともかく、オセロには単純明快なゲーム進行規則があればこそ、幾つもの石がパパッと裏返る楽しさが味わえたのである。"古典オセロ"の残存棋譜とも言える『中頌』も、論戦の進行規則とも言える何らかの「理」に則ったからこそ、電撃的に相手の石を裏返すことができたのであって、「ゲームの進行規則に無頓着であった、（ことばに伴う論）理も超越した」と賞讃の意を込めて評すのは、龍樹を「ゲームの破壊者、盤面のちゃぶ台返し」と誹謗するに等しい。

　最後に書き添えたいことは、龍樹はやはり仏教における最大の論師であり、プラトンやアリストテレスと並んでまったく遜色がない思索者だったことである。「思索者」とするのはおかしいとの異議が出るのは分かっているが、哲学の一番肝心の部分は、結論に当たる世界観や人生観などの「信念・信条」なる上澄み部分ではなくて、それをいかに説得力のある論究で正当化するか？にあるとするなら、日常思考の基底を幾重にも崩落させて無自性論なる「観」の正当化に挑んだ「馬上の龍樹」はやはり仏教史上冠たる論究者だと思う。

　かく言い添えるわけは、単に龍樹がスリリングな論争形態の先鞭をつけたというのでなく、仏教がその無常観を完遂するには、主述文に

基づく思考形態を一度は全面的に否定しなければならなかったと強調
したいからである。仮に経量部が大乗化して唯名論的傾向をいくら強
めたとしても、主述形式の思考形態をとる限り、有自性論を完全に脱
することはできなかったと思う。それゆえ、もしも「東西の思想上の
相違点」に関心があるというのであれば、論理的思考や論理則の否定
という"無―理"に対してではなく、瞑想的境地の体得を最勝義とす
るインドの文化的特異性に注目すべきであり、主述文に基づく私たち
の思考一般がアリストテレス流の哲学・存在論を反映しているのであ
れば、「空―無自性論」こそがこの体得知至上の仏教文化の理 念 型
を如実に体現している議論であるゆえに、龍樹を「仏教における最大
の論師」と本書であらためて紹介したのである。

**槻木　裕**（つきのき　ゆたか）

1949年石川県生まれ。金沢大学法文学部哲史文学科卒業。京都大学大学院文学研究科修士課程修了。金沢女子短期大学文学科講師、金沢学院大学文学部教授、同学院学長、学園長を経て、現在、同学院名誉教授。浄土真宗本願寺派石川教区鹿島組所属。
主要著書・訳書：『現代の無我論─古典仏教と哲学』（晃洋書房）、マーティン・ホリス『ゲーム理論の哲学─合理的行為と理性の狡智』（晃洋書房）、『文学でたどる浄土真宗のエートス』（探究社）、『他力を誤解するなかれ─ことばと念仏者の主体性』（探究社）
主要論文：「空へと至る基本的な"論理"と矛盾律」（『比較思想研究』第30号）、「行為の理解と当為判断」（『中部哲学会会報』第18号）

疾駆する馬上の龍樹
──空という理と思考の理──

2023年11月15日　初版第1刷発行

著　者　槻木　裕
発行者　西村明高
発行所　株式会社　法藏館

〒600-8153
京都市下京区正面通烏丸東入
電　話　075(343)0030(編集)
　　　　075(343)5656(営業)

装幀　熊谷博人
印刷・製本　亜細亜印刷株式会社

| | | |
|---|---|---|
| インド人の論理学 (法蔵館文庫)<br>**問答法から帰納法へ** | 桂　紹隆著 | 1,300円 |
| **増補** 菩薩ということ (法蔵館文庫) | 梶山雄一著 | 1,000円 |
| 東洋の合理思想 (法蔵館文庫) | 末木剛博著 | 1,200円 |
| ウィトゲンシュタイン・<br>文法・神 (法蔵館文庫) | アラン・キートリー著<br>星川啓慈訳 | 1,200円 |
| ブッダとサンガ (法蔵館文庫)<br>**〈初期仏教〉の原像** | 三枝充悳著 | 1,100円 |
| **増補新版** 龍樹・親鸞ノート | 三枝充悳著 | 5,000円 |

法　蔵　館　　　　　　　　価格は税別